마음을 훔치는
공간의 비밀

마음을 훔치는
공간의 비밀

왜 그곳에만 가면 돈을 쓸까?

크리스티안 미쿤다 지음 | 김해생 옮김

21세기북스
www.book21.com

일러두기

- 이 책에 나오는 7개의 감정 중 Glory, Joy, Bravour, Desire, Intensity, Chill은 각각 '영예', '환희', '탁월함', '열망', '황홀감', '여유'로 번역했다. Power는 위력, 박력 등의 용어로 번역하려 했으나 문맥상 적절하지 않아 원문 그대로인 '파워'로 옮겼다.
- 본문에서 굵은 글자로 표시된 부분은 저자가 원문에서 강조한 것이다.

어떤 사물이 변함없이 오래가기를 바랄 때

우리는 그 사물의 효용이 아니라 아름다움이 지속되도록 애쓴다.

— 니콜라스 고메스 다빌라(Nicolás Gómez Dávila)

몇 년 전 한국 대학생 몇 명이 빈으로 나를 찾아왔다. 학생들이 입은 티셔츠에는 '미쿤다 유럽 여행 2006'이라는 글이 새겨져 있었는데, 학생들은 당시 베스트셀러였던 내 책을 읽고 책에 소개된 장소를 찾아 유럽 일주를 하는 중이었다.

오늘날에는 세계 각지의 수많은 사람들이 '체험 경제'를 확인할 만한 멋진 장소를 찾아 한국으로 몰려든다. 이러한 장소들 가운데 첫 번째로 손꼽히는 곳은 청계천이었다. 청계천은 감탄을 자아낼 만큼 여유 감정이 멋지게 연출되어 있는 곳이다. 나는 '도시 디자인'에 관해 강연할 때 청계천을 빠뜨리지 않고 반드시 소개한다. 그다음으로는 렘 콜하스(Rem Koolhaas)가 설계한 프라다 트랜스포머 빌딩을 들 수 있다. 이 건축물은 회전하기도 하고 기울기도 하면서 기능과 정체성을 끊임없이 바꾸는데, 위대한 양식으로 구현된 탁월한 기량에 세계인이 놀라움을 금치 못했다. 끝으로 새롭게 등장한 신성한 분위기의 플래그십 스토어들을 들 수 있다. 꼼데가르송(Comme des Garçons),

필립 림(Phillip Lim), 안드뮐미스터(Ann Demeulemeester) 등의 매장들은 영예의 완성이다.

《마음을 훔치는 공간의 비밀》은 내가 쓴 책 가운데 한국어로 번역 출판되는 세 번째 책이다. 나는 이 사실을 대단히 기쁘게 생각하며, 머지않아 한국의 독자들을 찾아뵐 수 있기를 고대한다. 그때까지 가능하면 많은 사람들이 이 책을 통해 소비자와 판매자 모두에게 이익이 되는 '행복감 연출법'을 발견하기 바란다.

2011년 2월 빈에서
크리스티안 미쿤다

차례

Joy

Power

Bravoure

Desire

the 7 emotions

일곱 가지 행복감

감정을 구매하는 인간

발길을 붙잡는 아름다운 장소에 이르면 우리
는 그 시각적인 즐거움을 충분히 체험하기
위해 그곳에 오래 머문다.

사람들이 들뜬 소리로 재잘거리며 밀림을 빠져나온다. 포르투갈에서 온 이 단체관광객들은 기대감에 한껏 들떠 있다. 이제 조금만 더 가면 '세계의 기적'을 보게 될 것이다! 굽이진 곳을 돌아나가니 울창한 수풀 사이로 마침내 그 '기적'이 모습을 드러냈다. 60미터, 아니 80미터 아래로 물줄기가 쏟아지고 있다! 그 웅대하고 장엄한 광경이 눈앞에 펼쳐지는 순간 사람들은 일제히 말을 멈추었다. 관광객들은 폭포를 향해 두 팔을 높이 들어올렸다. "여기 오면 다들 저렇게 해." 일행들 사이에서 이렇게 말하는 소리가 들렸다. 두 팔을 높이 들어 올리면 장엄한 느낌이 더욱 더 강렬하게 와 닿는다. 마음이 넓어지고 평온해진다.

이과수 폭포를 찾은 사람은 단 몇 시간 내에 이러한 행복감을 다양하게 경험할 수 있다. 관광 프로그램은 일반적으로 영예로움(glory)에 이어 파워(power)를 느낄 수 있도록 짜여 있다. 우리는 이과수 폭포의 브라질 쪽 기슭에서 쾌속정에 올랐다. 배는 강물을 거슬러 '악마의 목구멍'이라고 불리는 폭포를 향해 내달렸다. 과연 악마의 목구멍이라 불릴 만했다. 배가 폭포 밑을 뚫고 지날 때 우리는 깊은 숨을 들이쉬었다. 머리 위로 물줄기가 들이붓듯 했고, 온몸으로 폭포수의 파워가 전해졌다. 잠시 후 배는 악마의 목구멍을 빠져나와 부두를 향해 질주했다. "예!" 누군가 주먹 쥔 손을 힘차게 들어 보이며 외쳤다. 보리스 베커가 테니스 경기 한 세트를 이긴 후 그랬듯이. 우리도 넘치는 파워를 느꼈다. 활력이 샘솟는 듯했다.

우리가 탄 배는 잠깐 사이에 아르헨티나 쪽 기슭에 도달했다. 그곳 밀림에는 과라니라는 인디언 종족이 살고 있다. 과라니 족은 야생의 세계에서 살아남는 능력이 매우 탁월한 종족이다. 사냥할 동물의 종류에 따라 각기 다른 '맞춤 덫'을 개발해냈을 정도니까. 안타깝게도 그들이 개발한 덫 제작의 기술과 지식은 오늘날 영원히 사라질 위기에 처했다.

우리는 부족 주술사의 아들을 따라 정글로 들어섰다. 곳곳에 설치된 덫을 볼 때마다 우리의 입에서는 감탄사가 절로 나왔다. 잔가지를 촘촘하게 엮어 짠 그물 위에 통나무를 얹어놓은 것은 주머니쥐용 덫이었다. 쥐가 그

이과수 폭포의 마쿠쿠 보트

물을 건드리는 순간 그 위에 있는 통나무가 바로 사냥감을 덮치도록 설계되어 있었다. 우리는 통나무를 들어 올리려 했지만 쉽게 들리지 않았다. 덫을 제작한 사람의 탁월한 기술에 절로 머리가 끄덕여졌다. 도대체 어떻게 했을까? 어떻게 그토록 가는 나뭇가지로 그 무거운 통나무를 떠받칠 수 있었으며, 정확한 순간에 떨어지게 할 수 있었을까? "훌륭해!" 일행 중 한 사람이 그 탁월한 솜씨를 두고 이렇게 말했다.

우리는 이과수 폭포에서 영예로움을 연출하는 장엄한 기운과 파워를 전해주는 통쾌감을 경험했고, 탁월함을 빚어낸 노련미를 만끽했다. 해마다 수천 명의 관광객이 이과수 폭포를 찾는 이유는 바로 이 세 가지 행복감 때문이다. 관광객들은 비교적 쉽게, 발이 아프도록 밀림 속을 걷는 수고 없이도 세 가지 행복감을 맛볼 수 있다. 사실 모든 행복의 감정이 다 그렇다. 오늘날에는 경제활동이나 문화생활, 일상생활에서 카타르시스를 일으키는 다양한 체험을 할 수 있으므로 우리는 위험을 무릅쓰고 모험을 하지 않아도 가슴 뭉클한 감격을 느낄 수 있다.

나는 일종의 직원연수를 준비하러 아내 데니스와 그곳에 갔다. 유럽 굴지의 자동차 기업에서 직원 대표들을 대상으로 기획한 연수였는데, 우리 부부는 그 사람들에게 행복감이 무엇인지 확실하게 가르쳐줄 생각이었다. 영예로움의 장엄한 기분은 고급승용차를 타고 싶은 욕망의 배후를 선명하게 보여줄 것이고, 도시인들이 비포장도로용 사륜구동 자동차를 선호하는 이유는 파워의 통쾌감이 말해줄 것이다. 그리고 자신의 차에 온갖 기능장치를 장착해놓고 흡족해하는 운전자들의 심리는 탁월한 기술에서 느껴지는 정교하고 세련된 분위기가 설명을 대신할 것이다. 말하자면 자동차를 구입하는 고객은 차뿐만 아니라 그 차로 인해 누릴 수 있는 행복감도 함께 산다.

그 점이 바로 나와 데니스가 직원연수를 통해 전하고자 했던 메시지다.

사람들은 행복을 느낄 수 있는 기회가 온다고 해서 그때마다 그 기분에 빠지려 하지는 않는다. 인간은 기분을 필요에 따라 의식적으로 즐긴다. 이 과수 폭포를 찾는 사람들도 올 때마다 폭포수 아래로 돌진하지는 않는다. 폭포에서 전해지는 강한 기운과 가슴에서 우러나오는 영예로움을 세찬 물줄기에서 전해오는 파워의 느낌과 뒤섞어 희석하고 싶지 않을 때도 있으니까. 반면 폭포수의 위력을 제대로 느끼고 싶을 때는 폭포를 통과하는 쾌속정에 몸을 싣는다. 구매가 가능한 행복감은 처방전 없이 살 수 있는 의약품과도 같다. 지금 당장 내게 필요한 한 자락 삶의 의욕을 우리는 '행복감'이라는 명약을 통해 얻을 수 있다.

살면서 때로는 예기치 않게 행복을 맛보기도 한다. 아름다운 무지개를 볼 때, 혹은 갓 태어난 아기를 품에 안을 때 우리는 크고 작은 행복을 느낀다. 이렇게 행복한 순간을 예상하기는 쉽지 않다. 그러나 경제활동이나 문화생활, 일상생활에서 분위기를 연출함으로써 예측불허의 행복감을 예상 가능하게 할 수 있다. 말하자면 우리 몸 자체에서 특별한 화학적 성분이 분비되도록 자극하는 것인데, 우리는 분비되는 물질에 따라 일곱 가지 서로 다른 행복감을 느끼게 된다.

일곱 가지 행복감:
영예로움, 환희, 파워, 탁월함, 열망, 황홀감, 여유

행복감의 모태는 죄악이다

우리는 살면서 가능하면 자주 생동감을 느끼고 싶어한다. 그러나 그 과정에서 세심하게 주의를 기울이지 않아 오히려 낭패를 볼 대가 있는데, 생동감을 느끼기 위해 선택한 방법이 이따금 우리 자신 혹은 타인에게 해를 입힐 수 있기 때문이다. 그 방법이란 인간이 버려야 할 일곱 가지 마음가짐인데, 4세기에 가톨릭 수사 에바그리우스 폰투스(Evagrius von Pontus)는 이 일곱 가지 삿된 마음을 '중죄'로 정의했다.[1]

　일곱 가지 삿된 마음: 오만, 탐식, 분노, 시기심, 탐욕, 음욕, 나태

　이 일곱 가지는 저열한 마음가짐이다. 이런 마음을 충족시키려 하면 다른 사람에게 피해를 입히거나 자신의 육체와 영혼마저 해치게 된다. 그러나 인간은 진화를 거치면서, 품고는 싶지만 매우 저열한 마음 각각을 그에 상응하는 고상한 마음가짐으로 대체했다. 이 고상한 감정은 저열한 감정 못지않은 만족감을 주지만, 파괴적인 부작용이 거의 없다. 따라서 경제생활이나 문화활동, 일상생활에서 행복감을 연출하고자 하는 사람은 그의 감정이 죄악에 뿌리를 두고 있다는 사실을 알아야 한다. 빛나는 메달의 앞면을 이해하려면 어두운 뒷면을 알아야 하는 법이다.

영예로움의 근원, 오만
선조들이 이르기를 오만은 파멸을 부른다고 했다. 허세가 지나치면 지나칠수록 정체가 드러나는 순간 더 깊이 추락하고 만다는 뜻이다. 실제로 오만과

자랑은 높은 지위를 과시하고자 하는 욕망을 표출하는 행위다.

오만은 자신의 높은 지위를 강조하는 태도이며, 그것을 가시적으로 표현하기 위해 하늘 높이 치솟은 거대한 표상을 세운다. 성서에 나오는 바벨탑은 신화로 묘사된 오만 표출의 원형이라 할 수 있다. 절정에 달한 '오만의 드라마'를 증명하는 가장 오래된 실존 사례는 12세기 이탈리아 토스카나 지방의 산 지미냐노에 세워진 '가문 탑'이다. 가문 탑은 요새와도 같은 일종의 주거용 건물인데, 그 높이가 50미터나 되는 것도 있었다. 탑이 높을수록 그 탑에 사는 권문세가의 명망이 컸다는 계산이 나온다. 전시에는 승자가 패자의 탑을 허물었다. 말하자면 거세인 셈이다. 9월 11일에 뉴욕의 트윈타워로 돌진했던 비행기 테러의 양상도 이와 다르지 않다. 문제는 높은 것과 자신을 동일시하는 사람만이 높은 것을 위대하게 생각한다는 데 있다.

그러므로 가톨릭에서는 이미 오래전부터 이와 같이 극도의 숭배를 표현하는 상징물은 신을 찬양하는 데만 허용했다. 아드 마요렘 데이 글로리암(Ad majorem Dei gloriam), 즉 하느님의 더 높은 영광을 위해서만. 이러한 정신을 일반적으로 표현하면 다음과 같다.

초대형 상징물은 자신을 드높이기 위해서가 아니라 다른 사람의 영예를 더욱 빛낼 목적으로 사용할 때만 허용된다.

이리하여 저열한 마음가짐은 우리가 마음 놓고 누릴 수 있는 고상한 마음가짐으로 변모한다. 이제 영예로움을 드높이는 연출은 신과 왕 또는 왕과도 같은 고객을 위한 일이 되었다. 원래 엄중한 분위기는 안심시키는 동시에 위압감을 준다. 그러나 여기서 공격적인 측면을 모두 없애고 오직 마음의 안정을 주는 요소만 남길 때 장엄한 분위기가 형성된다. 오만이 영예로움으로 바꾸는 것이다.

죄악과 행복감 사이에서 외줄을 타는 일이 얼마나 어려운지는 경탄을 불러일으키되 결코 과시하지 않는 프로젝트를 기획해보면 알 수 있다. 2001년 봄 하게 메르츠(HG Merz) 건축사무소의 대표이자 건축가인 메르츠가 자신의 팀을 이끌고 이틀 일정으로 오스트리아 빈에 왔다. 신축할 메르세데스-벤츠 박물관의 설계를 우리와 논의하기 위한 행보였다. 메르츠는 건축설계 경연대회를 준비해야 했고, 나중에는 박물관 설계도 지후하기로 되어 있었다. 우리는 박물관 건물에서 표현할 수 있는 분위기 연출에 관해 논의했고, 여러 교회 건축과 007영화에 나오는 악당의 본부도 살펴보았다. 그 과정에서 높이는 늘 중요한 문제였다. 마침내 총감독 메르츠는 경연대회 우승팀인 암스테르담의 UN스튜디오와 함께 환상적인 작품을 만들어냈다.

신축 박물관의 중심은 대형 홀이다. 간유리로 마감한 둥근 천장을 향해 콘크리트 벽면이 가파르게 솟아 있는데, 벽면이 시야를 다 가리지 않도록 매우 높은 지점의 일부분을 널찍이 뚫어놓았다. 그 사이로 멋지게 전시된 자동차가 보이는데, 마치 대형 시네마스코프 스크린에 비친 영상을 보는 듯한 착각을 일으킨다. 그러나 높이를 실감하게 만드는 핵심 기교는 실내 장식에 사용된 3대의 로켓이다. 중앙전시실로 가는 유일한 통로인 이 로켓 모양의 엘리베이터는 콘크리트 벽면을 타고 위로 올라가서는 천장에 난 출구를 통해 사라진다. 사람들은 로켓을 타고 높이 올라갔다가, 뉴욕 구겐하임 미술관에 설치된 것과 같은 경사로를 따라 아래로 내려오게 된다.

이곳은 메르세데스-벤츠라는 막강한 상표를 모시는 신전인가? 속임수 문화가 낳은 오만의 건축물인가? 메르세데스-벤츠 박물관은 영예로움을 연

슈투트가르트 메르세데스-벤츠 박물관의 '공중을 나는 엔진'과 로켓 엘리베이터

출하면서 오만의 죄를 범하지 않기 위해 한 가지 술책을 썼다. 로켓 엘리베이터는 위로 올라갈 때마다 건너편 콘크리트 벽면에 몇 초짜리 필름을 영사한다. 차체가 뒤집힌 벤츠 한 대를 말이 끌고 간다. 1920년형으로 보이는 장거리 경주용 자동차다. 벤츠 상표가 선명한 구급차가 제1차 세계대전에 투입되어 제 임무를 다한다. 비디오클립이 건너편 벽을 오르는 엘리베이터와 평행하게 올라가므로 엘리베이터에 탄 사람들은 곧 그 화면이 자신들을 향하고 있는 사실을 알아챈다. 사람들은 로켓에 난 창을 통해 그 모습을 보면서 메르세데스-벤츠가 자신들의 삶과 함께했다는 느낌을 받는다. 따라서 기업이 이룩한 위업을 과시하는 것이 아니라 이 상표와 더불어 사는 자신들의 삶을 보여주는 것이라고 생각하게 된다.

환희의 근원, 탐식

장엄한 분위기는 때로 차가운 느낌을 주기도 한다. 장엄한 느낌과 대립되는 감정이 환희의 감정, 즉 희열이다. 희열은 명백히 뜨거운 감정이다. 인간은 색채나 리듬 또는 문양을 물 쓰듯 마음껏 사용할 때 희열을 느낀다. 다시 말해 희열은 좋은 것을 흥청망청 사용하는 행위에서 우러나는 감정이다. 두바이의 황금 수크(souk, 이슬람 국가의 노천 시장_옮긴이)에서 쇼 케이스에 진열된 금제품을 본 사람이라면 이 말의 뜻을 이해할 것이다. 수십 점의 금목걸이, 왕관으로도 손색이 없으리만치 막대한 양의 금으로 만든 관……. 그 넘치는 사치를 눈으로 확인한다면 환희의 감정이 죄악에서 싹튼 행복감이라는 말이 조금도 이상하게 들리지 않는다. 환희는 탐식이라는 중죄에서 싹튼 감정이다.

모든 것은 고대 로마의 연회에서 시작되었다. 당시 로마 사람들은 엄청난 양의 음식을 먹고 마시면서도 식도락을 한층 더 끌어올리기 위해 별별 묘안을 다 짜냈다. 이른바 보미토리움(Vomitorium, 극장 출입구)에서 공작의 깃털을 목구멍에 집어넣어 먹은 음식을 일부러 토해냈다는 이야기는 이미 잘 알려져 있다. 더는 먹을 수 없는 지경에 이르러서도 더 먹으려 했던 것이다. 그들의 목적은 먹는 즐거움 자체가 아니라 한없는 탐닉이었다.

네로 황제의 신하였던 가이우스 페트로니우스(Gaius Petronius Arbiter)가 서기 60년에 쓴 소설 《사티리콘》을 보면 이 '무한정의 드라마'가 실제로 어떠했는지 잘 알 수 있다. 이 소설에서 가장 인상적인 부분은 〈트리말키오의 연회〉다. 신흥부호 트리말키오는 면천된 노예였다. 페트로니우스는 트리말키오가 베푼 캐나(Cena, 연회)를 묘사한 장면에서 탐식의 즐거움을 극대화하기 위해 동원된 온갖 묘책을 뛰어난 풍자를 곁들여 풀어놓았다.

전채로 나온 요리가 다음에 먹을 음식에 대한 기대를 잔뜩 부풀린다. 그러나 뒤따라 나온 음식은 평범하기 짝이 없다. 황도 12궁(宮)의 상징물을 본뜬 화려한 식기가 식탁을 장식하고 있지만 그 안에는 동물의 고환이나 콩팥으로 만든 요리가 아주 조금 들어 있을 뿐이다. 손님들의 얼굴에 실망의 빛이 어린다. 바로 그때 트리말키오가 신호를 보내 네 명의 노예에게 식기를 들어올리게 한다. 그러자 온갖 산해진미가 눈앞에 펼쳐지고, 숨겨놓은 호스를 통해 향긋한 소스가 값비싼 생선 위로 흘러나온다.

우리는 이 이야기를 통해 탐식의 향연을 어떻게 준비해야 하는지 명확히 알 수 있다. 가장 먼저 적용해야 할 원칙은 넘쳐나는 진미음식을 제공할 때는 체계를 세워야 한다는 점이다. 트리말키오는 거의 모든 음식을 독특한 모양의 식기에 담아 대접했다. 이를테면 사자 모양의 접시에는 아프리카 무화과를 담는 것이다. 황도 12궁을 본뜬 식기에는 별자리의 상징에 걸맞은 음식을 담았다. 그다음으로는 미각적인 즐거움을 극대화할 연출이 필요하다. 트리말키오는 고급 생선요리는 평범한 음식을 먹은 후에 먹도록 준비했다. 여기서 우리는 탐식의 공식을 다음과 같이 정리할 수 있다.

　넘칠 만큼 준비한 음식을 가장 맛있게 즐길 수 있는 방법을 이용하되 체계적으로 제공한다.

이 공식은 오늘날에도 통용된다. 생선회 또는 값비싼 햄 같은 고급 음식을 제공할 때는 접시에 빙 둘러 담아 독특한 기하학적 무늬를 만든다. 음식의 맛을 최고조로 느끼도록 하기 위해 멋진 동물을 통째로 식탁에 올리기도 하는데, 동물의 주둥이에 과일을 물려 장식할 수도 있다. 넘치도록 풍성한 음식은 체계적으로 제공해야 한다. 호화로운 식사도 체계가 없으면 엉망이 된다. 아울러 음식을 제공하는 방법에 특별한 즐거움이 숨겨져 있다면 먹는 즐거움은 극도로 상승한다.

뉴욕 5번가에 있는 애버크롬비 앤 피치(Abercrombie & Fitch)는 플래그십 스토어(flagship-store, 브랜드 이미지를 높일 목적으로 한 기업이 만든 여러 브랜드의 제품을 한 곳에 모아 판매하는 매장_옮긴이)로 이름난 상점이다. 이 상점에 들어가 보자. 3층짜리 건물의 실내가 온통 어둠에 싸여 있고, 마치 클럽에 온 듯 전문적인 음향 시스템이 쏟아내는 강한 비트가 우리의 몸을 타고 흐른다. 어스름한 불빛에 비친 매장은 차고 넘치는 옷가지로 터질 것만 같은 모습이다. 청바지와 티셔츠가 진열대와 진열함 안에서 우리에게 인사하듯 비스듬한 자세를 취하고 있다. 어마어마하게 많은 물건에 숨이 막힐 듯하지만 그 속에는 확고한 질서가 자리 잡고 있다. 티셔츠는 색깔별로 정리되어 있는데, 바닥에 설치한 진열함 안에 반원을 그리며 정돈된 것도 있다. 마치 스타디움을 보는 듯하다. 넘칠 듯이 많은 옷가지로 이토록 질서정연한 장면을 연출하다니! 한쪽 벽면에 걸어놓은 청바지에는 옷마다 그 브랜드에 맞춘 벨트가 끼워져 있다. 조명은 센세이션을 불러일으킬 만큼 기발하다. 조명을 받은 청바지와 티셔츠가 각기 다른 효과를 연출하며 어둠을 배경으로 도드라져 보인다.

이와 같이 빛의 표현력을 극대화한 기법을 회화에서는 키아로스쿠로(chiaroscuro)라고 한다. 조명으로 인한 시각적 도취는 먹고 마시며 취하는 즐거움에 못지않은 즐거움이다. 시각적인 효과를 극대화하여 질서정연한 풍요를 연출하기 때문이다. 이러한 도취는 착각이 아니라 우리 몸속에서 빠르게 퍼져나가는 도파민을 제대로 느끼는 현상이다. 도파민은 우리 몸에서 분비되는 신경전달물질로서 각성 효과를 내는 흥분제다.[2] 도파민이 활발히 분비될 때 예술가들은 창작 의욕을 불태운다. 우리가 파티에서 흥겹게 놀 수 있는 이유도 도파민 덕분이다. 온통 번쩍이고 번들거리는 황금 수크, 라스베이거스를 휘감고 도는 화려한 색채와 현란한 불빛은 우리 몸의 도파민 분비를 활성화하고, 기분 좋은 도취감에 빠져들게 한다. 이것이 바로 환희의 감정, 즉 희열이다.

인간은 진화과정에서 죽도록 먹고 마시지 않고도 넘치는 풍요를 향유할 수 있는 길을 찾았다. 시각적 탐식은 먹고 마시는 즐거움에 못지않게 매력적이면서도 부작용은 더 적다. 음식을 제공하는 방법이 불러일으키는 환희 감정이 미각적인 즐거움 자체보다 더 중요하다는 사실은 〈트리말키오의 연회〉에서도 분명히 알 수 있다. 트리말키오는 손님들에게 멧돼지를 대접했다. 하인이 사냥칼로 수퇘지의 옆구리를 찌르자 돼지 몸속에서 개똥지빠귀가 쏟아져 나온다. 트리말키오는 개똥지빠귀들이 한동안 연회장을 날아다니도록 내버려두었고, 손님들은 온통 마음을 빼앗긴 채 감탄사를 연발한다. 현대 심리학에서 쓰는 은어로 말하자면 그들은 자신의 미디어 리터러시(Media Literacy, 매체 활용능력)를 발휘한 것이다.

미디어 리터러시는 누구에게나 있는 능력으로, 연출된 상황에 제시된 매체를 능숙하게 이용하여 소비와 유흥을 한껏 즐기기 위해 필요한 능력이다. 인간은 미디어 리터러시를 발휘함으로써 능숙함을 확인하고 기지를 즐긴다. 이러한 이유에서 고대와 바로크 시대에는 식탁에 오르는 동물의 뱃속을 항상 다른 음식으로 채웠다. 트리말키오는 돼지고기를 시식하게 한다. 요리사는 머뭇거리며, 조리하기 전에 깜빡 잊고 내장을 꺼내지 않았다고 말한다. 그러고서 통돼지를 가르자 벤 자리를 뚫고 맛있는 소시지가 튀어나온다. 식탁에 앉은 사람들은 마음을 빼앗기지 않을 수 없다.

이와 같이 인간의 감각을 이용하는 연출은 오늘날 환희의 감정을 불러일으키는 데 매우 중요하다. 일본에서는 마음을 사로잡는 양말이 매우 잘 팔리고 있다. 이 분야의 선두주자는 마이티 삭서(mighty scxer) 체인이다. 그 체인점에 들어가는 사람은 누구든 도파민 쇼크에 빠질 만큼 종류가 다양하고 제품이 화려하다. 원래 마이티 삭서가 도입한 혁신은 양말의 디자인 자체에 있다. 양말이 마치 속옷 같은 느낌을 준다. 망사, 레이스로 만든 양말뿐만 아니라 발레리나의 토슈즈 같은 스타일도 있고, 대부분 반드르르한 광택이 흐른다. 말하자면 양말에 란제리 룩을 차용한 것인데, 마이티 삭서의 양말은 이제 인기 수집 상품으로 확고하게 자리 잡았다.

현대에 이르러 환희는 우리가 사는 세상을 더욱 재미있는 놀이터로 만들었고, 더욱 살맛나고 화려하게 만들었다. 이것이 희열이다.

파워의 근원, 분노

환희와 탐식의 상관관계에서 우리는 행복감이 본질적으로 육체와 밀접하게 연관되어 있다는 사실을 알 수 있다. 인간은 정신적인 존재일 뿐만 아니라 육체적인 존재이기도 하다. 화가 나면 얼굴과 가슴 윗부분이 벌겋게 달아오르고, 눈이 게슴츠레해지며, 미간에 내 천(川) 자의 주름이 잡힌다. 또한 근육이 긴장되고, 주먹을 불끈 쥐게 되며, 목에는 핏대가 선다. 호흡이 거칠어지고 혈압이 오른다. 간단히 말해 우리 몸의 모든 기관이 전투 준비를 하는 것이다.[3] 이 모든 육체적 긴장 상태로 보건대 언젠가는 분노가 폭발하고 말 것이다.

긴장과 이완은 서로 매우 밀접하게 작용한다. 긴장에 이은 단계에서 우리는 긴장에서 벗어나기 위해 분노를 삭인다. 그러지 않으면 분노를 물리적으로 정화해야 한다. 화가 난 사람은 소리 지르며 날뛴다. 손으로 치고 발을 구르며 물건을 집어 던지고 위협하듯 주먹을 휘두른다. 그러다 보면 긴장된 근육이 순간적으로 이완되고, 이때 생성된 아드레날린의 작용으로 우리는 그 상황에서조차 분노를 즐겁게 체험하며 해방감을 느낀다. 그리고 이미 자제력을 잃었음에도 스스로는 힘이 넘친다고 생각한다.

이와 같이 무엇이든 할 수 있을 것 같은 기분을 이용해 싸움을 조장하는 분노 연출의 사례는 어렵지 않게 찾아볼 수 있다. 가장 잘 알려진 사례가 에고슈터(Ego Shooter)라고 하는 컴퓨터 게임이다. 이 게임을 하는 사람은 자유롭게 돌아다닐 수 있는 지하세계나 전쟁으로 파괴된 지역을 주시한다. 그의 눈은 무장한 투사 역을 맡은 배우의 눈빛 연기를 연상케 한다. 머지않아 '적'과 온갖 괴물이 나타난다. 에고슈터는 들고 있는 총을 쏘아 이들 적을 쓰러뜨려야 한다. 피가 뿜어져 나오고 몸이 산산조각 난다. 어떤 게임기는 발사를 하는 순간 게임하는 사람이 그 진동을 느낄 수 있도록 설계되어 있다. 연속적인 발사는 화가 나서 날뛰는 행위에 해당되고, 그때와 똑같은 육체적 반응을 불러일으킨다.

교육계에서는 어린이들이 게임기 앞에 앉아 전쟁놀이에만 몰두하는 현상에 대해 우려의 목소리가 높다. 선생님들은 전쟁놀이 대신 운동을 하라고 권유한다. 실제로 공격적인 분노가 긍정적인 파워의 감정으로 변환되는 현상은 스포츠에서 맨 처음으로 감지되었다. 감정의 차원에서 볼 때 분노와 스포츠의 작용이 일치하는 부분은 매우 크게 나타난다 그 증거 가운데 하나가 바로 주먹이다.

아래 왼쪽 그림은 도로의 '무법자'에게 주먹을 내뻗은 모습이다. 이 주먹은 격분하여 위협할 때 취하는 몸짓에 속하며, 쾌감과 폭력성을 발산한다. 이 주먹은 분노에 찬 눈빛과 마찬가지로 타인을 향한 것이다. 반면 오른쪽

짜증난 운전자와 베커 주먹

그림의 주먹은 유명한 '베커 주먹'이다. 테니스 챔피언 보리스 베커는 이 주먹으로 유명해졌는데, 경기에서 중요한 세트를 이기고 나면 자신을 응원하는 뜻으로 취한 몸짓이다. 이 주먹은 다른 사람을 향해 뻗은 것이 아니라 오직 선수 자신을 향한 것이다. 불끈 쥔 주먹이 '내가 해냈어!'라고 말하는 것 같다. 위협의 몸짓이 승리의 세리머니로 변한 것이다. 분노가 파워로, 강한 힘이 주는 통쾌한 감정으로 바뀌었다. 다시 말해 파워는 분노와 같은 공격성이 없지만, 분노할 때와 유사한 신체적 증상과 쾌감을 동반하는 감정이다.

베커 주먹 외에도 강한 힘을 상징하는 행동은 대단히 많다. 소매가 이두박근 바로 위에서 끝나도록 재단된 근육셔츠(muscle shirt)는 그 옷을 입고 있는 사람의 힘을 강조한다. 팝 가수 마크 메들록은 독일 에르테엘(RTL) 텔레비전 방송 프로그램 〈슈퍼스타를 찾는 독일〉에 근육셔츠를 입고 출연해 고음의 파워 넘치는 음성으로 두각을 나타냈다.

세르비아 출신 테니스 선수 모니카 셀레스는 공격할 때마다 힘차게 내지르는 괴성으로 악명 높다. 실제로 이렇게 파워가 느껴지는 괴성은 승리의 외침이 변용된 것이며, 널리 알려진 긴장완화 행위다. 또한 일종의 괴성-폭소와 본질적으로 매우 유사하기 때문에 아이들도 만화영화를 보면서 등장인물이 머리를 맞는 폭력 장면을 소화한다.[4] 이러한 괴성-폭소는 속도를 즐기는 모든 놀이에서 파워의 느낌을 강화하는 요소로 작용한다. 놀이공원에 가면 롤러코스터에서 내리는 사람들이 괴성-폭소를 터뜨리며 긴장을 푸는 모습을 볼 수 있다. 왜냐하면 속도와 힘이 바탕이 되는 모든 놀이는 파워의 감정을 불러일으키기 때문이다.

듄 배싱(dune-bashing, 사막 사파리)을 아는가? 우리는 아랍인 기사가 운전하는 사륜구동 차량에 몸을 실었다. 그는 대단히 멋진 선글라스를 끼고 있었고, 영어를 아주 잘했다. 우리는 주유소에서 다른 차를 타고 오는 일행들과 마주쳤다. 우리 기사는 한두 시간 후 모래언덕을 넘을 때를 대비해 자동차 타이어의 공기를 뺐다.

사막의 지리를 아주 잘 아는 운전자가 선두를 달리며 뒤따르는 차량들에게 모래언덕을 어떻게 넘는지 보여주었다. 자동차는 도래언덕을 넘어서자 급격하게 수직 질주를 한 뒤 모래밭에 곤두박질했다. 그래도 그때는 차체가 옆으로 뒤집혔을 때에 비하면 아무것도 아니었다. 우리는 기절할 것 같은 기분이 들 때마다 크게 웃으며 소리 질렀다.

두바이 외곽의 듄 배싱과 같은 파워의 연출은 몇 년 전부터 인기 관광 상품이 되었다. 오스트리아의 티롤과 포어아를베르크 주에서는 관광 비수기인 여름철의 경기를 활성화하기 위해 알파인코스터를 설치했다. 알파인코

두바이의 듄 배싱

스터는 롤러코스터와 여름용 터보건(toboggan)을 결합한 기구인데, 산에 설치한 활주로를 따라 썰매를 타고 내려오는 레포츠다. 이때 최고 속도는 시속 40킬로미터에 달하지만, 나 같은 겁쟁이는 언제든지 브레이크를 작동할 수 있다. 활주 구간이 가장 긴 알파인코스터는 임스트에 있는데, 그 길이가 자그마치 3.5킬로미터나 된다. 그뿐 아니라 '70개의 커브, 16개의 점프대, 최고 높이 5미터에 이르는 25개의 언덕' 등 각종의 놀라운 기술을 내세우며 손님을 부른다.

티롤의 스카이글라이더는 임스트의 알파인코스터보다 더 짜릿하다. 스카이글라이더는 케이블카의 원리를 이용한 기구인데, '독수리 날개를 타고'라는 카피로 광고하고 있다. 실제로 독수리 날개처럼 보이는 기구 아래 네 사람이 나란히 매달린다. 스카이글라이더는 그 상태로 후진하여 '용감한 4총사'를 산 위로 끌고 간다. 네 사람이 허공에 완전히 뜬 채 저 멀리 산 너머를 바라보는 사이 갑자기 독수리가 날기 시작한다. 독수리 날개를 탄 네 사람은 시속 80킬로미터의 속도로 날아 마을로 내려온다. "이런! 알프스의 여름 관광이 뭐 이래!"라며 개탄하는 사람도 있을 것이다. 그러나 이러한 파워의 연출은 메달의 한쪽 면일 뿐이다. 에너지를 재충전하게 해주는 파워의 연출과 더불어 편안히 여유를 즐길 수 있는 시설도 마련되어 있다는 말이다.

스카이글라이더가 설치된 곳 바로 옆에 '독수리 둥지'가 있는데, 정말로 새의 둥지를 연상시키는 이 건축물은 '하늘에 더욱 가까이'라는 메시지를 표현한 대규모 전망대다. 파워와 여유를 결합하면 알프스에서도 바닷가에서와 같이 편안하고 기분 좋은 휴가를 연출할 수 있다.

탁월함의 근원, 시기심

동창생 두 사람이 식당에서 우연히 만난다. 한 사람이 식탁에 사진 석 장을 내놓으며 으스댄다. "이건 내 집, 이건 내 차, 이건 내 보트." 그러자 다른 사람도 사진을 꺼내는데, 그 사진에 찍힌 집과 차와 보트가 훨씬 더 으리으리하다. 먼저 사진을 보여준 친구는 부러움에 얼굴이 하얗게 질려버린다. 이 이야기는 1990년대에 방영된 독일 저축은행 광고의 내용인데, 이 광고는 시기심이라는 중죄를 야기하는 위압적인 행동을 묘사하고 있다. 남들보다 더 많이 가진 사람 또는 더 잘난 사람은 어쩔 수 없이 타인의 시기심을 불러일으킨다.

위압적인 행동은 '상향 이탈'이며, 본질적으로 상승과 승리를 지향하는 사회에서만 허용된다. 라스베이거스가 그런 곳이다. 중형 리무진이 이곳에서는 보통으로 이용되는 교통수단이다. 거금의 도박자금을 코유한 도박사들은 선망의 대상이며, 라스베이거스 힐튼 호텔의 1만 5000제곱미터짜리 베로나 스위트룸이나 개인전용 볼링장을 갖춘 팜스 호텔 킹핀 스위트룸에 투숙한다. 라스베이거스의 많은 나이트클럽에서 VIP 코너를 운영하는데, 추가요금을 내면 '샴페인 서클'의 윈 카지노에서 공연하는 수중 쇼 르 레브를 즐길 수 있다. 대단히 너른 좌석에 편안히 앉아 초콜릿을 입힌 딸기를 먹으며 쇼를 구경하는 동안 이브닝드레스 차림의 아가씨들이 끊임없이 샴페인을 따라준다.

절친한 여자친구가 결혼할 때 나는 혼인 입회인으로서 친구를 위해 특별한 차를 빌리려고 했다. 그런데 그 친구는 "장형 리무진은 절대 빌리지 마"라고 말했다. 상향 이탈은 우리가 평범한 사회에 발을 내딛는 순간 곧바로 벽에 부딪친다. 평범한 사회에서는 시기심을 누그러뜨려야만 한다. 고대 그리스의 인민재판은 이러한 목적으로 운영된 제도였다. 시샘 없는 사회를 유지하기 위해 너무 많이 가진 사람, 능력이 지나치게 뛰어난 사람은 토기 조각을 이용한 비밀투표의 결과에 따라 추방당하기도 했다. 이 방법은 앤디 워홀이 '15분간의 명성'을 주장하고, 캐스팅 쇼나 충격 고백이 난무하는 토크쇼가 판을 치는 이 시대에는 효과를 보기 어렵다.

그렇다면 어떤 다른 방법이 있을까? 이 문제에 대한 해법은 아리스토텔레스의 《수사학》 제2권에 나와 있다.[5] 아리스토텔레스는 시기심을 부정적인 프토노스(phthonos)와 긍정적인 젤로스(zelos)로 구분했는데, 이러한 구분의 배경에는 상향 이탈을 위해 스스로 노력한다면 다른 사람이 가진 것을 시샘해도 괜찮다는 생각이 깔려 있다. 이런 경우 시기심은 다른 사람의 능력에 대한 감탄으로 바뀌고, 그 사람의 노련한 기술과 탁월한 기량을 즐기게 된다. 시기심이 능숙함을 인정하는 마음으로, 탁월함을 인정하는 마음으로 변하는 것이다.

시기심을 불러일으킬 때와 마찬가지로 능숙하다는 인상을 주고자 할 때에도 상향 이탈, 즉 탁월한 능력이 필요하다. 높은 도 음을 내는 오페라 가수는 기립박수를 받고 브라보 함성을 듣는다. 19세기에는 많은 테너들이 기량이 뛰어나다는 인상을 주기 위해 작품을 편곡하기까지 했다. 아리아의 마지막 장은 원곡보다 더 높은 음으로 처리했고, 마지막 음은 특별히 길게 뺐다. 그뿐 아니라 돈 주고 박수부대를 동원해 특별히 열광적인 박수와 함성을 연출하기도 했다. 갈채와 함성은 빼어난 기량을 발휘하는 사람의 노련미를 더욱 돋보이게 한다. 탁월한 기량에서 묻어나는 능숙함은 열광적으로 지지하고 싶은 마음을 불러일으키며, 이러한 지지를 받을 때 그 사람에게서 풍기는 노련한 분위기는 더욱 뚜렷해진다.

열대식물학자 파트리크 블랑(Patrick Blanc)은 머리칼을 진녹색으로 물들이고, 왼쪽 손가락은 손톱을 길게 길러 뾰족하게 갈았으며, 손톱 하나는 언제나 진녹색으로 칠했다. 프랑스 사람들은 블랑을 귀스타브 에펠만큼이나 위대하게 생각한다. 에펠이 과감한 철골구조를 이용해 전래의 건축기법을 획기적으로 바꾸었듯이, 파트리크 블랑은 대형 벽면을 수직정원(Murs Végétaux)으로 바꾸어 도시에 새로운 형태의 녹지공간을 창출했다. 파리의 케브랑리 박물관(Musée du quai Branly)을 지나는 사람들은 신축된 이 민속학 박물관의 식물 벽을 못 믿겠다는 듯 손으로 만져보며 폭신한 감촉을 확인한다.

파트리크 블랑은 주로 유명 건축가들과 공동작업을 하여 수백 개의 프로젝트를 완성했다. 방콕의 쇼핑몰에 거대한 식물 탑을 세웠고, 유화처럼 보이는 벽면을 설치하기도 했다. "이걸 어떻게 했을까?" 많은 사람들이 경탄하며 묻는다. 이 정교하면서도 단순한 작품의 원천은 열대식물에 관한 블랑의 풍부한 지식이었다.

아크릴 펠트를 덮은 합성수지판을 벽면에 설치한 후 펠트지에 금을 내어 조그마한 주머니를 그 속에 밀어 넣는데, 주머니에는 바위를 타고 오르는 특수한 정글 식물이 들어 있다. 그다음에는 호스를 설치해 정기적으로 물을 주고 비료도 주었으며, 물은 재활용할 수 있게 처리했다. 비밀은 선택한 식물에 있었다. 블랑 이전에는 그 누구도 수직의 생태계를 조성하는 방법을 알지 못했다. 수직정원을 보는 블랑의 남다른 시각이 그의 탁월한 능력을 말해준다. 수직의 정원이 연출하는 감각의 유희, 그림이 된 식물 벽은 우리를 매료하는 최상의 시각적 엔터테인먼트다.

파리 케브랑리 박물관 외벽의 수직 정원

열망의 근원, 탐욕

2007년 9월 12일 베를린 알렉산더 광장. 진입 차단용 철조망 뒤로 5000여 명의 인파가 몰려들었다. 철조망은 밀려드는 인파를 견디지 못하고, 자정을 몇 분 남기지 않은 시각에 쾅 하는 굉음과 함께 앞으로 넘어졌다. 사람들이 일제히 30미터 전방의 알렉사 쇼핑센터를 향해 내달리기 시작했다. 쇼핑센터의 문은 아직 닫혀 있었다.

알렉사 쇼핑센터는 이날 파격 할인판매를 한다고 광고했고, 이제 고객들이 몰려왔다. 쇼핑센터는 유리문의 파손을 우려해 예정보다 일찍 문을 열었지만 결국 유리가 깨어지고 부상자가 나왔으며, 매장은 거의 파손되다시피 했다. 디지털카메라를 열다섯 개, 스무 개씩 움켜쥔 채 핸드폰으로 친지들을 불러내는 사람도 있었다. 한정 판매라니까. 알렉사 쇼핑센터는 그날 24시간 영업을 계획했으나 1시 20분에 정문의 셔터를 내려야 했다.

어찌된 일인가? 시장경제의 기본법칙을 따랐을 뿐인데? 판매자 측에서는 초특가 폭탄세일을 약속함으로써 엄청난 수요를 불러일으켰다. 판매수량이 한정되어 있었으므로 문이 열리기도 전에 수많은 사람이 몰렸고, 오랜 시간 기다렸다. 판매수량을 한정하면 소비자의 저급한 본능이 더 강하게 자극받는다. 누구도 얼뜨기가 되고 싶지는 않으므로 너도나도 전투태세를 갖춘다. 이렇게 복합적인 자극 앞에 소비자들이 욕심을 발동하는 현상은 불 보듯 훤한 일이다. 욕심은 법률용어로 정확히 표현하자면 소유욕이다.

구매를 강요하는 자극은 술, 담배, 약물과 마찬가지로 우리 몸속에 중독성이 있는 신경전달물질을 분비시킨다. 즉, 도파민이 너무 많이 분비되는데, 그러면 우리는 극도로 기분이 좋아지므로 자제력을 잃고 물건을 마구 집어들게 된다. 다시 말해 구매자극은 골라잡기 코너를 마구 휘젓게 만드는 약물이다.[6] 그뿐이 아니다. 자극을 받은 소비자는 문을 발로 차기도 하고, 옆 사람을 밀치기도 한다. 욕심은 열병과도 같은 상태를 야기한다.[7] 구매 열기, 주식 열기, 사냥 열기…… 무엇을 사냥하든, 욕심에 빠진 인간은 가질수록 더 많이 갖고자 한다. 욕심은 밑 빠진 독과 같아서 결코 채울 수 없다.

판매에 성공하는 방법이 오직 구매를 강요하는 길뿐인가? 그렇지 않다. 현대의 상점은 특별한 디스플레이로 소비자의 기대치를 높이는 방법을 이용한다. 옛말에 신부는 치장을 해야 한다고 이르지 않았던가? 요즘 말로 하면 물건과 서비스는 사고 싶게 만들어야 한다. 마시장에 내놓는 말도 미리 철저하게 솔질을 한 후에 고객에게 선보인다. 그래야 갖고 싶은 마음이, 열망이 생기기 때문이다. 욕심과 마찬가지로 열망 또한 우리의 사냥본능을 일깨우므로 우리는 결국 뭔가를 사게 된다. 그러나 이때 사냥본능을 일깨우는 것은 경쟁과 투쟁이 아니라 완벽하게 꾸민 사냥감이다. 사냥감은 이런 식으로 열망의 희생물이 된다.

몇 년 전부터 자동차 박람회에서는 신형 모델을 회전판 위에 전시하고 아름다운 여인을 곁에 세웠다. 회전하는 자동차를 보면서 디자인으로 표현한 시각적인 즐거움을 기억하게 되는데, 인간은 움직이는 대상물을 눈으로 볼 뿐만 아니라 온몸으로 느끼기 때문이다.[8] 여성 모델들은 전시하는 상품의 품격을 높이고, 상품 사냥을 아름다운 여인과의 데이트처럼 보이게 만든다. 실제로 열망은 조급증을 유발한다.

열망의 상태는 뉴로트로핀(표적신경세포에서 생성되어 유리된 후 신경세포의 성장과 생존을 조절하는 뇌신경계의 주요 신경성장인자_옮긴이)의 활발한 분비로 인해 사랑에 빠지는 상태와 크게 다르지 않다. 고객이 선망의 눈으로 상품을 바라보게 만들려면, 아니 상품에게 추파를 던지도록 유도하려면 상품을 '드높여'

선보여야 한다. 자동차를 전시하는 회전판이 바로 그런 장치다. 말의 코 앞에 내민 당근처럼 상품이 고객의 시선을 벗어나지 않도록 하기 위해서는 일종의 기단(基壇)이 필요하다. 패션쇼의 무대, 마네킹, 쇼윈도가 바로 상품을 드높이는 기단이며, 때로는 매우 독특한 상품용기로 드높이는 효과를 노리기도 한다.

리우 데 자네이루의 해변에서는 이와 같은 디스플레이용 기단을 어디서나 볼 수 있다. 코파카바나, 레블론, 이파네마 해변에서 모자, 기념품, 각종 의류를 판매하는 행상들은 상품을 파라솔에 붙이고 다닌다. 파라솔은 열망의 대상물로 겹겹이 덮여 있다. 높이 쳐든 파라솔은 욜망 연출의 이상적인 무대다. 단순한 제품도 파라솔 위에 멋지게 진열되어 있으면 실제보다 더 좋아 보인다. 그 이유는 상인들이 우리에게 선보일 상품을 제대로 치장했기 때문이다.

여성 고객에게 잘생긴 청년 행상은 때로 진정한 매력덩어리가 된다. 상품을 소개하는 상인들의 상상력은 대단히 기발하다. '변신 보자기'를 파는

코파카바나 해변의 상인들

상인이 우리 앞에서 열정적으로 공연을 한다. 보자기는 원피스가 되었다 치마가 되었다 하더니 마침내 숄더백이 되어 내 아내의 어깨에 걸렸다. 이 과정에서 구매를 강요하는 행위는 전혀 없었다. 그럼에도 아내는 그 물건에 대한 기대감이 생겼고, 결국 탐을 내고 말았다. 이러는데 어떻게 물리치겠는가?

열망은 멋지게 치장한 물건을 드높여 선보이거나 설득력 있게 선전할 때 생기는 욕심이며, 이러한 욕심이 상품을 탐내게 만든다.

열망은 우리에게 욕심의 대상을 판다. 그렇다고 오로지 장사에만 국한된 말이 아니다. 열망은 극도의 관심을 불러일으키고, 어떤 예감을 유발하며, 한 가지 목표에 병적으로 매달리게 만든다. 박물관이나 공항 또는 병원도 관심을 끌기 위해 열망 전략을 이용한다. 세계적으로 유명한 오스트리아의 화가이자 조각가인 에르빈 부름(Erwin Wurm)은 빈 현대미술관에서 열린 자신의 전시회 때 〈하우스 어택(House Attack)〉을 설치했다. 이 설치물은 전시회 광고물인 동시에 그 자체가 미술품이다.

진짜처럼 조립한 집 한 채가 하늘에서 떨어져 미술관 건물에 부딪친 듯 건물 위에서 중심을 잡고 있는 모습이 멀리서도 보인다. 이미 말했듯이 열망 연출에는 무대가 필요하다. 이 경우 미술관 지붕이 완벽한 무대다. 우리는 이 전시장에는 뭔가 볼 만한 게 있으리라고 예상하게 된다. 시선을 끌어 모으도록 치장도 잘되어 있다. 게다가 바로크 시대의 착시미술과도 같은 모사효과도 시선을 집중시키는 데 한몫한다. 저게 가능해? 저거 진짜야? 아니면 가짜야? 그 집은 자체가 작품일 뿐 아니라 전시회와 그 주제를 대표하는 선전물이기도 한다.

미술관 구역을 한 바퀴 돌아 다시 그곳으로 왔을 때 나는 다른 모든 사람

〈하우스 어택〉

들과 마찬가지로 눈을 반짝이며 현대미술관 앞에 섰다. 당장 안으로 들어가고 싶은 마음이 생겼다. 열망이 생긴 것이다.

황홀감의 근원, 음욕

숨결이 점점 거칠어진다. 그래도 아직은 도달하지 못했다. 주변에 들리도록 크게 소리를 내며 공기를 한껏 들이마신다. 그녀의 몸속이 진동하는 것 같다. 몰입의 순간. 그녀는 황홀감에 취해 눈을 감은 채 머리를 뒤로 젖힌다. 머리칼이 아래로 늘어지고 하얀 목이 드러난다. 엘렌 그리모(Hélène

Grimaud)가 연주하는 피아노 협주곡은 절정을 향해 치닫는다. 겉보기에 그녀의 연주가 오르가슴에 이른 여성의 행동과 유사하다는 사실은 우연이 아니다. 두 경우 모두 황홀감이 작용한다.

음욕이 중죄라는 말은 성행위 자체가 아니라, 교회의 시각에서 볼 때 쾌감을 더욱 끌어올리기 위해 범하는 부도덕한 행위를 가리켜 한 말이다. 그러나 합법적인 쾌감의 증폭이야말로 나쁜 섹스와 좋은 에로티시즘을 구분하는 척도다(이는 성기능장애 치료사들과 여성들이 주장하는 말이다). 세계적으로 유명한 프랑스의 피아니스트 엘렌 그리모의 연주는 넓은 의미의 에로티시즘이다. 단번에 덤벼들지 않고 뜸을 들이다 결정적인 순간에 사력을 다하는 섹스의 대가와도 같이, 그리모의 연주는 시간을 지연함으로써 열망을 더욱 고조시킨다.

이러한 연주기법을 음악 전문용어로는 템포 변형법이라고 한다. 다시 말해 그리모는 열망이 식어버리지 않는 한도 내에서 시간을 최대한으로 연장한 후 마침내 절정의 순간에 이르렀을 때, 즉 청중이 더는 참을 수 없는 시점에 도달했을 때 머리를 뒤로 젖힌 채 숨을 거칠게 몰아쉬며 음악에 몰입한다. 멜로디와 음악의 시간적 경과를 연장하여 기대감을 극도로 고조시키고, 팽팽한 긴장의 끈을 놓지 않고 절정의 순간을 향해 숨 가쁘게 내닫는다. 글렌 굴드가 숨을 헐떡이며 연주했듯이 그리모는 절정의 순간에 이르러 머리를 뒤로 젖힌 채 거칠게 호흡하며 황홀감을 더욱 증폭한다.

시간과 공간의 응집은 최고의 황홀경을 열어주는 보편적인 열쇠다. 황홀경의 체험 과정에서 거치는 '응집 지점'은 극도로 아름다운 순간을 일컬으며, 응집 지점에서 황홀한 감정은 더욱 고조된다.

이와 같은 '감각의 에로티시즘'은 음악에만 있는 일이 아니다. 17세기 말경 시각예술은 획기적인 발전을 이룩했다. 클로드 로랭(Claude Lorrain)을 비롯한 프랑스 화가들이 응집의 원리를 회화에 도입해 완벽하게 아름다운 풍경화를 그린 것이다. 이 시대의 화가들은 다리와 신전, 각종 소규모 건축 구조물들을 화폭 가득 등장시키며 주로 신화에 나오는 이야기를 묘사했는데, 자연의 풍경을 화면 중앙에 배치하거나 기둥과 나무의 일부분만을 표현하는 등 형태적으로도 밀집된 구도를 추구했다.

이와 같이 긴장감이 고조된 강렬한 그림에서 느끼는 아름다움을 그로부

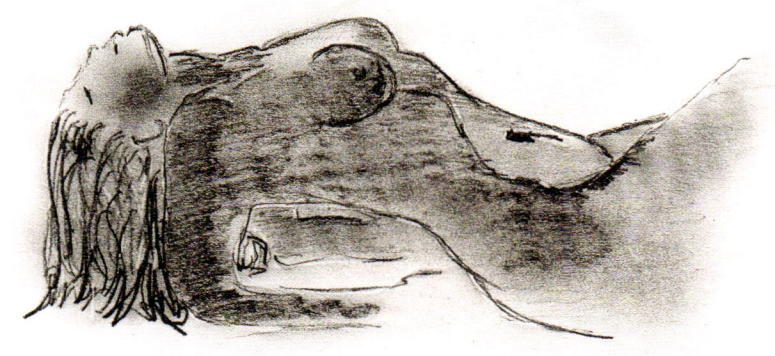

엘렌 그로 모와 여성의 오르가슴

터 얼마 후에는 누구나 어디서든 즐길 수 있게 되었는데, 로랭이 개발한 오목거울 덕분이었다. 개발자의 이름을 따 '클로드글라스'라고 부르는 이 오목거울은 실제 경치를 미학적인 시각으로 즐기기 위한 보조기구다. "사람들은 등 뒤의 풍경 가운데 로랭의 그림을 연상시키는 지점이 비치도록 거울을 들고, 거울에 비친 풍경의 아름다움을 즐겼다."[9] 거울의 오목한 단면이 풍경을 이루는 각각의 요소를 한데 모아 아름다운 그림으로 비추어주며, 거울에 비친 색조는 그림 같은 풍경을 더욱 더 그림처럼 보이게 만든다.

이와 같이 조망의 즐거움을 만끽하고 싶은 열망이 극에 달하자 영국에서는 풍경화처럼 아름다우면서도 실제로 걸어서 다닐 수 있는 정원이 개발되기에 이르렀다. 18세기 중엽에 헨리 호어(Henry Hoare)는 스투어헤드(Stourhead)에 풍치공원을 조성했다. 호수를 빙 돌아 산책로(Belt Walk)가 나 있으며, 황홀감을 찾아 산책로를 걷는 사람들은 가는 곳마다 그림 같은 풍경을 만나게 된다. 이러한 '그림'을 조성하기 위해 숲을 에워 도는 산책로를 내어 그림의 테두리와 같은 효과를 노렸고, 극적인 전경-배경 구도를 사용했다. 다리에서 호수를 거쳐 자그마한 사원에 이르기까지, 공원을 걷는 사람은 로랭의 그림 속을 걷는 듯한 환상에 빠져든다. 특별히 빼어난 조망을 즐길 수 있는 지점이 곳곳에 마련되어 있는데, 이러한 지점에서 볼 때 아름다운 경치는 특별히 응집된 느낌을 준다. 산책로의 이러한 지점이 황홀감의 응집 지점이다.

발길을 붙잡는 아름다운 장소에 이르면 우리는 그 시각적인 즐거움을 충분히 체험하기 위해 그곳에 오래 머문다. 이러한 응집 지점에서 우리는 손가락으로 경치를 가리키며 "저기 좀 봐! 정말 멋있다!"라고 말한다. 오늘날에는 그런 곳에서 사진을 찍는다. 미국의 놀이공원에 표시된 코닥 포토스팟

(Kodak-Photo-Spot)도 이런 곳에 지정되어 있다. 이런 지점에서는 시야가 밀집되어 다른 곳보다 더 많이 보이고, 무아지경에서 섹스를 할 때와도 같은 느낌이 든다.[10] 엔도르핀이 분비되고 몸이 공중에 뜬 것 같다.[11] 황홀한 기분이, 몽롱한 행복감이 몸을 휘감는다.

ⓒAlex Mackay

클로드 로랭 〈델로스의 아에네아스〉 | 클로드글라스로 본 틴턴 애비 | 헨리 호어의 스투어헤드 풍치공원

여유의 근원, 나태

황홀감이 자극에 대한 감각을 극도로 집중할 때 발생하는 반면 편안한 느낌의 비결은 외부의 자극에 대한 감각을 최대한 무디게 만드는 데 있다. 나태(懶怠)가 중죄로 정의된 동기는 4세기의 중죄 이론가 에바그리우스 폰투스가 사막에서 고행하는 가톨릭 수사들의 생활을 관찰한 데 있다.[12] 하이코 에른스트(Heiko Ernst)의 위대한 저서에 의하면 그 당시 수사들이 '정오의 악마'에게 홀리는 일은 드물지 않았다.

금욕적인 생활을 하는 수사들은 매우 이른 시각에 일어났으므로 정오쯤에는 혈압이 떨어졌고, 우울한 기분에 젖어 멍하니 먼 곳을 응시하며 하릴없이 저녁이 오기만을 기다렸다. 그 결과 신을 숭배하는 일은 점차 열성을 잃어갔고, 심지어 신의 구원에 대한 의구심이 싹트기까지 했다. 이러한 현상은 그 당시 교회의 입장에서 볼 때 결코 가벼운 죄가 아니었다. 나태는 매우 무거운 죄였다.

그러나 금식은 긍정적인 감정을 불러일으킬 수도 있다. 치유를 목적으로 금식을 할 경우 배고픔은 이틀 후면 사라지고, 긴장이 완화되면서 매우 편안한 기분이 드는데, 세로토닌의 분비가 활발해지는 동시에 스트레스 호르몬인 코르티솔의 분비는 감소되기 때문이다.[13]

넓은 의미에서 금욕은 처리해야 할 '물질'의 양을 줄여야 할 만큼 정확히 줄이는 일에 지나지 않는다. 과다한 영양섭취뿐만 아니라 지나치게 많은 자극과 호기심도 마찬가지다.

여유를 추구하는 일은 외부 세계에 대한 감각적 인지를 '금식'하는 일이다. 여유는 정보가 범람하는 속도의 시대에 상업적인 목적으로 연출된 세계에서 일어난 가장 큰 혁신이다. 거의 모든 음식점에 라운지가 갖춰져 있고,

새로 짓는 호텔이나 박물관은 반드시 아트리움을 갖춘다. 이때 고려해야 할 법칙이 두 가지 있다.

부담감소의 법칙

카우치에 편한 자세로 누워 있으면 마음의 부담이 줄어들어 근육의 긴장도 완화된다. 휴가 때마다 항상 같은 휴양지를 찾는다면 대번 다른 곳을 찾을 경우보다 새로이 적응하느라 느껴야 할 부담감도 적다. 부담감을 줄임으로써 뒤따르는 긴장완화는 여유의 기본 전제다.

적극적 긴장완화의 법칙

동시에 우리는 이러한 '감량'을 어떻게 이해해야 할지도 알아야 한다. 음식 섭취량의 감소가 배고픔이라는 부정적인 느낌으로 해석될 수도 있고, 긍정적인 금식의 느낌으로 해석될 수도 있듯이, 지각(知覺)에 의해 부담감이 감소한 경우도 지루하다고 느낄 수도 있고 편하다고 느낄 수도 있다. 감량이 편안한 느낌으로 이해되기 위해서는 적극적으로 긴장을 완화하려는 노력이 뒤따라야 한다.

우리가 어릴 때 카우치에 발을 올려놓으면 어른들은 버릇없는 미국 사람들이나 그런 짓을 한다며 핀잔을 주었다. 그러나 이렇게 다리를 높이 올린 자세야말로 그 상황이 지루하지 않고 긴장을 풀고 즐길 수 있는 상황이라는 표시다. 따라서 휴식이 연출되는 모든 무대에서 주인공은 언제나 '눕는 자세'다.

잠시 눈을 감는다. 방금 읽은 글줄을 되새기느라 잠시 생각에 잠긴다. 다리를 높여 누운 자세를 취한다. 그리고 그 자세로 빈둥거린다. 마치 실트 섬의 모래언덕에 몸을 내맡긴 사람 같다. 이것은 독일 울름에 있는 후겐두벨 (Hugendubel) 서점의 풍경이다. 이 서점의 2층은 전체의 4분의 1에 가까운 면적을 안락의자가 차지하고 있다. 스무 명 남짓한 사람들이 빨간색의 대형 카우치에 눕거나, 가로질러 앉거나, 길게 앉아 책 읽기에 빠져 있다. 대학생과 젊은 여성은 물론, 온 가족이 함께 온 경우도 있고, 점심시간을 이용해 들른 직장인도 있다.

이 사람들이 이곳에 온 이유는 물론 책에 관심이 있기 때문이지만, 그와 더불어 서점이 명상의 장소이기 때문이기도 하다. 이 서점은 쫓기는 일상에서 벗어나게 해주는 탈출구이자 은신처이며, 도심의 오아시스다. 아마존과 같은 인터넷 서점이 부상하자 일반 서점들은 대책을 세워야 했다. 그리고 이 분야의 선도적인 업체들은 과거의 서적소매상이 가지고 있던 장점을 기억해냈다. 서점은 '수준 높은 게으름'을 피우던 장소였다. 오늘날의 서점은 이러한 면모를 되찾아야 할 터였다. 여유를 느끼는 장소, 이완의 행복감을 누릴 수 있는 장소로 거듭나야 했다.

울름에 있는 후겐두벨 서점과 긴장을 풀고 있는
남자의 모습

행복감의 심리작용

일곱 가지 중죄의 바탕이 되는 욕망은 오늘날에도 여전히 우리의 삶을 구성하는 중요한 요인으로 꼽히고 있다. 일곱 가지 행복감은 일곱 가지 중죄에 버금가는 욕구다. 인간은 누구나 자신의 삶에서 영예로움, 환희, 파워, 탁월함, 열망, 황홀감, 여유를 경험하고 싶어한다. 수준 높은 감성문화, 삶을 바꾸는 생태 체험, 상품을 생생한 체험과 결합하는 일상 연출 등은 경제가 어려운 때일수록 구매자의 만족도를 높여준다. 그런데 행복감으로 이러한 성과를 올리는 일이 어떻게 가능할까? 행복감은 다음과 같이 작용한다.

유발 – 감정이입 – 효능 발휘

유발

우선 행복감을 불러일으키는 대표적인 자극을 다시 한 번 짚어보자. 이를테면 어마어마하게 큰 것, 또는 신전이나 궁전처럼 보이는 것은 모두 장엄한 느낌, 즉 영예로움의 감정을 자극하고, 빠른 속도 또는 동물적인 힘 등에서는 통쾌한 파워의 감정을 느낄 수 있다.

그러나 이러한 자극만으로는 사람의 마음을 행복감으로 물들일 수 없다. 단순히 쾌락 원리만을 충족했을 때 느끼는 좋은 기분을 행복감이라고 하지는 않는다. 행복감은 여기에 더해 감성 원리까지 충족되어야간 비로소 발생한다. 행복감은 비록 중죄에서 비롯되었지만 죄악이 품고 있는 파괴적이고 해로운 효능은 제거되었다. 르네상스 시대에는 자기과시를 위해 가문 탑을 높이 세웠다. 다시 말해 가문 탑은 오만의 표현이었으며, 따라서 죄악의 표출이었다. 두바이의 6성 호텔 부르즈 알 아랍(Burj al Arab)은 중앙 홀의 천장을 매우 높이 올리고 기둥에는 금도금을 했다. 이 홀에 들어 선 사람은 고귀한 영예를 느낀다. 즉, 부르즈 알 아랍 호텔의 '드높임'은 손님을 위한 선물이다. 따라서 죄악이라기보다는 행복감을 유발하는 요소라고 보는 편이 옳다. 실제로 행복연구가들은 어떤 체험에서 행복감을 유발하려면 지그문트 프로이트(Sigmund Freud)의 쾌락 원리와 빅토르 프랑클(Viktor Frankl)의 감성 원리가 모두 다 충족되어야 한다고 이구동성으로 주장한다.[14] 프로이트가 주장하는 '감각적 즐거움'과 프랑클이 내세우는 '충만감을 향한 동경'이 조화를 이루는 순간 우리는 행복감을 경험한다. **행복감은 감각과 감성의 협연에 의해 발생한다.**

감정이입

그런데 우리는 왜 어떤 자극을 받으면 장엄하다는 느낌이 들고, 어떤 자극에 대해서는 통쾌하다고 느낄까? 그 이유는 1990년대 초에야 비로소 밝혀졌는데, 파르마에 있는 어느 연구소에서 발견한 미러 뉴런(mirror neuron)이 그 해답이다. 우리는 다른 사람이 어떤 감정을 느끼는 모습을 보면 우리도 똑같은 감정을 느끼는데, 이러한 반응을 일으키는 신경세포가 바로 미러 뉴런이다.

1999년 젊은 신경생리학자 윌리엄 허친슨(William Hutchinson)은 뇌수술을 하는 도중 실수로 자신의 손가락을 찔렀다. 그러자 깨어 있던 환자가 통증을 느끼는 반응을 보였는데, 집도의가 느낀 감정이 환자에게 이입된 것이었다. 환자가 실제로 통증을 느꼈다는 사실은 오실로스코프(진동 기록 장치_옮긴이)를 통해 증명되었으며, 이로써 인간이 수백 년 전부터 익히 알고 있던 감정이입 현상의 원인이 밝혀졌다. 우리는 다른 사람의 감정을 느끼기 위해 속으로 그 사람을 흉내 낸다. 인간의 두뇌에는 약 2억 개의 미러 뉴런이 있으며, 모든 중요한 감정에 대해 이와 같이 반응한다.

　행복감 이론에 의하면 놀랍게도 인간은 건축물이나 주위환경 등 사물에 대해서도 감정이입이 가능하다.[15] 이를테면 박람회에 전시된 비포장도로용 파워 자동차 투아렉의 차체가 온통 진흙을 뒤집어쓰고 있다. 수렁을 빠져나오느라 묻은 진흙. 우리의 미러 뉴런은 투아렉이 발휘했을 원초적인 힘을 차체 오염의 원인으로 인식하고, 거기서 파워의 감정을 느낀다.

폭스바겐 투아렉. 상징적인 감정이입

어떤 상황이 우리의 감성에 미치는 영향을 상징적으로 연출하면 우리의 마음속에 실제의 상황에서 느끼는 행복감과 똑같은 감정이 일어난다. 우리를 행복감에 빠뜨리는 일이 이토록 간단하다는 말인가? 우리가 그렇게 쉽게 조종되고 쉽게 유혹에 빠지는 존재인가? 아니다. 그렇지 않다. 행복감은 우리가 느끼고자 할 때만 나타나는 감정이다.

그 감정을 뚜렷하게 느끼기 위해 때로는 자극에 대해 우리 스스로 적극적인 반응을 보여야 한다. 탈 벤-샤하르(Tal Ben-Shahar) 같은 행복연구가는 우리에게 가끔 잠시 멈춰 서서 현재의 행복을 확인해보라고 당부하며, 이러한 행위를 '행복 증폭제'라고 일컫는다. 행복 증폭제는 일순간 반짝하고 빛나는 감정의 불꽃을 행복감으로 승화한 후에야 비로소 터뜨리는 행동 방식의 유형이다. 감정은 느끼려고 해야 느껴진다.

몇 가지 행복 증폭제에 대해서는 앞에서 이미 이야기했다. 승리의 베커

들어 올린 팔은 행복 증폭제다

주먹과 스릴을 체험할 때 터뜨리는 괴성-폭소가 파워의 감정을 증폭한다는 사실을 확인했고, 이 책의 첫 부분은 이과수 폭포 앞에 선 관광객들이 두 팔을 높이 쳐들고 마음을 열어 영예의 감정에 몰입하는 풍경으로 시작했다.

행복 증폭제는 느낌을 들여보낼 때 열리는 개폐식 환기구와도 같다. 내박사학위 지도교수이자 오랜 친구인 페터 비타치 교수는 이렇게 말했다. "사람들이 심리적으로 얼마나 위축되어 있는지 아세요? 이과수 폭포에서도 사람들은 다른 사람들이 하는 걸 보고 그대로 따라합니다. 그러면 신기하게도 그 사람들 또한 갑자기 장엄한 기운을 느낍니다. 미쿤다 씨의 표현대로 말하자면 영예의 감정을 느끼는 거죠."

우리는 행복 증폭제를 통해 곧 느끼게 될, 그리고 느끼고자 하는 감정의 전극에 연결된다. 여기서 공통의 체험은 매우 중요한 요소다. 인간은 자극과 반응의 법칙에 따라서만 움직이는 존재가 아니다. 우리에게 미치는 영향은 우리를 둘러싼 문화에 의해 강화되며, 우리는 그 문화의 구성요소이기도 하다.

효능 발휘

우리가 체험하는 행복감이란 과연 무엇일까? 그것은 바로 우리 자신이다. 미술사학자 빌헬름 보링거(Wilhelm Worringer)는 1907년에 이미 "예술을 즐기는 일은 자신을 즐기는 일이다"라고 말했다.[16] 우리의 몸에서 신경전달물질이 분비될 때 우리는 그 현상을 감지할 수 있다.

영예로움을 느끼는 상황에서 마음을 안정시키는 세로토닌, 환희를 느끼는 상황에서 열락으로 들뜨게 만드는 도파민, 파워를 느끼게 해주는 아드레날린, 탁월함을 느끼게 해주는 아세틸콜린 등등. 우리가 행복감을 강하게 느끼는 이유는 행복감이 우리 몸속에 있기 때문이다.

행복감을 느낄 때 우리는 잠시나마 충만한 삶을 경험한다. 행복감의 효능은 장기적으로 볼 때 질병을 고쳐주는 약과도 같다. 나는 암스테르담에 갔다가 지독한 감기에 걸린 적이 있다. 날씨는 온화했다. 나와 아내 데니스는 수많은 인파를 뚫고 힘겹게 콘세르트헤보우(Concertgebouw) 건물 앞에 당도했다.

우리가 암스테르담을 방문한 목적은 엘렌 그리모의 피아노 연주회에 가기 위해서였다. 우리 부부가 그리모의 음악을 연주회에서 직접 듣기는 그때가 처음이었다. 그런데 그리모는 그 연주회를 시작으로 유럽 전역을 돌며 30회의 연주회를 열 예정이었다. 그러니까 굳이 암스테르담까지 가지 않아도 그리모의 연주를 들을 수 있었건만 우리는 그 사실을 콘세르트헤보우에 도착한 순간까지도 모르고 있었다.

나는 연주회가 시작될 때 몸이 아팠다. 그리모가 어떤 집중력으로 연주하는지는 앞에서 이미 설명했다. 그리모는 라흐마니노프의 피아노 협주곡 2번을 연주했는데, 2악장이 끝났을 때 나는 멀쩡해져 있었다. 마치 최면에 걸린 듯했다. 그날 이후 우리는 음악회에 갈 때마다 그리모의 연주가 끝나면 곧바로 연주회장을 나왔다. 방금 느낀 카타르시스를, 격정의 정화를 온전하게 유지하고 싶었기 때문이다.

6년 후 그리모는 클라우디오 아바도(Claudio Abbado)가 지휘하는 빈 오케스트라와 협연했는데, 나는 그때도 몸이 아팠다. 그러나 이제는 나도 감각이 예리해졌고, 그리모가 연주할 때 부리는 술책을 다 꿰고 있었다. 그럼에도 내 몸의 반응은 놀랍기만 했다. 이때에도 라흐마니노프의 피아노 협주곡 2번을 연주했다. 그런데 2악장이 끝나자 내 마음은 떨리기 시작했다. 기침이 멋었다. 나는 바이오에너제틱스(몸과 마음의 활동을 결합한 심신단련법의 일종_옮긴이)을 창시한 알렉산더 로웬(Alexander Lowen)을 존경한다. 그리고 이 카타르시스와도 같은 해결이 주는 떨림을 느끼려면 로웬이 창안한 운동을 얼마나 많이 해야 하는지도 알고 있다. 로웬은 오르가슴 이론가인 빌헬름 라이히(Wihelm Reich)의 제자였다. 오르가슴 이론에 대해서야 내가 무슨 말을 하겠는가.

행복감은 언제 어디서든 즉각적인 효과를 발휘하는데, 감동적인 울림은 그 후에도 계속된다. 따라서 여기서도 행복감의 치유능력을 확인할 수 있다. 이를테면 바흐를 기막히게 잘 해석한 연주를 들었을 때 내 머릿속에서는 헨델의 음악도 울리고, 베토벤의 음악도 울리고, 온갖 음악이 다 울린다. 그 순간 나는 그 울림에 맞춰 온 동네를 다 뛰어다닐 수 있을 것만 같이 활력이 넘친다.

행복감은 우리의 마음을 상쾌하게 해주고, 때로는 아픈 몸을 치유해주기도 한다. 이러한 이유로 심리치료는 몇 년 전부터 미학을 도입했다. 무용치료, 음악치료 등 대표적인 치료법과 더불어 최근에는 영상치료법이 두각을 나타내고 있다. 빅토르 프랑클의 손자이자 내 오랜 조교인 알렉산더 베셀리도 영상치료 이론가다.[17]

감정의 칵테일

행복감은 대부분 몇 가지가 한데 어우러져 연출된다. 몇 가지 감정을 섞어 만든 멋진 칵테일은 시각적으로 매우 강렬한 효과를 내는데, 일반적으로 둘

또는 세 가지 감정을 함께 사용한다. 이를테면 쇼핑몰의 경우 천장을 높고 우아한 아치형으로 처리하면 고객에게 제왕이 된 듯한 기분을 선사하지만 이러한 영예 연출만으로는 부족하다. 자잘한 물건을 파는 수많은 판매대, 나무, 벤치, 기하학적인 문양으로 치장한 바닥 등으로 쇼핑의 즐거움을 더하는 환희 연출도 필요하다. 영예와 환희는 쇼핑몰에 반드시 함께 등장해야 한다. 쾰른에 있는 야외용품 전문 플래그십 스토어 글로브트로터(Globetrotter)는 홀거 모스(Holger Moths) 교수가 설계한 건물로서 2007년 '올해의 상점'으로 선정되었다. 이 매장의 내부를 한 바퀴 돌아보면 영예와 환희가 공조하는 원리를 조금은 짐작할 수 있을 것이다.

영예

4층으로 된 이 매장의 중심은 널따란 홀이다. 이 홀에 들어서면 마치 숲 속에 온 듯한 기분이 든다. 천장에는 조명이 장치되어 있고, 천장을 덮은 유리에는 나무를 그린 시트를 붙였다. 홀 중앙에 서서 천장을 바라보면 하늘 높이 치솟은 나무를 보는 듯하다. 야외용품을 사러 온 고객은 "아, 이래서 내가 이곳으로 왔구나. 자연은 참으로 장엄하다"라는 생각을 하게 된다. 이러한 영예로운 감정을 느끼면 우리의 마음은 평온해지고 더 넓어진다. 물론 산과 강과 바다도 우리의 마음을 편하게 만들어주는데, 이러한 장소는 영예로움 말고도 또 다른 행복감도 연출한다.

여유

실내에 듣기 좋은 새소리가 울려 퍼진다. 타원형의 산정호수가 1층 면적의 거의 대부분을 차지하고 있다. 이 호수는 카누와 잠수복을 시험해보는 용

쾰른의 플래그십 스토어 글로브트로터의 '숲'과 '산정호수'

도로 만들었는데, 오늘은 한 남자가 카누를 타보고 있다. 그리고 젊은 남성 두 사람과 여성 한 사람이 아주 편한 자세로 호숫가에 앉아 바나나를 먹으며 담소를 하고 있다. 마치 숲에서 피크닉을 즐기는 사람들 같다. 이곳에는 이와 같이 '여유'를 즐길 수 있는 장소가 곳곳에 마련되어 있다. 화분으로 숲을 연출한 카페, 뗏목에 실려 떠내려 온 듯한 램프로 실내를 장식한 레스토랑, 콸콸 흐르는 물기둥. 이런 곳에서는 우리의 마음이 매우 평온해진다. 그러나 알다시피 자연에는 평온함과는 전혀 다른 매력도 있다. 자연은 강하다.

파워

파워 레포츠를 즐길 때 흔히 듣게 되는 비명과 웃음소리가 들려온다. 호숫가에 앉아 피크닉을 즐기던 젊은이들이 우천용품 실험실에서 고어텍스 의복을 시험하는 중이다. 이 실험실에서는 폭풍과 폭우를 연출하므로 고객은 자신이 고른 상품이 자연의 막강한 힘을 견딜 수 있는지 확인할 수 있다. 실험실에 들어갔다 나온 사람들은 살아 있어서 참 다행이라는 표정이다. 영예로움과 여유, 파워를 연출하여 고객들로 하여금 자연이 주는 감성적 매력을 두루 경험할 수 있게 한 것이다. 그런데 글로브트로터는 무엇보다도 물건을 파는 곳이므로 소비심리를 자극하는 연출도 적잖이 필요하다. 이러한 효과는 환희를 연출함으로써 얻을 수 있다.

환희

나무의 형상을 새긴 유리벽을 보는 순간 우리 몸속에서 도파민이 분비된다. 유리벽 앞에는 대단히 많은 등산화가 여기저기 놓여 있다. 바위산 모양으로 쌓아올린 화강암 덩어리에 인공폭포가 흐른다. 그 옆에는 뉴욕에서 들여온 수많은 하수구 덮개들이 뉴욕을 연상시키는 음악과 조화를 이루고 있다. 넘치도록 많은 물건이 전시된 광경을 보면 즐겁고, 그 물건을 사고 싶은 마음이 든다.

열망

어떤 물건을 보고도 욕망이 생기지 않으면 우리는 그 물건을 사지 않는다. 글로브트로터의 등산용품 매장 앞에는 티베트, 네팔의 산봉우리와 세계의 지붕을 정복하려는 등반대의 베이스캠프를 찍은 사진이 전시되어 있고, 그 가운데 위대한 하인리히 하러(Heinrich Harrer, 오스트리아 출신 산악인. 달라이라마의 스승_옮긴이)의 대형 초상화가 우뚝 서 있다. 그 앞 등산용 코펠과 랜턴이 전시된 자갈밭은 우리들의 꿈을 위한 베이스캠프가 아닐까? 이러한 자극에 우리 마음속의 욕망이 꿈틀거리기 시작한다.

탁월함

이때 중요한 점은 고객에게 상품의 품질에 대한 믿음을 주는 일이다. 오늘날 스포츠를 즐기는 사람들은 프로가 된 기분을 느끼고 싶어하므로 스포츠용품을 살 때는 써보고, 시험해보고, 여러 번 확인한다. 이 또한 스포츠웨어를 살 때 누릴 수 있는 즐거움이니까. 우리는 물건 값을 치르기 전에 장비를 실제로 써보고 정교하게 만든 제품인지 아닌지 확인하고자 한다. 오늘날 거의 모든 스포츠용품 쇼핑몰에는 저온실이 설치되어 있는데 글로브트로터의 저온실에는 얼음바위가 있다. 모피를 입고 저온실에 들어간 사람은 그곳에 설치된 모니터를 통해 모피를 입지 않은 사람들이 추위에 덜덜 떠는 모습을 볼 수 있다. 이제 고객은 머리를 끄덕이며 모피의 탁월한 품질을 인정하게 된다.

황홀감

이곳은 쇼핑 공간이 아니라 감각적인 즐거움이 자라는 정원이다. 실내 전체에 테를 두르듯 둥글게 난 길을 따라 걷다 보면 변화무쌍한 장면이 계속된다. 위에는 숲이 있고 아래로는 호수가 있으며, 오른편으로 보이는 매장들은 19세기 영국의 공원처럼 오밀조밀하다. 공원을 산책하듯 즐겁게 돌아볼 수 있는 쇼핑 공간이라면 그곳이 바로 에덴동산 아닌가? 그런 즐거움을 선사한 글로브트로터에 감사할 뿐이다.

Glory

영예

장엄함

호화 쇼핑몰 앞으로 자리를 옮긴 신전의 출
입문은 우리에게 다음과 같은 신호를 보낸
다. "여기서부터 숭배의 장소가 시작됩니다.
자, 숨을 들이쉬고 천천히 걸어 들어가세요.
장엄한 분위기를 느껴보세요."

인간이 연출할 수 있는 장엄한 분위기를 모두 느낄 수 있는 장소가 있다면 그곳은 부에노스아이레스에 있는 파에나 호텔이다. 이 호텔은 언제나 신선처럼 흰옷을 차려입는 백만장자 알란 파에나(Alan Faena)가 세계적으로 유명한 디자이너 필리프 스타르크(Philippe Starck)에게 의뢰해 지은 건물이다. 스타르크는 푸에르토마데로 항(港)의 옛 마을에 있던 곡물창고를 영예로움이 살아 숨쉬는 장소로 바꾸어놓았다.

영예를 연출하는 방법으로는 신전 같은 분위기를 통해 신성한 느낌을 자아내는 방법과 높은 권위를 표현함으로써 제왕이 된 듯한 기분이 들도록 만드는 방법이 있다. 파에나 호텔은 장엄한 분위기를 연출하기 위해 이 두 가지 방법을 다 사용했다.

파에나 호텔 입구 빨간 불빛이 비치는 높다란 유리문 앞에 서는 순간 유령이라도 나타난 듯 스르륵 하고 문이 열렸다. 사실은 문 뒤에서 우리를 지켜보고 있던 경호원이 열어준 것인데, 그 직원은 마치 신전의 문지기 같은 인상을 주었다. 호텔 안으로 들어서니 현관 로비가 한눈에 들어왔다. 로비는 끝이 잘 보이지 않을 정도로 길었고 천장은 한참이나 높았다. 스타르크는 이 로비에 '라 카테드랄(La Catedral, 대성당)'이라는 이름을 붙였다. 분위기에 잘 어울리는 이름이다. 바닥을 이등분하듯 로비 중앙을 가로지르는 길고 좁다란 의자들로 인해 가뜩이나 긴 로비가 더욱 길어 보인다. 의자의 좌우로 커튼의 물결이 이어진다. 극적인 조명을 받은 커튼은 높은 천장을 받치는 거대한 기둥처럼 보인다. 우리는 마치 선상(船上) 교회에 와 있는 듯한 기분을 느꼈다.

우리는 엘리베이터 앞 어둑한 공간에서 이른바 '체험 매니저'의 안내를 받을 수 있었다. 세 사람의 체험 매니저가 각기 고상한 테이블을 하나씩 차지하고 있었고, 테이블마다 꽃과 스탠드가 놓여 있었다. 그 앞에 앉으면 담당 매니저가 명함을 건네주고 안내를 시작한다. 세 사람 가운데 한 명은 왕의 분부를 기다리는 시종처럼 내내 손님 곁에 서서 대기하고 있다. 그다음에 우리는 라이브러리 라운지(The Library Lounge)에서 첫 음료를 마셨다. 라이브러리 라운지는 물론 파에나 호텔에 있는 바의 이름이다. 바의 분위기는 아르헨티나에 있는 에스탄시아(Estancia) 리조트의 홀과 흡사한데, 18세기 영국 영주의 성채 같은 느낌이었다. 라이브러리 라운지의 벽에는 귀족들이 사냥에서 잡아온 듯한 짐승들의 박제가 트로피처럼 걸려 있었다. 갈색 눈이 커다란 야생동물의 목에 보석과 사슬이 둘러져 있었는데, 스타르크는 이 사슬을 끊어 과거 귀족들의 행태를 비꼬았다.

스타르크의 스타일은 대형 음식점 엘 비스트로(El Bistro)에서도 확인할 수 있다. 식당 내부는 호텔 소유주 알란 파에나의 옷처럼 온통 하얗다. 천장에는 샹들리에가 빛나고, 이곳의 벽에도 귀족 사냥 모임의 노획물이 트로피처럼 걸려 있는데, 이곳의 트로피는 우화에 나오는 동물 유니콘이다. 사람

부에노스아이레스 파에나 호텔의 열주회랑 '라 카테드랄'

들은 여기서 스타르크의 스타일을 한눈에 알아본다. 지금 우리가 있는 곳은 궁전이다. 아니면 적어도 그렇다고 믿으려 한다.

장엄함의 심리학

우리는 감성적인 구조물을 볼 때 행복감을 느낀다. 이때 가장 강하게 전달되는 감정은 아마도 영예일 것이다. 조지 루커스 감독의 영화 〈스타워즈〉 1편에는 우리의 영웅들이 우주공화국의 표창을 받는 장면이 나온다. 존 윌리엄스가 작곡한 위풍당당한 승리의 음악을 배경으로 주인공들이 앞으로 나아갈 때 우리는 감동에 젖어 울었다. 그리고 10년쯤 지난 뒤 탑처럼 높이 쏘아올린 빛 기둥의 시각적 연출이 레니 리펜슈탈 감독이 제작한 나치 전당대회 선전용 영화 〈의지의 승리(Triumph des Willens)〉를 그대로 베낀 것이라는 사실을 깨닫고 부끄러워했다. 오만이라는 중죄와 영예라는 행복감은 종이 한 장 차이다. 대중문화는 때때로 그 좁은 경계선 위에서 아슬아슬하게 곡예를 한다.

　얼마 전 도쿄에 갔을 때였다. 우리는 멀리서 프랑스풍의 성당을 발견하고는 일본에 가톨릭이 번성했다고 잠시 착각을 했다. 그러나 그 성당은 미사는 보지 않고 오직 예식만을 거행하는 그레이스 카테드랄(Grace-Cathedral)이라는 곳이었다. 말하자면 이벤트 장소였다. 일본 사람들은 교회 건축물과 그곳에서 진행되는 신부 입장을 통해 유럽의 교회에서 거행되는 결혼식의 영예를 빌리고자 했던 것이다.

　파에나 호텔에서 느낀 장엄함도 감성적인 건축물에서 빌린 것이다. 우리

〈스타워즈〉1977 | 〈의지의 승리〉1934

가 있는 곳은 성당도 진짜 궁전도 아니지 않은가? 영예로움은 대부분 빌려온 행복감이다. 19세기의 쇼핑 궁궐 그랑 마가쟁(Le Grand Magasins, 협동조합에서 만든 물건을 판매하는 패션 쇼핑몰_옮긴이)도 웅장한 옥외계단과 화려하고 둥근 유리천장을 통해 고객들에게 멋진 궁궐에 온 듯한 환상을 선사했다.

신전 같은 분위기와 제왕이 된 기분

영예로운 감정은 오만의 긍정적인 측면이다. 영예의 감정에 남아 있는 오만의 요소는 넓은 의미의 드높임이다. 이 드높임의 대상은 자신이 아니라 신, 왕, 조국, 자연, 민주주의 그리고 소중한 고객들이다.

하야트 호텔의 로비는 대부분 천장이 매우 높다. 이렇게 높은 천장은 손님에 대한 숭배의 표현이다. 엘리베이터가 손님을 쏜살처럼 순식간에 호텔 꼭대기까지 모신다. 천장을 높이 올린 호텔 건물은 둥근 지붕으로 드높임을 표현했던 건축물의 현대판이다. 파에나 호텔의 로비에서 우리의 시선은 중앙선을 따라 끊임없이 이어졌다. 이와 마찬가지로 파리의 보행자 전용대로인 불르바르(Boulevard)에서도 우리의 시선은 막힘없이 뻗어나간다. 시야가 툭 트인 불르바르는 우리에게 영예를 선사하고, 프랑스의 수도 파리는 세계시민의 수도가 된다. 바다, 사막, 산봉우리를 향해 툭 트인 시야는 우리에게 자연의 위대함을 직접 느끼게 해준다. 높고 넓고 깊은 구조는 신전과 같은 분위기를 전달한다.

우리는 계속되는 영예 현상에 경탄했다. 얼핏 보면 영예의 감정을 불러일으키는 근본적인 요인과는 거리가 먼 듯하지만, 그럼에도 왠지 어떤 연관이 있을 것 같은 현상들이었다. 이를테면 두바이의 호화호텔에는 키가 2미터 이상 되는 흑인 도어맨이 있다. 이 도어맨들은 대부분이 소말리아 출신인데, 과거 파라오가 통치하던 이집트 시대의 누비안 족(아프리카 나일 강변의 지역에 사는 민족_옮긴이) 노예를 연상시킨다.

신전의 분위기는 대부분 거대한 실물에서 느낄 수 있는 반면, 제왕이 된 기분은 상징적인 드높임을 통해서도 느낄 수 있다. 파에나 호텔에서는 전담 고객관리사가 우리를 떠받드는 느낌을 받았고, 우리는 특혜를 받은 기분이 들었다. "스파로 갑시다!" 말이 떨어지자 우리를 태운 아브라(Abra)가 수로를 달리기 시작했다. 이 수로는 세계에서 가장 호화르운 마디나 주메이라 (Madinat Jumeirah) 리조트 호텔에 속한 시설인데, 수로를 오가는 아브라는 전래의 수상 택시에 전동 모터를 장착한 배다. 우리는 가마를 타고 다니던 시절로 돌아간 기분이었다. 게다가 그 수상 가마는 '리조트 고객 전용'이었다. 우리는 선택받은 사람들이었다. 두바이의 쇼핑몰에서는 향수 체인점 파리 갤러리(Paris Gallery)를 비롯한 여러 상점을 둘러보며 금도금으로 번쩍이는 천장 아래를 거닐었다. 우리는 중요한 사람들이다!

두바이의 도어맨

드높임은 제왕이 된 기분을 선사한다. 버락 오바마가 미국 민주당 대통령 후보로 선출되는 과정에서 강적 힐러리 클린턴을 만나 고전할 때 그를 위기에서 구한 사람들이 있었다. 힙합 그룹 블랙 아이드 피스(The Black Eyed Peas)의 리더인 윌아이엠(will.i.am)을 중심으로 서른여덟 명의 예술인들이 벌였던 이 역사적인 사건의 메시지는 오바마는 선택받은 사람이고, 오바마를 뽑거나 어떻게든 숭배하는 사람은 더불어 선택받는다는 내용이었다.

이러한 드높임은 흑백의 뮤직비디오를 통해 실현되었는데, 화면분할 기술을 도입하여 한 화면은 〈예스, 위 캔(Yes, we can)〉을 연설하는 오바마를 보여주고, 다른 화면은 예술인들의 모습을 보여주었다. 여기 오바마의 유명한 연설 〈예스, 위 캔〉의 일부를 소개한다.

노예와 노예제도 폐지 운동가들이 자유를 향한 길에 족적을 남겼을 때 그들은 이렇게 속삭였습니다. 그래, 우리는 할 수 있어. 그래, 우리는 할 수 있어.
이주민들과 개척자들이 머나먼 해안을 떠나 거친 파도와 싸우며 서쪽을 향했을 때 그들은 이렇게 속삭였습니다. 그래, 우리는 할 수 있어. 그래, 우리는 할 수 있어.

이 연설문은 반복법과 점층법을 사용하는 성가의 원리를 따르고 있는데, 이러한 특징은 뮤직비디오를 통해 더욱 강조되었다. 미모의 여배우 스칼렛 요핸슨을 비롯한 예술인들이 말로 노래로 오바마의 말을 반복하는데, 여기에는 부름과 응답 기법(call and response technic)이 사용되었다. 부름과 응답은 미국의 노예들이 가스펠 음악에 도입한 기법으로서, 선창자가 외치면 합창단이 그 말을 반복하는 방식이다. 합창단은 선창자의 말을 반복하고 환호하며 음정을 3도 높여 따라 부른다. 한마디로 드높임을 연출한다. 이 뮤직비디오에서 선창자는 오바마이고, 서른여덟 명의 예술인들은 합창단이다. 그리하여 이 뮤직비디오는 숭배의 표상이 되었고, 버락 오바마는 미합중국 대통령이 되었다.

가슴 펴기

모든 행복감은 우리가 의식적으로 느끼려고 할 때 비로소 거부할 수 없는 힘을 발휘한다. 우리는 현재 경험하는 행복감을 스스로 확인하고자 할 때 어떤 행동을 취하는데, 그 행동이 행복 증폭제가 되기 대문이다.

이과수 폭포 앞에 선 관광객들. 눈앞에 펼쳐진 광활한 사막을 본 사람들. 골을 넣은 축구선수들. 리우 데 자네이루의 코르코바도 언덕에 서 있는 예수 거상. 이들은 모두 두 팔을 활짝 벌리고 있다. 왜 그럴까? 무엇 때문에?

'펼쳐 든 두 팔'은 마음을 넉넉하게 만들어준다. 그 상대적인 개념은 협소함이다. 심리학자 토르발트 데틀레프젠과 의사 뤼디거 달케는 천식환자들을 위한 건강 지침서인 명저 《질병은 길이다(Krankheit als Weg)》에서 "두려움을 극복하는 유일한 방법은 펼침이다"라고 주장한다.[18] 우리는 세상에 좀더 당당하게 맞서고자 할 때 본능적으로 두 팔을 벌린다. 장엄한 분위기를 접하면 원초적인 두려움이 물러나고, 뒤이어 해방감이 밀려옴을 느낀다.

영예로운 감정을 좀더 강하게 느끼기 위해 본능적으로 두 팔을 들어올리는 행동에는 죄악의 감정인 오만한 마음을 강화하는 요소가 남아 있다. 자랑으로 부풀어 오른 거만한 가슴이 바로 그런 요소다. 그러나 오만한 사람은 다른 사람들 앞에서 으스대기 위해 가슴을 펴지만 장엄한 기운을 느끼고자 하는 사람은 오직 자신을 위해 가슴을 편다.

물론 장엄한 분위기를 대할 때마다 즉각 두 팔을 들어올리지는 않지만 적
어도 깊은 숨을 들이쉬기는 하는데, 그러면 자연히 가슴이 부풀어 오른다.
때로는 숨을 뱃속 깊이 밀어 넣고, 심지어 호흡치료사들이 특수 훈련을 통
해 가르치듯이 골반 아래쪽 끝까지 닿도록 들이쉬기도 한다.[19] 다시 말해
우리는 매우 간결한 방법으로도 마음을 넓힐 수 있다.
　　나는 파에나 호텔의 로비 라 카테드랄에 들어설 때마다 잠시 제자리에 서
서 숨을 깊이 들이쉰다. 그런 다음에야 비로소 방으로 향하는데, 아무리 급
해도 그 홀에서는 뛰면 안 될 것 같은 생각이 든다. 본능적으로 경건한 자세
를 취하고 느리게, 엄숙한 걸음으로 홀을 가로지른다. 이러한 걸음걸이도

예수 거상 | 축구선수들 | 장엄한 사막

영예의 감정을 강화한다. 사람들은 널찍한 옥외계단을 밟고 내려간다. 성곽뿐만 아니라 쇼핑몰에도 옥외계단이 있다. 거의 모든 쇼핑몰에 에스컬레이터와 엘리베이터, 그리고 비상계단이 있지만 그 외에도 웅장한 영예의 계단이 있다는 사실을 우리는 당연하게 생각한다. 그 계단을 오르는 나는 스타이고, 지금은 레드 카펫을 밟으며 시상식에 가는 길이다.

'걷는 것'은 쫓기는 마음에 여유를 준다. 걸음은 속도를 제어하고, 그로 인해 마음에 여유가 생긴다.

평온함의 힘

영예의 감정은 증폭되어 온몸으로 퍼지게 된다. 어째서 그럴까? 영예로움을 유발하는 자극과 그 느낌을 증폭하는 행동으로 세로토닌이 왕성하게 분비되면 신성한 기운에 휩싸인 기분이 든다. 찬양의 행복감에 휩싸이는 것이다. 이러한 행복감은 장엄한 분위기에 마음을 빼앗겼을 때 발생하는 전형적인 감정이다.

세로토닌은 우리 몸에서 분비되는 약물로, 마음을 편안하게 만들어준다. 세로토닌이 결핍되면 우울증에 걸리거나 두려움에 휩싸인다.[20] 조사 결과 자살자나 총기 난사범의 경우 세로토닌 수치가 평균보다 현저히 낮게 나타났다. 모든 행복감은 연출된 세계에서 몰래 파는 의약품이라 말할 수 있다. 이 약품은 일시적으로 통증을 완화하지만, 장기간 사용할 경우 완치도 가능하다. 우울할 때 초콜릿을 먹거나 교회당을 찾으면 우울한 기분을 극복하는 데 도움이 된다. 영예로움을 자극하는 뮤지컬을 보거나 리무진을 빌려 드라이브를 하는 방법도 권할 만하며, 일출을 보거나 산에 올라 눈앞에 펼쳐진 경치를 즐기는 방법도 우울한 기분을 퇴치하는 명약이다. 과거에는 교회나 사교 목적의 무도회가 영예의 감정을 불러일으켰지만 오늘날에는 사치와 자연이 그 기능을 대신한다.

사치는 심리적으로 크나큰 안정감을 준다. 2009년 경제위기를 예상하고 탄생한 '뉴 럭셔리(new-luxury, 신개념 사치)'는 부자가 아닌 사람도 일시적으로나마 세로토닌이 왕성하게 분비된 상태를 느끼게 한다. 공항에 갈 때 리무진을 빌려 타보자. 빈에서는 팁을 포함하여 35유로면 리무진 한 대를 빌릴 수 있는데, 불친절한 기사가 모는 지저분한 택시를 타더라도 30유로는 내야 한다. 고급차는 내부가 넓고 모터 소리가 조용하며, 성능 좋은 에어컨으로 쾌적한 온도를 유지한다. 리무진 기사는 먼저 다가와 짐을 들어주고 문도 열어준다. 아니면 빈 사커(Sacher) 호텔의 바에서 소시지를 한 접시 먹어보자. 맥도널드에서 파는 세트 메뉴 한 개 값으로 환상의 스타일과 서비스를 즐길 수 있다. 호화호텔은 궁전과도 같다. 호텔 실내를 거닐고, 폭신한 침대에 몸을 던지고, 종업원들의 목례를 받아보라. 당신의 마음은 지극히 평온해질 것이고, 그 기분은 최소한 며칠은 유지될 것이다. 세로토닌의 자연스러운 분비를 촉진하면 사치를 하지 않고도 영예의 감정을 느낄 수 있다.

앞에서 밝혔듯이 우리는 두바이에서 차를 타고 모래언덕을 달렸다. 그 후 사막의 캠프에서 벨리 댄스와 뷔페의 향연에 빠져들었는데, 그 향연의 절정은 매우 짧지만 대단히 감동적인 순간이었다. 1분간 캠프의 모든 불빛이 꺼졌다. 우리는 경건하게 머리를 들어 하늘을 바라보았다. 도시의 불빛이 방해하지 않는 별밤하늘은 처음 맛보는 황홀감을 주었다. 익숙하지는 않지만 누구나 원하는 평온한 기분이었다.

영예의 감정이 '높고 깊고 넓은 것'이 만들어내는 작품이라면, 별이 빛나는 밤하늘을 바라보는 순간이야말로 무한히 높고 무한히 넓은 것을 경험하는 순간이다. 별밤의 행복을 느끼게 해준 그 1분은 당시 사막 답사 기획자에게 지불한 사례비 가운데 3분의 1 값은 충분히 했을 것이다.

평온한 마음은 모든 영예 체험을 통해 직접적으로 얻을 수 있다. 데틀레프젠과 달케가 지적했듯이 두려움 해소는 영예 감정이 우리 인류에게 선사한 장기적인 치유 효과이다. 모든 행복감은 단순히 판매를 촉진하거나 맹목적으로 즐기는 수준의 감정이 아니다. 행복감은 인류에게 필요한 삶의 조건이며 진화과정에서 일어난 변화의 일부다.

장엄함 연출법

장엄함을 연출하는 방법은 두 가지로 요약된다. 신전의 분위기를 자아내는 '크게, 깊게, 넓게 연출하기'와 제왕이 된 기분을 선사하는 '드높임 연출'이다. 이 두 가지 연출법은 어떤 경우에도 우리의 마음을 넓혀주고, 세로토닌 수치를 높여 크나큰 안정감을 느끼게 해준다.

어떤 상품이 마음을 온통 행복감으로 물들일 때 우리는 그 상품을 원하게 된다. 그 상품과 나 사이에 애정관계가 형성되어 관심을 기울이게 되고, 애착이 생기며, 마침내 소비심리가 작동한다.

그러나 생각에 잠긴 쇼핑몰 고객이나 바쁜 호텔 고객들을 행복감으로 유도하는 일은 그리 간단한 일이 아니다. 게다가 고객들 스스로 감정을 증폭하려 하지 않고서는 결코 행복감을 생생하게 체험할 수 없다. 따라서 고객이 행복감에 집중하도록 자극하는 신호가 필요하다. 그 신호는 '여기는 일종의 신전입니다, 저기는 일종의 궁전입니다. 들어와 구경하세요. 후회하지 않을 겁니다'라고 분명하게 일러주어야 한다.

신전에는 큰 문이 있고 때로는 석주도 있다. 신전 문을 들어서면 정면에 보이는 벽면이 우리를 맞이한다. 그다음에 우리는 엄숙한 주랑으로 인도되어 웅장한 구조물과 고귀한 보물을 구경한다. 이와 같은 신전의 전형적인 특징은 우리가 그곳에서 무엇을 느껴야 하는지 알려주기 위해 마련된 매우 뚜렷한 신호다.

신전의 출입문

신전의 출입문은 대부분 웅대하다. 그 크기로 보나 형태로 보나 '들어올린 두 팔', 즉 영예로움을 증폭하는 대표적인 모습을 본뜬 것이다. 우리의 미러뉴런이 이 신호를 인지하면 우리는 그 모습에서 뿜어 나오는 장엄한 기운을 느끼게 된다. 장엄한 신전의 문을 세속의 삶에 응용한 물건이 두 짝으로 된 여닫이문이다. 이 문을 활짝 열면 사람이 두 팔을 벌린 모습과도 같다. 호화 쇼핑몰 앞으로 자리를 옮긴 신전의 출입문은 우리에게 다음과 같은 신호를 보낸다. "여기서부터 숭배의 장소가 시작됩니다. 자, 숨을 들이쉬고 천천히 걸어 들어가세요. 장엄한 분위기를 느껴보세요."

신전의 출입문은 일반적으로 대단히 견고하다. 문이 나 있던 벽체는 이미 오래전에 사라지고 없더라도 출입문만은 수천 년이 흐르도록 본래의 모습을 유지하는 경우가 종종 있는데, 디오니소스 신전의 포르타라(Portara)도 이런 사례 가운데 하나다. 에게 해의 낙소스 섬에 있던 디오니소스 신전은 석자재를 다른 건축물에 이용하기 위해 이미 오래전에 허물어뜨렸지만 높이 6미터, 너비 약 4미터에 달하는 대문의 문설주와 중방(中枋. 문설주 사이를 가로질러 이은 부분_옮긴이)은 지금도 남아 있다.

놀랍게도 대문은 벽체가 사라지고 문만 오롯이 남아 있을 때 오히려 더 웅대해 보인다. 오늘날 많은 고급 상점이 외벽을 유리로 짓는데, 유리벽에 낸 출입문은 벽체에서 따로 떨어져 서 있는 듯한 느낌을 준다. 이렇게 '해방된 문'에서 얻을 수 있는 '신전 효과'는 문이 그다지 크지 않아도 나타나며, 문 주위에서 자유로이 상점 안을 들여다볼 수 있으므로 고객이 느끼는 문턱 공포도 최소화한다.

'해방된 문'은 이미 오래전부터 공공장소에서도 그 효과를 발휘해왔는데, 원래 아시아의 사찰 문에서 영감을 얻어 탄생했다. 이를테면 도쿄 메이지 신궁의 대형 문은 사찰 본채에서 한참 떨어진 길에 서서 그 웅대하고 장엄한 모습으로 그곳이 사찰이 있는 장소라고 말해준다. 몇 년 전 포장미술가

두바이 와피 센터에 있는 상점 | 낙소스의 포르타라

크리스토(Christo)와 잔 클로드(Jeanne-Claude)가 발표한 〈문(The Gates)〉은 이러한 효과를 충분히 이용한 설치작품이다. 뉴욕의 센트럴 파크에 주황색 천을 드리운 수천 개의 문이 줄지어 섰다. 문이 만들어낸 오솔길에 바람이 불자 주황의 물결이 굽이쳤다. 그 광경이 불러일으키는 감동은 이루 말로 표현할 수 없었다. 수백만의 사람들이 경건한 마음으로 그 문들을 통과했다.

'해방된 문'은 오늘날의 도시 디자인에 흔히 사용되는 소재다. 세계 각국의 수많은 쇼핑 중심가에는 이와 같은 대문이 입구에 설치되어 있는데, 때로는 우리의 머리 위 높은 곳에 설치된 중방에 그 거리의 이름을 쓴 팻말을 붙여놓기도 한다. 독일의 소도시 에슬링겐에서도 이러한 대문의 행렬이 도시를 가로지른다. 에슬링겐 역에서 시작된 이 행렬은 중세의 주거 탑이 있는 지점까지 이어지는데, 그 효과는 황홀했다. 흉측한 담벼락만이 늘어서 있던 지저분한 도시가 대문에서 발산되는 영예로운 기운을 받아 품격을 갖춘 진정한 쇼핑 중심지로 탈바꿈한 것이다.

신전의 외벽

로마의 성 베드로 대성당. 우리는 지붕 위로 올라가 대형 성상들이 서 있는 발아래 담벼락에 아주 가까이 다가갔다. 부활절에 교황은 '우르비 에트 오르비(Urbi et orbi), 즉 '이 도시와 전 세계에' 축복을 내리는데, 그곳에 서면 정말로 온 세상이 발아래 놓인 기분이 든다.

성 베드로 광장을 둘러싼 반원형의 주랑 베르니니는 두 팔로 온 세상을 껴안고 있는 듯하다. 리우 데 자네이루의 니테로이 지구에 있는 오스카 니마이어(Oscar Niemeyer) 미술관과 자하 아디드(Zaha Hadid)가 설계한 라이프치히의 포르셰 서비스센터도 두 팔을 들어올리고 있다. 이 두 건물은 바라보는 사람의 마음을 편안하게 만들어줄 뿐만 아니라 그 건물이 표방하는 대표적인 메시지를 강도 높게 표현하고 있다. 행복감은 계산에 의한 감정이다. 바티칸이든 포르셰든 그것은 상징건축물이며, 따라서 상품화 작업의 구성요소다. 가톨릭교회와 포르셰 기업은 이러한 상징건축물을 통해 그들이 어떻게 비쳐지고 싶은지 말해주고 있다.

이러한 전략은 새로운 것이 아니며, 대형 건물이나 대기업에만 국한되어 사용되는 전략도 아니다. 부에노스아이레스의 레콜레타 지구는 지역 전체가 거대한 공원묘지다. 이 묘지를 차지하고 있는 무덤들은 온갖 종류의 '신전'이라 말할 수 있다. 이집트 피라미드 옆에 필리프 스타르크가 디자인한 호텔 같은 영묘가 서 있고, 길을 따라 거닐다 보면 촘촘히 들어선 아르데코 스타일의 영묘와 그리스식 신전, 고딕식 성당 등이 우리의 눈길을 사로잡는다. 이들 성소의 높이는 3미터에서 10미터에 이른다.

대기업과 대형 플래그십 스토어의 멀티미디어 외벽은 장엄한 분위기의 신전 외벽을 최첨단 양식으로 변형한 것이다. 멀티미디어 외벽들은 현대의 기업들이 대중의 관심이라는 영토에 꽂은 깃발이며, 그 깃발은 멀리서도 알

니테로이의 미술관 | 라이프치히의 **포르셰 건물**

아볼 수 있도록 높고 환하게 빛난다. 빈의 우니콰 타워(Uniqua Tower)는 외벽에 LED 블록을 설치하여 매일 밤 아름다운 영상으로 웅장한 건물을 휘감는다.

도쿄의 긴자 거리는 이미 조명 연출로 이름난 곳이다. 이 거리에 들어선 수많은 플래그십 스토어들은 마치 의관(衣冠)을 갖추듯 외벽에 LED를 설치하고 있다. 샤넬 건물의 외벽에는 오로지 대형 실루엣만이 스치고 지나간다. 그럼에도 사람들은 유령처럼 지나간 실루엣에서 마네킹이나 옷 같은 것을 얼핏 본 듯한 느낌을 받는다. LED 외벽은 결코 직접적인 광고를 허용하지 않는다. 왜 그럴까? 대형 외벽을 통해 자신을 드높이는 순간 합법적인 신전의 이미지가 자기 과시로, 오만이라는 중죄로 변하기 때문이다.

석주

하늘을 찌르는 날씬한 바늘, 하늘과 땅의 접속, 금으로 도금한 뾰족한 끄트머리, 태양신 숭배. 이것은 고대 이집트의 오벨리스크를 볼 때 떠오르는 말들이다. 오벨리스크는 훗날의 대성당과 마찬가지로 우리의 시선을 위로 이끈다. 하늘을 바라보면 우리의 마음이 넓어지고 숭배하는 마음이 생긴다.

무엇을 숭배하는 마음일까? 석주에 새겨진 비문의 메시지를 숭배하는 마음이다. 석주의 비문은 근본 원리를 알려주는 신호이기 때문이다. 영예의 석주는 이 신호를 멀리 보내며 근본에 대한 관심을 불러일으킨다. 오늘날에는 이러한 석주를 도시의 예술적인 이벤트 사업이나 상업, 그리고 관광업에서 찾아볼 수 있다.

미국인 리처드 세라(Richard Serra)는 민둥산 꼭대기에 15미터 높이의 무쇠탑 〈강철 판〉을 세웠다. 작가는 〈강철 판〉을 통해 루르 지방(Ruhrgebiet, 독일의

리처드 세라의 〈강철 판〉

철강산업 단지_옮긴이)의 주민들에게 자신의 뿌리를 부정하지 말라는 경고의 메시지를 전하고 있다. 덴마크 출신 올라퍼 엘리아손(Olafur Eliasson)은 2008년 여름에 27미터 높이에서 이스트리버 강으로 쏟아져 내리는 폭포수를 연출했다. 엘리아손의 작품은 빌딩 숲에 갇힌 뉴욕 시민들에게 맨해튼을 휘감고 흐르는 강물의 존재를 상기시켰다.

석주는 원초적인 재료로 되어 있다. 불에서 생겨난 철, 정글의 거대 폭포와 같은 물, 알프스의 얼음폭포와 같은 얼음 등등. 빈 슈타디온 센터(Stadion Center)의 쇼핑몰 디자인은 위르겐 하슬러(Jürgen Hassler)와 내가 스포츠를 주제로 구상했는데, 얼음폭포의 모양을 본뜬 23미터의 엘리베이터는 오스트리아의 겨울 스포츠를 상징한다.

눈과 얼음으로 덮인 아를베르크 산의 상트 안톤에 대형 유리 거북 한 마

올라퍼 엘리아손의 〈폭포수〉 | 빈 슈타디온 센터의 엘리베이터 '얼음폭포'

리가 앉아 있다. 이 거북 형상의 건축물은 갈치히 골짜기의 케이블카 정차용 건물이다. 거북 안으로 들어가면 평지에서 케이블카를 탈 수 있도록 네 대의 대형 바퀴가 곤돌라식 케이블카를 땅바닥까지 내려준다.

이 눈 속의 거상들은 알프스의 장엄함을 알리기 위해 기술로 빚은 석주들이다. 도시를 내려다볼 때의 장엄한 기분은 대회전식 페리스 관람차에서 맛볼 수 있다. 빈의 리젠라트(Riesenrad), 아이 오브 런던(The Eye of London), 싱가포르 플라이어(Singapore Flyer), 그리고 건설 예정인 두바이의 페리스 관람차 등은 장엄한 시야를 선사하기 위해 손님을 기다리는 석주들이다.

도쿄와 뉴욕의 플래그십 스토어는 외부에서도 볼 수 있는 LED 기둥을 설치하고 최신 유행의 컬렉션을 선보이는 패션쇼를 영사하는데, 빛기둥에 비친 모델들의 키는 5미터로 확대되어 보인다. 빛 기둥도, 키 큰 모델도 모두 석주다.

열주 홀

1492년 콜럼버스가 아메리카 대륙을 발견했을 당시, 스페인의 대성당에서는 천장에 끈을 고정하고 그 끈에 향로를 줄줄이 매달아두고 있었다. 성당 안에 들어선 사람들은 향로에서 뿜어 나오는 향에 정신이 몽롱해졌을 뿐만 아니라 줄에 매달린 향로들을 따라 앞으로 그리고 위로 시선을 보냈다. 앞을 향해 뻗어나간 시선은 제단을 발견하게 되고, 위를 향한 시선은 둥근 천장에 가 닿는데, 제단은 곧 신을 상징하고, 천장을 바라보면 하늘을 우러르게 된다. 신전과 교회의 열주(列柱) 홀은 우리를 두 방향으로 동시에 이끄는 이상적인 수단이다. 즉, 숭배하러 온 사람의 마음을 최대한 넓혀주는 도구다. 성소의 중앙 축을 따라 행진하는 예배 행렬의 걸음은 엄숙했다. 걷는 행위는 영예로운 분위기를 더욱 강화하는 보조 수단이기 때문이다. 이러한 행렬은 극장의 재발견을 알리는 시구(始球)였다.

현대의 열주 홀은 이러한 원리를 모방한다. 파에나 호텔에서 우리의 시선은 멀리 앞으로 나아가 양 방향, 즉 앞과 위에서 눈에 띄는 어떤 지점에 도달한다. 다시 말해 우리가 원하든 원하지 않든 그 지점을 바라보게 된다. 그 지점은 앞에서 밝혔듯이 붉은빛이 비치는 신전 출입문과 극장을 연상시키는 멋들어진 커튼이다. 우리의 시선은 날씬한 커튼들을 따라 한참을 위로 뻗는데, 커튼 아래에서 쏘아 올린 서치라이트의 불빛을 받아 커튼이 마치 기둥처럼 보인다.

이와 같은 극장 분위기를 좀 저렴하게 연출할 수는 없을까? 쇼핑몰에는 간단한 신호 몇 가지를 사용해 신전 분위기를 연출한 상점들이 있다. 대부분 공간분할만으로도 충분한데, 대칭적인 공간분할은 교회의 중앙 홀과 좌우 날개를 연상시킨다. 이를테면 출입문을 중앙에 설치하고, 내부 정면 벽

중앙에 평평한 텔레비전 화면을 설치하며, 그 앞에 안내 데스크를 놓는다. 좌우 벽에는 대형 그림을 걸어 날개를 강조하고, 중심 축에 쇼윈도 마네킹 몇 개를 배치하면 패션쇼 무대에 선 모델들이 앞으로 다가오는 듯한 느낌이 들게 할 수 있다. 여기에 줄에 매단 조명을 천장에서부터 늘어뜨리면 중심 축이 더욱 강조된다. 열주 홀을 지을 때 가장 유념해야 할 사항은 기둥이 쓰러져서는 안 된다는 점이다. 중심축 맨 끝에 제단대신 설치된 텔레비전 화면은 언제나 켜두어야 한다. 한순간이라도 꺼진다면 손님은 장엄함이 아닌 환멸을 느끼게 되고, 환희의 감정은 순식간에 무너져버린다.

라스베이거스의 윈(Wynn) 호텔에는 이와 같은 열주 홀의 분위기를 최고의 수준으로 연출한 매장이 있다. 매장 밖에 매끈한 대형 옷걸이를 설치해두었는데, 이러한 연출은 3차원의 심벌마크를 이용해 그 장소에 어떤 상점이 있는지 밖에서도 미리 알려주는 신호이다. 그다음에는 본체에서 떨어진 '신전 출입문'이 나오고, 문을 들어서면 환상적인 모습의 모델과 마네킹이 중심축을 강조한다. 중심축 끝에는 '여신'이 서 있고, 여신의 조우에서 기둥 같은 긴 커튼이 여신을 보좌한다. 얼핏 보기에는 대단히 호화롭고 값비싸 보이지만 다시 보면 간편한 도구를 이용한 매우 합리적이고 경지적인 연출이라는 사실을 알게 된다. 이 상점이야말로 열주 홀 연출의 진정한 표본이다.

광륜

예부터 성스러운 사람이나 사물을 표현할 때는 그 형상 주위에 사방으로 퍼지는 빛 줄기를 둘렀다. 기독교가 도입된 이후 광륜(廣輪)을 두른 가장 대표적인 예는 성모 마리아 상이다. 광륜은 사람이나 사물의 후광을 시각적으로 확장한다. 뉴욕 자유의 여신상의 머리도, 더글러스 향수의 모델 하이디 클룸의 광고 사진도 광륜으로 빛난다. 로켓 무용단(The Rocketts)의 공연으로 유명한 뉴욕 라디오시티 뮤직홀은 무대가 비교적 작은 편이지만 광륜 효과를 이용해 실제보다 세 배는 더 크게 보인다.

광륜은 이미 오래전부터 사용되어왔다. 독일 카를스루에 시의 설계도에서도 광륜을 찾아볼 수 있다. 실제로 카를스루에는 후작 카를 빌헬름이 사방으로 비추는 태양 빛을 본떠 지은 도시인데, 그 한가운데 후작의 성이 있다. 우리는 다른 사람을 빛내기 위해서가 아니라 자신의 후광을 강조하기 위해 빛줄기를 두른다면 영예의 광륜은 곧바로 공작의 꼬리가 되어 오만의 상징으로 타락한다는 사실을 잘 알고 있다.

우리가 사흘간 로마에 체류하면서 받은 감동은 어떤 것이었을까? 그것은 영예로움이었다. 온 세상을 껴안고 있는 듯한 베르니니 주랑을 보았을 때, 그리고 고대 판테온 신전에서 둥근 천장을 통해 쏟아져 내리는 빛줄기를 보았을 때 우리는 영예의 감정을 느꼈다. 2000년 전부터 힘차게 쏟아진 자연의 빛줄기가 후광의 현대적인 의미를 가르쳐주었다. 후광은 어떤 사물이든 더욱 뚜렷이 보이도록 도와주는 성스러운 빛이다. 고대의 서치라이트라 할 수 있는 후광은 오늘날 강조할 대상이 있는 곳이라면 어디든지 등장한다. 미술과 영화에서는 이러한 기법을 하이라이팅(highlighting)이라고 부른다. 어떤 사물이 빛을 받으면 시각적인 비중이 더욱 커지고, 동시에 높은 기단에 올려놓은 듯한 효과를 낸다. 그러니까 말 그대로 '빛으로 드높이는 일'이다.

빈 미술사박물관에는 석조 흉상들이 어둠 속에서 관람객을 기다리고 있다. 좁다란 석주 위에 떠 있는 머리들이 우리를 정면으로 바라본다. 석주는 나란히 네 줄로 늘어 서 있는데, 앞줄은 낮게 전시하고 뒤로 갈수록 높은 전시대를 배치했으며, 앞줄에는 아이들의 머리를 놓았고 맨 뒷줄에는 황제의

카를스루에

라디오시티 뮤직홀

더글러스 외벽

흉상들이 자리 잡고 있다. 드라마틱한 조명 아래 빛나는 대리석 눈동자들은 마치 소리 없이 합창을 하는 듯하다. 무대미술가 한스 호퍼(Hans Hoffer)가 연출한 이 전시실을 보면 고색창연한 박물관이 극장으로 탈바꿈한 느낌이 든다.

판테온 신전으로 돌아가보자. 신전의 천장 한가운데 둥글게 뚫어놓은 구멍을 오파이온(Opaion)이라고 부른다. 오파이온을 통해 신전 내부로 햇빛이 들어오면 돌로 지은 바닥은 빛을 받은 부분만 동그랗게 빛난다. 빛이 발휘하는 이와 같은 효과를 얻기 위해 오늘날의 판매업계에서는 조광 장치를 구비한 전시대를 이용한다. 슈투트가르트의 메르세데스-벤츠 박물관에서는 세상에 처음 선보이는 자동차가 이러한 전시대 위에서 빙빙 돌아가고 있다. 여기에 천장에서 내리꽂히는 불빛이 가세해 자동차를 더욱 빛낸다. 쇼핑몰에서도 누구나 갖고 싶어할 상품들은 이러한 조광 전시대를 이용해 강조한다. 후광의 표현방법은 바뀌었지만 그 효과는 여전히 승리로 빛난다.

아마도 오늘날에는 교회나 신전보다 상점이나 유명 기업 또는 호텔에서 영예를 연출하는 장면을 더 많이 찾아볼 수 있을 것이다. 우리는 종교의 속박에서 해방되어 종교 없이도 성소의 느낌을 체험할 수 있고, 장엄한 분위기를 느끼며 감동을 받을 수 있다. 한편 오늘날에는 사람들이 세속적인 것만을 숭배하고, 종교로부터 성소를 빼앗아왔다고 한탄하는 사람들도 있다.

그러나 종교는 많은 사람들을 실망시켰다. 그러므로 오늘날의 신전 분위기는 다름 아닌 세속화된 현상들이다. 그렇다면 궁궐은 어떤가? 절대 권력을 상징하는 장소 또한 이제는 설득력을 잃었다. 이제 궁궐에는 사람이 살지 않는다. 유지비만 많이 들고, 몇몇은 박물관으로 개조하느라 많은 공을 들인다. 그러나 궁궐이 전하는 감성적 메시지, 즉 '제왕이 된 듯한 기분'은 호텔, 쇼핑몰, 플래그십 스토어, 그리고 도시의 이벤트 등에서 새 옷으로 갈아입고 그 어느 때보다 더 생생한 모습으로 살아 있다.

궁궐의 너른 층계는 우리에게 장엄한 입장을 허락한다. 우리를 신처럼 떠받들며 최고의 권력자들만이 둘러앉는 원탁으로 안내한다. 어떤 형태로든 드높이는 행위는 언제나 왕이 된 기분을 선사한다. 장중하게 걷고 우아하게 감사하도록 유도하는 방법, 다시 말해 선택받은 사실에 대해 반응을 보이도록 만드는 방법은 모두 심리적인 드높임에 이용될 수 있다. 따라서 왕이 된 기분은 환대와 봉사의 바탕이 되는 감정이고, 고객의 머리에 씌우는 월계관이다.

신격화

엘리베이터의 유리문이 소리 없이 닫히기 시작하자 검은 양복의 경호원은 허리를 굽혀 절을 했고, 엘리베이터가 움직일 때까지 그대로 서 있었다. '참 대단해! 벌써 일곱 번째 저런 의식을 치르다니!' 하고 우리는 생각했다. 도쿄의 긴자에 있는 니콜라스 하이에크(Nicolas G. Hayek, 스와치 그룹의 창업자이자 총수_옮긴이) 센터에는 일곱 대의 고객용 엘리베이터가 있는데, 각각의 엘리베이터는 매장별로 독특한 형식을 갖추고 있어서 마치 쇼윈도에 들어가는 기분이었다.

우리는 30분째 그 쇼핑몰을 돌아다니고 있었다. 나무로 표지판을 붙인 블랑팽(Blancpain)의 엘리베이터를 타고 오메가 매장으로 간 후, 거기서 투명 쇼케이스를 설치한 유리 엘리베이터를 타고 5미터 아래 옥내 정원으로 내려갔다. 그다음에 다시 팝 스타일의 스와치(Swatch) 엘리베이터를 타고 지하로 내려가니 스와치 월드가 우리를 맞이했다. 그러는 동안 우리를 맞이하는 각 매장의 대표는 엘리베이터가 출발할 때마다 절을 했다. 그러면서 속으로는 '젠장! 물건은 안 사고 조사만 하잖아!'라고 했을지도 모른다. 그랬다. 데니스와 나는 연수 준비를 위해 도쿄에 간 것이다. 그리고 하이에크 센터를 연수 프로그램에서 제일 먼저 견학할 장소로 확정했다.

절이란 절하는 사람이 상대방의 존재를 인식했다는 표시다. 엘리베이터 앞에서 절을 받으면 엘리베이터에 오르는 행위도 멋진 등장이 된다. 이러한 손님맞이 의식은 일본의 전통이다. 부유층 고객을 대상으로 운영하는 음식점에서는 웨이터가 손님을 자리로 안내할 때 모든 종업원이 큰 소리로 인사한다. 이러한 환영인사는 귀한 손님이 왔다는 사실을 알려 식당에 있는 모든 사람의 이목을 그 손님에게 집중시킨다. 연극에서는 이러한 전략을 클린 엔트런스(clean entrance)라고 부른다. 왕이 우아하게 발코니에 모습을 나타내기 전에 전령관이 그의 등장을 알리듯이, 누군가 미리 알려주어야 등장이라 할 수 있다. 그런데 일본의 전령관들은 목소리가 대단히 컸다.

일본의 백화점은 오전 10시에 문을 열면서 고객 환영 의식을 치른다. 특히 긴자 북부의 니혼바시에 있는 다카시마야 백화점은 이러한 환영식으로 유명하다. 우선 개장 15분 전에 문 앞에서 기다리는 손님들에게 차를 대접한다. 그런 다음 젊은 여성이 나타나 인사를 하고, 여러분 모두를 맞이하게 되어 영광이라는 점장님의 말씀을 전한다. 그러면 다카시마야 백화점의 로고송이 울리면서 문이 열린다. 우리는 줄지어 서서 허리 굽혀 절하는 여직원들을 지나 매장 안으로 들어간다. 안쪽에 백화점장이 서 있다. 우리가 그 앞을 지나갈 때 점장은 허리를 특별히 더 깊이 굽혔다. 우리는 매우 우아한 걸음걸이로 물 흐르듯 유연하게 걸어 들어간다. 여기서 끝이 아니다. 엘리베이터 걸들이 다음 쇼를 준비하고 있다. 이 백화점에서는 대여섯 대의 엘리베이터를 가동하고 있는데, 그 중 한 대가 한 층에 설 때마다 아가씨가 나와 손님들에게 팔을 크게 벌려 타라는 표시를 한다. 손님이 있든 없든. 어떤 층에서는 동시에 세 대 혹은 네 대의 엘리베이터가 동시에 또는 연달아 서는데, 그럴 때마다 어김없이 아가씨가 나와 우아한 손짓으로 손님을 태운다.

우리에게 '일본식'으로 보이는 손님맞이는 사실은 유럽과 중동에서 시작된 의식이다. 서기 120년에 역사가 가이우스 수에토니우스는 네로 황제가 로마를 불태운 후 새로 지은 궁궐을 '도무스 아우레아(dɔmus aurea)', 즉 '황금의 집'이라고 표현했다.

"식당 천장은 상아로 덮었는데, 그 천장은 움직이는 천장이었다. 천장에서 꽃잎이 떨어지고 향수가 뿜어 내렸다."[21]

네로 황제의 궁전에서와 마찬가지로 부르즈 알 아랍 호텔에서도 새로 도착한 손님들에게 장미향수를 뿌려준다. 옛날 사막을 지나오느라 지친 손님들에서 상쾌한 기분을 선사하던 풍습을 계승한 의식이다. 중동의 특수한 향수와 키가 훤칠한 도어맨, 일본 사람들의 절과 크게 소리 내어 하는 인사. 이것은 모두 손님을 귀하게 여긴다는 표시이며 평범한 도착을 특별한 등장으로 만들어주는 요인이다.

그런데 유럽에서는 어떤가? 호텔에 도착한 손님이 접수를 하기 위해 프런트데스크 앞에 섰을 때, 또는 비즈니스 클래스의 좌석에 앉아 비행기가 이륙하기를 기다리는 동안 샴페인 한 잔 대접받은 적이 있는가? 종종 그러는 경우도 있다. 그렇다면 5성급 호텔에서 밤을 보낸 뒤 아침식사를 하기 위해 뷔페에 들어서면서, 손님을 맞이하는 직원에게 객실 번호를 대면 투숙객의 이름을 불러주는가? 그런 일은 거의 없다. 우리는 우리의 도착을 등장으로 만들어주는 환영의식을 어떤 식으로 치르는가? 무엇이 우리의 클린 엔트런스를 성공적으로 실행시키는가?

우리는 빈의 이게 이모빌리엔(IG Immobilien, 부동산 임대 및 관리 회사_옮긴이)의 제안으로 상가와 게이티드 커뮤니티(Gated Community, 대규모 고급 주택단지) 설계에 참여한 바 있다. 이게 이모빌리엔과 함께 작업하는 기간 내내 고객을 향한 특별한 태도를 확인할 수 있었는데, 그것은 바로 고객관리 서비스였다.

저녁에 퇴근하고 난초정원(Orchideenpark, 이게 이모빌리엔이 운영하는 빈의 호화 비즈니스 아파트 이름. 19세기 말 로트실트 남작은 빈 호에바르테에 난초식물원을 포함한 고급 주택단지를 지어 귀족들에게 개방했는데, 이를 본받아 주택과 휴양지를 통합한 새로운 개념으로 지은 주택단지다_옮긴이)에 돌아오면 으레 로비 라운지에서 한 여성과 몇 마디 말을 주고받는다. 아침 식사는 무엇으로 준비할까요? 집에는 아무 이상 없는지요? 내일 아침에 타고 가실 공항 셔틀 버스를 예약할까요? 다음 주에 관람하실 공연 티켓 준비되었습니다……. 이 여성은 고객관리사인데, 난초정원의 로비 라운지에는 대여섯 명의 고객관리사가 항시 대기하고 있다. 고객관리사와 내가 앉아 대화를 나누는 흰색의 우아한 테이블에는 한가운데 동그랗게 구멍이 나 있고, 그 구멍 사이로 키 큰 난초가 자라고 있다. 맞아. 이곳에 로트실트 가문의 난초정원이 있었지! 나는 아파트로 들어가기 전에 매일 이곳에서 난향을 맡으며 우편물을 훑어보았다. 위르겐 하슬러와 내가 공동으로 디자인한 쇼핑몰 슈타디온 센터에서는 고객관리사가 손님이 상품을 고를 때 조언을 해주고, 택시를 불러주며, 택시 기사에게 손님이 쇼핑한 물건을 집 앞까지 잘 옮겨드리라고 부탁한다. 고객관리사의 친절한 목례만으로도 손님은 왕이 된 기분을 맛볼 수 있다. 21세기의 신격화는 바로 이런 것이다.

대형 계단

왕이 된 기분을 느끼기 위해서는 '여기는 일종의 궁궐입니다'라고 말해주는 건축적인 요소가 필요하다. 이러한 건축요소 가운데 가장 대표적인 것이 대형 계단이다. 그 어떤 건축 요소도 계단만큼 우리를 조심스럽고 품위 있게 걷도록 유도하지는 못한다. 알다시피 걷는 행위는 왕이 된 기분을 증폭하는 매우 중요한 보조수단이다.

　사람은 걸을 때 품격이 높아진 듯한 기분이 든다. 그런데 어떤 때 우리는 계단을 오르내리며 즐기는가? 계단 자체의 품격이 높을 때다. 로마의 스페인 계단과 같은 역사적인 건축물은 그 대칭성으로써, 옆으로 난 측면 계단과 디딤판과 챌면으로써 걷는 행위를 경축한다. 호화로운 호텔의 계단에는 레드카펫이 깔려 있다. 모든 애플 컴퓨터 매장에는 중앙에 유리계단이 있고, 런던 컨두이트 스트리트 거리에 있는 존 리치먼드(John Richmond) 매장에는 지하로 내려가는 계단이 유리로 되어 있다. 두바이의 부르 주망(Bur Juman) 몰의 대형 계단은 우아한 자태로 높이 솟아 있을 뿐만 아니라, 반들반들한 목재배면이 빼어난 아름다움을 자랑한다. 품격 높은 계단은 밟는 사람의 품격을 함께 높여준다. 훌륭한 포장이 물품의 가치를 높여주듯이 잘 연출된 계단은 그것을 디디는 사람에게 귀족적인 기품을 선사한다.

　그러므로 쇼핑몰이 수직으로 높이 솟는 현상을 부정적으로만 볼 일은 아니다. 대형 계단은 한 장소의 품격을 높이는 매력 포인트로서 매우 적절한 요소다. 그리고 계단은 쇼 무대이기도 하다. 수많은 연예인과 쇼걸들이 계단형 무대에서 공연한 바 있다. 가수 셀린 디온이 공연한 라스베이거스 시저스 팰리스 호텔(Caesars Palace Hotel)의 긴 계단은 LED 벽면을 통해 하늘 높이 연장되었다. 계단에 선 가수의 모습이 처음에는 영상으로만 보이는데, 잠시 후 LED 벽면에 난 출구를 통해 셀린 디온이 화면을 뚫고 나와 진짜 계단을 밟고 관객들에게 다가간다.

따라서 계단은 특수효과를 발휘하여 감각의 유희를 연출하는 '똑똑한' 도구이며, 이러한 이유로 수많은 상품매장에서 계단을 설치한다. 도쿄 롯폰기에 있는 루이뷔통의 LED 매장은 수직으로 뻗어나가는 영예 퍼레이드의 압권이라 말할 수 있다. 작은 지하철이 계단의 수직면을 달리는 것처럼 보이므로, 사람들은 이 걸작품이 연출하는 속임수를 가능한 한 빨리 즐기기 위해 높은 계단도 즐겁게 오른다.

전시용 계단은 반들반들 빛날 뿐 아니라 특별히 넓고 또 길다. 몇 년 전 프랑크푸르트 암 마인에 미차일(MyZeil) 쇼핑센터가 건립될 당시 나는 이탈리아의 스타 건축가 마시밀리아노 푹사스(Massimiliano Fuksas)의 조수로 함께 일했다. 푹사스는 이 쇼핑센터에 하늘을 찌르는 에스컬레이터를 설치하고자 했다. 2009년 2월 쇼핑센터가 문을 열자 에스컬레이터가 하늘 높이 솟았다. 1층에서 시작해 46미터를 끊임없이 올라가는 이 에스컬레이터는 미차일 쇼핑센터의 엔터테인먼트 수준을 그만큼 높여주었다. 진정 영광스러운 상승이라 아니할 수 없다.

원탁

제왕이 된 기분은 품격을 높이는 행위를 통해 유발된다. 극소수의 상류층에 소속되는 일은 일종의 인정을 받는 일이며, 우리는 인정을 받을 때 영예의 감정을 강하게 느낀다. 우리는 수많은 영화를 통해 아서 왕의 심복들이 원탁에 칼을 내려놓는 장면을 보았다. 테이블에 내려놓은 칼은 후광으로 빛나고, 심복들은 '원탁의 기사'가 된다. 이러한 아서 왕의 원탁이 서민들의 일상에 응용된 형태가 바로 슈탐티슈(Stammtisch, 공통의 관심사를 가진 한 단체가 음식점 등에서 정기적으로 사용하는 지정석_옮긴이)다. 벽에는 그 슈탐티슈에 둘러앉은 집단의 성격을 말해주는 페넌트가 하나쯤 걸려 있을 것이다. 맥줏집 테이블이면 어떤가? 원탁의 기사가 된 기분을 즐기면 그만이다.

라스베이거스의 신축 팰리스 호텔 쇼핑몰에는 바우만 희귀도서 판매점(Baumann Rare Books)이 있다. 이 서점에서는 대단히 귀중한 책들을 판매하는데, 이 서점에 오는 고객은 누구나 일시적으로 원탁 모임의 일원이 될 수 있다. 매장에는 수수한 가운을 입은 직원들이 대기하고 있다. 한 직원에게 루이스 캐럴의 《이상한 나라의 앨리스》 초판본을 보고 싶다고 말하면, 직원은 손님을 서점 중앙에 놓인 테이블로 안내한다. 손님은 그 테이블에 앉아 나무로 만든 독서대에 책을 놓고 조심스럽게 책장을 넘긴다. 특별한 자리에 앉는 사람은 귀족이 된 듯한 기분이 든다.

고대 그리스의 극장에서도 특별석은 시각적으로도 강조되었다. 데니스가 쓴 《무대로서의 주점》에 의하면 "프로헤드리아(Prohedria)는 당시의 특별석을 일컫는다. 프로헤드리아는 독특한 형태와 축문이나 명언을 새긴 아름다운 장식으로 특별히 강조되었으며, 그 좌석에 앉는 사람의 사회적인 가치를 끌어올리는 데 이용되었다."[22]

잘츠부르크의 음식점 엠 32(M 32)는 알프스의 성을 콘뜬 최신식 현대건축물인데, 마테오 툰(Matteo Thun)은 천장에 장식한 200개의 사슴뿔로 세태를 비꼬았다. 파에나 호텔의 유니콘 트로피를 기억하는가? 엠 32에서 가장 인기 있는 자리는 두 개의 원탁인데, 추기경 예복과도 같은 자주색 천으로 씌운 의자가 테이블을 둘러 배치되어 있다. 다시 말해 이 자리는 음식점의 프로헤드리아다. 나라 안팎에서 특별한 이벤트가 있는 날에는 흰 테이블보를 씌운 대단히 긴 테이블이 등장한다. 이벤트 당일 왕이 된 느낌을 선사하기 위한 도구로서 사용되는 희고 긴 테이블은 이제 이미 진부한 레퍼토리가 되었다. 그렇다면 프로헤드리아를 세계에서 가장 신선하게 연출한 곳은 어디일까? 바로 그린티하우스(Green T. House)다. 요정 같은 뮤지션 장 진 제(Zhang Jin Jie)가 운영하는 이 음식점은 아마도 베이징에서 가장 좋은 음식점일 것이다. 그린티하우스의 식탁 의자는 등받이가 2미터를 넘는다. 손님은 누구나 선택받은 사람들일 테니까. 누구나 이런 음식점을 운영할 수는 없지만, 누구나 이곳에서 왕 대접을 받을 수는 있다.

영예 | 장엄함

- 영예는 오만의 긍정적인 측면이다.
- 드높임은 자신이 아닌 다른 사람을 대상으로 하는 행위다.

심리작용　　**유발**

- 높고, 깊고, 넓은 시야는 신전의 느낌을 일깨운다.
- 어떤 사물을 강조하면 그 사물은 우리에게 제왕이 된 느낌을 선사한다.

감정이입

- 두 팔을 벌려 위로 올리면 마음이 넓어진다.
- 걷는 행위는 시간을 연장시키며 마음에 여유를 준다.

효능 발휘

- 세로토닌은 마음을 편안하게 해준다.
- 영예 감정을 장기적으로 경험하면 두려움이 해소된다.

연출법　　**신전 분위기**

- 신전의 출입문은 벽체와 분리되어 설치된다.
- 신전의 벽면은 상징적인 건축물이다.
- 석주는 느낌표다.
- 열주 홀은 우리의 시선을 두 방향으로 이끈다.
- 후광은 하이라이트 효과를 낸다.

왕이 된 기분

- 신격화는 '클린 엔트런스' 효과를 낳는다.
- 대형 계단은 높은 기단이다.
- 원탁은 고귀한 신분이 된 듯한 느낌을 준다.

Joy

환희

희열

환희의 감정을 유발하는 행위는 색, 형태, 리
듬을 마음껏 쓰는 일이다. 그럴 때 우리는 너
무 좋아 입가에 절로 미소가 번지고, 더하여
행복 증폭제를 작동시키게 된다.

새벽 3시. 그래도 수은주는 여전히 30도를 기록하고 있다. 옷으로 가리고 있어도 피부 표면은 뜨겁기만 하다. 조언대로 의상 밑에 수영복만 입기를 정말 잘했다. 무용수 4000명과 고수 300명, 그리고 악단과 여덟 대의 대형 차로 구성된 우리 공연단은 10분 전에 출발했다. 데니스와 나는 베이자플로르(beija flor) 삼바학교 소속으로 춤을 출 예정이다.

우리는 3년 전 리우의 카니발에서 독창성이 돋보이는 수많은 광경을 발견했다. 그날 밤 우리는 삼바 경연에 참가했다. 막 우리 무용단이 9만 명의 관객이 자리를 메운 삼바드롬 경연장으로 돌아들었을 때 각각의 차량 뒤로 똑같은 의상을 입은 수백 명의 참가자들이 춤을 추며 뒤따랐다. 우리 팀 바로 뒤에는 대단히 많은 할머니들이 흰색 의상을 입고 따라왔는데, 머리에 단 번들거리는 깃까지 합해 키가 3미터는 되어 보였다. 날씨는 덥고, 삼바드롬 경연장 뒤편은 오물로 가득했다. 거기서 차례를 기다리는 동안 들이킨 한 잔의 물은 얼마나 감미로웠던가? 번들거리고 아롱거리는 의상들. 강렬한 색채. 너무도 화려한 광경에 머리가 아플 지경이었다. 어떤 차에서는 사

'베이자플로르'의 객원 무용수로 참가했던 2009년 리우 카니발

람들이 정말로 물을 뿌려댔다. 2009년 리우 카니발에서 베이자플로르가 채택한 주제는 '수백 년이 흘러도 마르지 않는 물'이었다.

엄격한 안무에 따라 15분간 삼바를 추고 나니 나는 곧 죽을 것만 같았다. 그러나 30분이 지나자 도파민이 효능을 발휘하기 시작했다. 리듬, 색채, 번들거리고 아롱대고 반짝이는 빛……. 도파민 분비를 유발할 시각적인 자극은 차고 넘쳤다. 객석은 끔찍이도 가까웠다. 그래도 내 몸이 서서히 흥분되는 현상을 느끼면서 이제 몇 시간은 더 버틸 수 있을 것 같다는 생각이 들었다. 그러나 한 팀당 주어진 경연시간은 80분이었으므로 그 시간이 지나자 우리도 춤을 추며 출구로 나왔다. 우리는 곧바로 의상을 벗어버리고 싶었다. 브라질 사람들 중에는 벌써 벗기 시작한 사람들도 많았다. 하지만 일본 관광객 세 사람이 함께 사진을 찍고 싶어했으므로 우리는 잠시 더 의상을 걸치고 있었다. 아! 이렇게 멋진 밤을 보내다니! 내 평생 그토록 황홀한 밤은 처음이었다.

리우 카니발은 감각적인 자극으로 넘쳐흐른다. 구경만 하더라도 세계 그 어느 축제에서도 경험할 수 없는 열정과 쾌감을 느끼는데, 직접 참가하니 그 효과는 몇 배로 커졌다. 이거였구나! 공항에서 받은 광고물에 적힌 말이. 우리가 리우 공항에 도착하자 누군가 우리 손에 부채를 쥐어주었는데, 그 부채에는 '환희가 여기에(Joy is here)'라는 문구가 인쇄되어 있었다. 우리는 환희의 세계수도에 와 있었다. 희열이라는 행복감의 본고장에. 환희는 시각적인 풍요를 통해 유발되지만 동시에 한도를 넘지 않는 범위에서 극도로 정연한 질서에 의해 절제된다.

환희는 탐식의 긍정적인 형태이며, 무제한을 바탕으로 계산된 놀이다. 행복감과 죄악의 이 근원적인 관계는 브라질의 전통 바비큐 추라스카리아

(Churrascaria) 식당에서 분명하게 알 수 있다. 웨이터들이 몇 분마다 한 번씩 돌아가면서 긴 꼬챙이에 끼운 고기를 손님에게 권한다. 양고기 좀 드시겠습니까? 스테이크 한 조각 올릴까요? 이때 조심하지 않으면 언젠가는 배가 터지고 만다.

그러나 이러한 무절제성은 엄격한 법칙을 따르면 극복할 수 있다. 분명하게 '아니오'라고 말하고 가장 좋은 고기를 고르면 된다. 다시 말해 풍요의 낙원에서 무한한 선택 가능성을 즐기면 되는 일이다. 추라스카리아는 이미 환희의 감정을 향한 길의 절반 지점이고, 버려야 할 죄악과 수용 가능한 행복감 사이를 잇는 발전된 형태의 끈이다.

희열의 심리학

유발, 감정이입, 효능 발휘는 모든 행복감의 바탕이 되는 심리적 화음이다. 희열도 이와 같은 과정을 따른다. 환희의 감정을 유발하는 행위는 색, 형태, 리듬을 마음껏 쓰는 일이다. 그럴 때 우리는 너무 좋아 입가에 절로 미소가 번지고, 더하여 행복 증폭제를 작동시키게 된다. 그렇게 우리는 그 상황에 우리의 감정을 이입하고, 환희의 감정을 유발하는 신경전달물질인 도파민의 왕성한 분비를 느낀다. 도파민은 우리를 도취하게 만든다. 도취는 환희의 전형적인 상태이며, 도취 상태가 오래 유지되면 창작의욕이 불타오른다. 상품 디자인이나 디스플레이를 통해 환희를 유발하면 소비심리를 자극하여 판매를 촉진할 수 있다.

행복 바구니와 마법의 세계

좋아하는 물건이 가득 담긴 바구니를 보면 우리는 행복해진다. 이와 같은 시각적인 풍요로움이 희열을 불러일으키는 전형적인 요소다.

중동의 바자(Basar)를 구경해본 사람은 이 말이 무슨 뜻인지 알 것이다. 바자의 상품은 어지럽게 널려 있지 않고 대단히 질서정연하게 정리되어 있다. 이러한 질서 원리를 무시하면 상점은 불행하게도 잡동사니 하치장이 되어 버리고, 우리의 눈은 물건을 찾아 이리저리 헤매느라 나무만 보고 숲은 못 보게 된다. 오늘날 수많은 상점들이 언젠가는 문을 닫게 될 정도로 물건을 어지럽게 늘어놓고 있으며, 상품의 무질서한 진열로 인해 언젠가는 철거될 위기에 처한 시장들도 적지 않다. 중동은 환희 전시의 본고장이다. 두바이에 가면 이와 같은 전통적인 환희 전시를 20분 안에 발견할 수 있고, 현대적으로 응용한 사례도 찾아볼 수 있다.

대부분 인도 상인들이 시장을 점유하고 있는 피륙 수크에 슬리퍼 상점이 하나 있는데, 이 상점에는 수백 켤레의 중동식 실내화가 몇 가지 서로 다른 질서 원칙에 따라 전시되어 있다. 이 전시의 절정은 상점 중앙에 깊이 팬 부분이다. 액자와도 같아 보이는 그 벽장에는 또다시 수백 켤레의 슬리퍼가 앞부분을 밖으로 향한 채 겹겹이, 촘촘히 쌓여 빼곡히 들어 있다. 벽장은 슬리퍼가 가득 담긴 행복 바구니다. 이와 같은 액자효과는 넘쳐나는 물량에 질서 원칙을 적용하기 위해 활용되는 방법인데, 부르 주망 몰에 있는 더 원(THE One)에서도 이 효과를 확인할 수 있다.

생활용품 매장인 더 원은 벽면의 여러 곳을 깊게 파그 그 안에 수많은 소형 가구와 쿠션, 꽃병, 베개 등을 진열했다.

잡동사니 하치장 느낌이 아닌 환희 효과를 내기 위해서는 차고 넘치는 물량에 질서를 적용해야 한다. 물량이 넘치도록 많으면서도 싸구려로 보이지 않고, 즐겁게 '탐색'하는 고객의 시선을 받을 수 있는 또 하나의 방법은 '드높이기'다. 더 원의 벽면 진열장 테두리를 금색으로 두른 목적은 드높임을 통해 액자효과를 더욱 높이는 일이다. 기억하는가? 뉴욕 애버크롬비 앤 피치에 진열된 수많은 청바지는 서치라이트의 불빛을 받아 마치 속삭이는 듯한 광경을 연출한다.

다량 전시로 인해 상품이 저가품으로 보이는 일을 방지하려면 전시 방법을 드높여야 한다. 다량 전시는 박리다매가 아니라 입맛대로 고를 수 있는 무한한 선택 가능성을 표현하는 데 중점을 두어야 한다.

두바이의 피륙 수크

환희를 유발하는 또 하나의 전형적인 연출은 감각을 이용한 유희, 즉 마법의 세계다. 탐식을 통한 감각의 즐거움에 각종의 유희를 더해 활기를 불어넣는 일은 이미 오래전에 시도되었다. 나는 얼마 전 빈에서, 즐겨 찾는 선술집 스코픽 운트 론(Skopik und Lohn)에서 선지 소시지를 먹었다. 이 요리는 탑 모양으로 상에 오르는데, 사실 디저트처럼 보인다. 나는 이 요리가 선택한 전략적 연출 방법이 '빌려 쓴 표현'라는 사실을 알아차린다. 즉, 한 가지 수단이 다른 수단의 표현방식을 빌려 쓰는 것이다. 이러한 연출은 우리의 미디어 리터러시를 자극하여 감각적 속임수, 말장난, 숨은 그림 찾기 등 연출된 세계의 기지를 즐기게 한다.

부르 주망 몰의 '더 원'

르네상스 시대 영주의 분더카머(Wunderkammer, 옛 귀족들이 골동품이나 진기한 물건을 수집하고 보관하던 방_옮긴이)는 이와 같은 구경거리들로 가득했었다. 드레스덴에 있는 보석 박물관 그뤼네스 게뵐베(Grünes Gewölbe)의 귀중품 홀에는 끝없이 이어진 거울 벽 앞에 수십 개의 소라껍데기가 둥둥 떠 있는데, 소라껍데기는 범선의 선체 노릇을 하거나 백조나 타조의 몸통이 된다. 소라는 배가 되기도 하고, 새가 되기도 한다. 한 사물이 동시에 두 가지 노릇을 하는 셈이다.

오늘날의 컨셉트스토어(concept store, 매장과 전시장의 개념을 통합한 형태의 상점. 대부분 고가 브랜드 제품을 소매한다_옮긴이)는 분더카머에 착안하여 개발된 매장 유형으로서, 상품과 디스플레이를 이용한 유희적 연출로 환희의 감정을 불러일으킨다. "비빈"("wieWien")이라는 상점은 '내 고향도시 빈'이라는 주제로, 한물 간 상품을 이용해 만든 신제품을 취급한다. 여기서 특히 잘 팔리는 인기 상품은 메모용 공책이다. 공책의 표지는 과거 빈에서 제작된 레코드판의 형태를 가져왔고, 공책 케이스는 레코드판의 커버 모양으로 되어 있다. 우리는 이 공책에서 감각을 이용한 마법을 즐길 수 있다.

"비빈"의 공책 | 그뤼네스 게뵐베의 전시물

환한 미소

"비빈"은 상품 전시에도 빌려 쓴 표현을 이용한다. 매장에 처음 들어가서 열려 있는 낡은 여행가방이 물품 운반 도구로 사용되는 모습을 보면 누구나 그 자리에서 빙그레 웃게 된다.

즐거움에서 우러나오는 미소는 실제로 모든 환희 감정의 중요한 행복 증폭제다. 보이스카우트 창시자인 로버트 베이든 파월(Robert Baden Powell)도 일찍이 "미소는 마음을 즐겁게 만든다"라고 선언하고 청소년들에게 매일 일정한 시간만큼 웃으라고 지시했다. 여기서 말하는 웃음은 물론 사교적인 목적으로 짓는 인위적인 미소가 아니라 기쁨으로 얼굴이 빛나는 웃음을 가리킨다. 심리학자 파울 에크만(Paul Ekman)은 이 미소를 뒤셴-미소라고 일컬었는데,[23]

프랑스의 신경의학자 뒤셴(Guillaume-Benjamin Duchenne)은 아래와 같이 저절로 번지는 미소를 약한 전기충격을 가해 인위적으로 야기하는 데 성공한 바 있다. 오늘날 우리는 "입꼬리만 추켜올리는 것이 아니라, 눈은 조금 가늘어지고, 눈가에 주름이 잡히며, 뺨의 윗부분이 살짝 부풀어 오르는 것이 진정으로 행복해서 웃는 웃음"이라는 사실을 잘 알고 있다.[24]

환한 미소는 가장 흔히 사용되고, 언제 어디서나 어울리며, 여타의 보조 도구 없이도 가능하지만, 그렇다고 유일한 행복 증폭제는 아니다. 이른바 '파도 타기'가 1981년 미식축구 응원에 도입된 이후 오늘날 유럽 축구와 아이스하키에서도 사용되고 있다. "파도 타기는 관중들이 움직이는 물결을 모방하는 행위인데, 정해진 방향에 따라 시간차를 두고 잠시 두 팔을 올렸다 내리는 동작을 가리킨다. 때로 잠시 일어섰다 앉는 동작으로 시각적인 효과를 증대하기도 한다. 파도 타기 동작을 할 때 함성을 지르면 나머지 관중들이 자신의 차례가 언제인지 더 쉽게 알 수 있다."[25]

'보조 도구'를 이용한 행복 증폭제로는 관중석 상단에 매단 깃발과 배너, 두루마리를 던져 긴 종이 띠를 펼치는 일, 알록달록한 종이 뱀, 색종이 조각 등이다. 물론 리듬을 고조시키는 모든 움직임도 환희의 감정을 증폭하는 방편이다. 함께 두드리고, 발을 구르고, 손뼉을 친다. 물론 춤도 춘다.

우리가 환희를 공감하도록 도와주는 모든 행복 증폭제는 대단히 역동적이다. 판매 상품이 환희의 감정을 유발하면 우리는 이것저것 마구 헤집어보기 시작한다. 물건을 시험 삼아 손으로 들어보고는 다른 물건을 집는다. 잠시 위로 쳐들어보고 다시 매장의 다른 곳으로 이동한다. 제품의 감촉이 어떤지 만져보고, 얼마나 무거운지 들어보고, 소리는 어떤지, 냄새는 어떤지 알아보려고 한다.[26]

환희-연출은 매장과 시장에서 물건을 이것저것 집어보게 만든다. 모든 '써보고 나서 구매하세요(Try-before-you-buy)' 매장에서는 이러한 행복 증폭제를 이용한다. 이런 매장들은 매우 '기쁨에 들떠' 있고, 물건이 대단히 풍부해 보이며, 이런 이미지에 어울리는 제품을 판매한다. 이를테면 영국의 화장품 브랜드 '아름다워지는 데 시간을 아끼지 마세요(B never too busy to be beautiful)'가 이런 유형에 속한다.

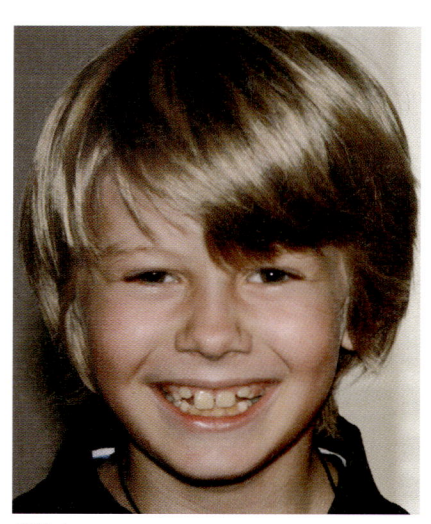
환한 미소

여기서는 동물실험 없이 테스트를 거친 식물성 화장품을 판매하는데, 극도로 화려하고 장난스러우며, 기발한 아

'아름다워지는 데 시간을 아끼지 마세요'의 합들

이디어로 번득인다. 여기서 크림과 향수의 용기는 제품 자체만큼이나 중요하다. 가장 인기 있는 제품은 인도풍의 작은 합인데, 사람들은 하나하나 집어 들고 열어보고 싶어한다. 합 하나에 중동의 모든 색채가 담겨 있는데, 합 외부는 작은 구슬로 장식했고, 뚜껑을 열면 작은 용기가 다섯 개 들어 있으며, 소형 용기 사이사이에 아주 작은 별이 빛난다. 바로 그 옆에는 터키 옥색의 반짝이 캐릭터가 문양을 새긴 작은 목재 용기 속에서 빛나고 있다. 다양한 촉감, 화려한 색채와 윤택한 분위기에 매료되어 손님은 매장을 찾은 첫날부터 안을 휘젓고 다니며 물건을 살펴보게 된다. 환희의 감정을 더욱 끌어올리기 위해 런던의 주요 매장에서는 화려한 색의 네 가지 칵테일을 무료로 제공하고 있다. 이 칵테일을 마시면 더욱더 기분이 좋아질 것이다.

알레그리아

리우 카니발에서 부르는 노래 가운데 가장 많이 나오는 낱말은 '알레그리아(alegría)', 즉 '환희'이고, 가장 자주 듣는 말은 '행복한 기분'이다. 우리의 기분은 도파민이 왕성하게 분비될 때 행복한 상태에 도달한다. 도파민은 체내에서 분비되는 신경전달물질로 우리를 깨우는 기능을 한다. 우리를 깨운다고?[27] 우리야 워낙 '깨어' 있지 않은가? 천만에! 그렇지 않다.

　《우리를 깨우는 것들(Awakenings)》은 신경의학자 올리버 색스(Oliver Sacks)가 쓴 소설이다. 이 소설은 영화화되기도 했는데, 소설과 영화를 통해 많은 대중들이 인간의 뇌와 도파민의 관계에 관해 잘 알게 되었다. 인간의 의식은 말짱하게 깬 상태와 코마 상태가 있고, 이 두 상태를 오가는 과도기 상태가 있는데, 도파민이 부족하면 이러한 과도기 상태에 이른다. 이 소설의 중심 소재는 이른바 '유럽 수면병'이다. 유럽 수면병의 원인은 파킨슨병의 원인과도 유사하지만, 유럽 수면병에 걸리면 전신이 완전히 마비된다. 환자들 가운데는 엘도파(L-Dopa, 파킨슨병의 치료제로 쓰이며 뇌내 도파민 농도를 높여준다_옮긴이)를 처방하여 의식을 되찾은 사람들도 있는데, 이 사람들은 엘도파의 효능이 지속되는 몇 주에 걸쳐 환각과도 같은 상태에 이르고, 불타는 창작의욕을 보이기도 했다.

심지어 레오니드 같은 환자는 수백 쪽에 이르는 소설을 짧은 기간에 완성한 일로 유명하다. 엘도파로 환각상태에 이르면 사람이 완전히 달라져 기쁨과 활력이 넘친다. 우리 몸에서 나오는 자연의 도파민도 엘도파에 의한 정신질환 상태만큼 극적이지는 않을지언정 이와 유사한 상태를 조성한다. 예술가들 가운데는 도파민 수치가 상당히 높은 사람들이 많은 것 같다. 대화를 할 때면 침을 튀기며 열을 올리지 않는가? 멕시코 출신 테너 롤란도 비야손(Rolando Villazón)이나 러시아 출신 소프라노 안나 네트렙코(Anna Netrebko)의 인터뷰를 본 사람이라면 내 말을 이해할 것이다. 우리 같은 보통사람들에게 도파민 분비는 단지 '감성의 휘몰이'를 의미할 뿐이다. 카니발에서는 도파민이 성적인 흥분도 야기한다는 사실을 알 수 있다.

환희의 장기적인 효능도 눈여겨볼 만하다. 리우에 있는 내 친구들은 1년에 한 번 카니발을 구경하면 정신과 의사가 필요 없다고 말한다. 환희는 영혼을 따뜻하고 밝게 만든다. 테이블에 약간의 화려한 장식을 올리거나 약간의 경쾌한 음악, 몇 송이 꽃을 감상하는 것으로도 하루를 즐겁게 보낼 수 있다.

도파민은 기분을 밝게 만드는 자연의 산물이며, 화학물질의 도움 없이 멋진 광경만으로도 분비를 촉진할 수 있다. 미국에서는 여가에 하는 쇼핑이나 윈도쇼핑이 생활의 즐거움이 될 때 쇼핑요법(retail therapy)이라는 말을 쓴다. 쇼핑요법의 효과가 알려지자 도시 외곽에 새로운 쇼핑가가 형성되었다. 도심은 고상한 영예 연출 매장들로 번화한 반면 외곽 지역의 쇼핑센터들은 주말의 환희 연출 쇼핑을 전략으로 내세운다. 가끔은 도시의 일정 지역 전체를 환희 연출 매장들이 차지하기도 한다. 뉴욕의 소호(SoHo) 거리는 이 상점에서 저 상점으로 가벼운 환희-산책을 즐기기에 안성맞춤이다. 아울러 부담 없이 살 수 있는 환희-제품들도 등장했다. 일본에서는 핸드폰 액세서리가 붐을 일으켰는데, 스와로브스키 크리스털에서부터 화려한 소형 LED 전등에 이르는 매우 다양한 제품이 나와 있다. 속옷 느낌의 귀여운 양말에 대해서는 이미 이야기한 바 있다. 각양각색의 비누를 판매하는 비누 전문점 러시(Lush)는 치즈 모양, 초콜릿 모양, 케이크 모양의 비누로 세계무대에서 각광받고 있다.

오늘날에는 기분전환을 위해 쇼핑요법을 이용하는 사람들을 어디서나 쉽게 찾아볼 수 있다. 이 요법은 적은 돈으로 큰 효과를 얻을 수 있으며 경제위기 시대에도 애용된다.

행복감은 우리 삶의 다방면에서 일종의 정서장애를 치유하는 약품처럼 이용된다. 2006년 인도 서부 아우랑가바드 시에서는 도시의 지도자들이 '핑크 시티' 프로젝트를 실행하기로 결의했다. 아우랑가바드의 건물을 예외 없이 모두 핑크색으로 칠하자는 운동인데, 마음을 따뜻하게 만드는 핑크색이 공격성을 완화하고 도덕성을 끌어올린다는 주장이었다. 오늘날 이미 아우랑가바드 시의 건물은 80퍼센트 이상이 핑크색을 띤다고 하는데, 이 작전의 궁극적인 목적이 달성되었는지는 확인되지 않았다.[28] 대부분의 경우 환희의 발생과 소멸에 정치인들은 책임이 없다. 정치가 행복감을 불러일으키는 일은 현실적으로 불가능하다. 약한 사람을 일으켜 세우는 것은 생명 자체다. 생명의 진화가 약자를 일으켜 세운다.

2006년 여름, 〈독일. 여름 동화〉라는 기록영화가 화제였다.[29] 이 영화는 어떤 마법을 부렸을까? 독일 대표팀이 버스를 타고 숙소인 베를린의 한 호텔로 향했다. 도로변에는 좌우로 정복차림의 보안요원들이 줄지어 서 있다. 버스가 보안요원들 앞을 지날 때 그들은 즉석에서 파도 타기를 했다. 환희 감정의 행복 증폭제를 작동한 것이다. 그들은 그 해 여름 독일이 진화과정에서 크게 도약했다는 사실을 증명하는 명백한 증거였다. 2006년 월드컵이 열리는 동안 축구에서 갑자기 전쟁대체물의 냄새가 사라져버렸다. 레니 리펜슈탈 감독의 1936년 올림픽 영화에서는 올림프 영웅들이 자랑으로 부풀어 오른 가슴을 드러내고 있다. 그리스 조각상과도 같은 벗은 몸뚱이에서 뿜어 나오는 행복감은 영예였다. 그런데 월드컵이 열리자 갑자기 모든 운동선수들이 영예로 빛나는 영웅의 모습을 벗어 던졌다. 나이키 타운(Nike town, 베를린의 나이키 매장_옮긴이)에 전시된 운동선수들의 성물(聖物)을 보며, 이를테면 나이키가 증정한 황금 운동화를 보며 경탄할 때 우리가 느끼던 행복감도 영예였다. 호나우디뉴도 나이키로부터 황금 축구화를 받았다. 금색은 제왕의 색이다.

그 후 올림픽 100미터 여자 육상 경기에서 금메달을 딴 그리피스 조이너가 죽었다. 아나볼릭 스테로이드를 사용했던 조이너는 훗날 목소리가 저음이 되고 얼굴에 수염이 나기도 했지만, 이 약물의 부작용이 사인은 아니라고 밝혀졌다. 그다음에는 장거리 육상선수가 도핑으로 물의를 일으켰고, 또 그다음에는 사이클 선수가, 그리고 또……. 도핑은 도처에서 발각되었다. 대체 영웅은 어디에 있는가? 이제 축구뿐만 아니라 모든 스포츠에 패러다임 교체가 일어났다.

영예와 파워는 환희와 여유로 대체되었다. 이제는 전쟁과 영웅을 통해 느끼던 행복감 대신 축제와 예술가들이 불러일으키는 행복감을 즐기고자 하는 현상이 나타난 것이다.

스포츠가 불러일으키는 행복감을 처음으로 표현한 사람은 예술인들이다. 특히 열렬한 축구 팬들로 구성된 록밴드 슈포르트프로인데 슈틸러(Sportfreunde Stiller)가 이러한 열풍을 선두에서 이끌었는데, 그들은 독일이 우승한 2002년 월드컵을 바탕으로 재미있는 공식을 만들고 2006년 대회에 그 공식을 적용하며 독일의 우승을 염원했다.

1 더하기 2 더하기 3 더하기 54, 74, 90, 2006
그렇다. 우리는 모두 한마음.
손에 담긴 사랑과 다리에 찬 열정으로
우리는 승리하리라.

독일은 탁월한 기량을 발휘하며 선전했지만 우승하지 못했다. 그러나 슈투트가르트에서 열린 3, 4위전에서 승리한 후, 선수들은 운동장을 떠나려 하지 않았다. 오늘날 그 대회의 우승국이 어느 나라였는지 기억하는 사람은 별로 없다. 그러나 독일 대표팀이 보여준 훈훈한 광경은 세계인의 가슴에 아로새겨졌다. 2006년 독일 월드컵을 홍보하기 위해 채택한 문구는 '친구 집에 놀러오세요'였다. 그리고 독일 사람들의 상냥해진 모습에 전 세계가 깜짝 놀랐다. 독일 사람들도 웃을 줄 알았다. 그들도 세계를 껴안을 줄 알았다.

독일은 2006년의 여름 동화를 필두로 제3제국의 악몽을 극복하고 영예 대신 환희를 추구하기 시작했다. 세계를 지배하려는 야욕을 버리고 세계인의 친구가 되기 시작한 것이다.

희열 연출법

환희의 감정은 물건이 가득 찬 바구니를 볼 때 또는 놀라운 마법의 세계를 발견할 때 느끼게 된다. 환희를 느끼면 사람들은 자신도 모르게 얼굴이 빛나고 매장의 물건을 이것저것 집어 들게 된다. 이때 우리는 도파민의 효능을 더 진하게 느끼고, 희열이라는 행복감의 상태에 이른다. 희열은 일시적으로 기분을 들뜨게 만드는데, 희열 상태가 오래 유지되면 창작의욕에 불이 붙기도 한다.

모든 것은 슐라라펜란트(Schlaraffenland, 독일 전설 속의 나라_옮긴이)에 대한 동경에서 시작되었다. "슐라라펜란트의 강에는 물 대신 젖, 꿀 또는 포도주가 흐른다. 모든 길짐승이 힘차게 뛰어다니고, 모든 새들이 하늘을 날며 노래 부른다. 집은 케이크로 지어졌고, 길에는 돌멩이 대신 치즈가 굴러다닌다."[30] 15세기에 나온 이 이야기를 들으면 일상이 결핍과 생존투쟁으로 얼룩졌던, 풍성한 음식과 많은 재물을 최고의 가치로 여기던 시대가 떠오른다. 우리는 수십 년에 걸쳐 무엇이든 많으면 행복하다고, 풍요로움이 곧 희열이라고 배웠다. 비록 이러한 가치관은 이미 오래전에 비판의 대상이 되었지만, 풍요는 오늘날까지도 환희의 감정을 불러일으키는 대표적인 요소다.

과거에 '행복의 지름길'로 여겼던 풍요는 오늘날 시장이나 수퍼마켓에 진열된 상품에서 가장 쉽게 확인할 수 있다. 홀 푸드 마켓(Whole Foods Market)은 미국과 영국의 유기농 수퍼마켓 체인인데, 이곳에 진열된 채소와 과일은 넘치는 풍요를 연출한다. 빨간 홍당무, 녹색 양상추, 주홍색 당근, 녹색 시금치, 보라색 양파…… 색색의 식품들이 높이 솟은 선반을 빈틈없이 채우고, 질서 원리에 따라 깔끔하게 정돈되어 있다. 아울러 끊임없이 이어지는 색채의 대비는 물품이 다양하다는 인상을 준다. 물량이 넘치도록 많지만 잡동사니 하치장을 만들지 않고 질서를 유지한다.

다양성

홀 푸드 마켓의 식료품 전시는 앙상블 원리에 따라 연출한 한 편의 드라마이고, 과일과 채소들은 드라마에 출연하는 배우다. 이 배우들의 등장에는 공통된 법칙이 있다. 항상 높게 쌓아 올리고 대비를 통해 다양성을 시사한다는 법칙이다. 이러한 앙상블 기교는 다량의 물품을 취급하지만 결코 싸구려로 보이고 싶지 않은 매장이라면 어디서나 유용하다. 홀 푸드 마켓의 상품은 모두 유기농 작물이므로 당연히 값이 비싸다. 이런 곳이 잡동사니 하치장같이 되어버리면 영업은 끝장이다.

앙상블을 위한 보조도구로서 독창적인 상품 진열대를 사용하면 액자와 같은 정돈 효과를 얻을 수 있다. 라스베이거스 윈 호텔에 있는 직영점에는 요정의 숲에서 가져온 듯한 멋진 인조나무가 서 있는데, 그 가지에는 수십 가지의 크리스마스 장식용 색유리 구슬과 더불어 아라비아 양식의 술 장식과 얼음으로 만든 솔방울이 걸려 있다. 동시등장, 즉 서로 다른 스타일의 다양한 상품을 같은 나무에 걸어 통일성을 일구어냈다. 이러한 전시를 접한 고객은 즉각 그 매장에 대해 호감을 품게 된다.

빈에 있는 슈타이러렉(Steirereck)은 오스트리아 최고의 음식점이다. 이 음식점의 농장에서는 약 120종의 치즈를 시식할 수 있는데, 2인용 치즈쟁반 하나를 주문하면 쟁반을 한 바퀴 돌며 치즈 여행을 할 수 있다. 먹으면서 10종의 치즈와 이에 곁들인 다양한 소스와 열매 절임을 구경한다. 각종의 치즈 앞에는 설명이 적힌 카드가 세워져 있는데, 이는 질서 원리를 풍요와 설명을 결합

정돈된 풍요

한 비교기법으로 실현한 사례다. 말하자면 '비교해보시면 압니다'라고 말하고 있는 것이다. 실제로 여러 가지 대상이 나란히 전시되어 있을 때 각각의 대상이 저마다의 이미지를 펼쳐 보인다. 내가 쓴 책《금지된 장소, 연출된 유혹》은 이 문제를 독립된 장(章)으로 다루고 있다.[31]

환희-비교는 일반 비교에 풍요라는 요소를 더하는데, 이때 매우 많은 요소들 사이에서 상호작용이 일어난다. 판매 분야에서 대표적인 환희-비교 연출은 원형전시다. 상품을 원형으로 전시하면 작은 극장이 형성되므로 사람들은 극장을 천천히 둘러보며 이 물건 저 물건을 집어 보게 되며, 그 과정에서 풍요로움에 놀라는 동시에 자연스럽게 비교를 하게 된다. 초콜릿 매장에서는 초코볼로 원형극장을 연출하고, 향수 매장에서는 둥근 조광 테이블에 고급스러운 향수병을 진열한다. 최근에는 기둥을 중심으로 여러 층의 장갑 극장을 세운 백화점이 여러 군데 생겼고, 원형의 목재 테이블을 빙 둘러 넥타이를 진열한 매장은 세계 곳곳에서 찾아볼 수 있다. 이 방법을 쓰면 나사나 공구같이 별로 섹시하지 않은 상품으로도 드라마를 연출할 수 있다.

색채 환각

다채로운 색채를 이용한 연출은 풍요롭고 윤택한 분위기를 표현하는 매우 독특한 방법이다. 우리가 '색채 환각'이라는 말을 쓰는 데는 그럴 만한 이유가 있다. 색채 환각이란 화려하고 다양한 색채가 내는 환각과도 같은 효과를 일컫는데, 이러한 효과는 환각제를 사용하는 일 없이 왕성한 도파민 분비만으로 얻을 수 있다. 색채 환각 효과 덕분에 이름난 관광지가 된 지역도 있다. 베네치아 근방의 부라노 섬은 알록달록한 색채의 가옥들을 보기 위해 관광객들이 즐겨 찾는 곳이다. 부에노스아이레스의 라 보카에 형성된 이탈리아 이주민 마을도 눈부신 원색의 슬레이트 가옥들로 관광객들의 마음을 밝게 만들어준다.

2006년 월드컵을 계기로 스포츠에서 영예 대신 환희를 추구하는 패러다임 교체가 일어난 후 이러한 혁신은 엔터테인먼트 산업과 소매업 분야에까지 확대되었다. 이때까지 우리는 라스베이거스의 벨라지오(Bellagio) 호텔 앞에서 연출되는 환상적인 분수 쇼를 즐겨 보아왔다. 프랑스의 고딕식 대성당 이후 이토록 하늘 높이 치솟는 영예 연출은 다시없었다. 분수는 공중으로 70미터를 솟아오른다. 〈타임 투 세이 굿바이(Time to say good-bye)〉가 끝나갈 무렵 영예를 상징하듯 좌우 맨 끝 분수부터 물을 쏘아 올리기 시작해 점점 가운데로 번지는데, 하늘 높이 솟아오른 물기둥 커튼을 볼 때마다 우리의 눈에는 눈물이 맺혔다. 그런데 지금은? 문득 이 도시의 매력 가운데 하나는 1960년대에 유행했던 환각제 체험이 아닐까 하는 생각이 들었다.

미라지(Mirage) 호텔은 비틀즈 쇼 〈러브(LOVE)〉의 초연으로 축제 분위기에 휩싸였다. 카지노 중앙에 설치된 쇼 무대 입구에서부터 관객들은 반짝이는 네온 불빛의 현란한 색채에 정신이 혼미해질 지경이었다. 일곱 가지 무지개 색 네온 불빛은 끊임없이 색깔을 바꾸어가며 공연 내내 관객들을 색채 쇼크에서 헤어나지 못하게 만들었다.

길 건너편, 환락가에서 100미터를 내려온 지점에 자리 잡은 윈 호텔의 정원에는 나무와 '산정호수'를 갖춘 인공 산이 있다. 네온 불빛에 휩싸인 라스베이거스의 밤. 산정호수는 색채의 바다로 변한다. 꿈의 호수(Lake of dream)를 물들이는 아름다운 색채는 물속에 장치한 수백만 개의 아주 작은 LED 전등이 빛을 내기 때문인데, LED 전등을 이용하면 매우 부드러운 색채의 흐름을 연출할 수 있다. 그리고 장막 뒤에서 압축공기로 움직이는 몇 미터짜리 대형 개구리가 나타나 〈이 얼마나 아름다운 세상인가(What a wonderful world)〉를 부른다. 호수의 수면은 은은한 푸른색으로 아른거리는데, 갑자기 강렬한 붉은색이 첨벙 소리를 내며 물속으로 빠지고 호수의 색은 붉게 물든다. 평온을 되찾은 호수는 동심원을 그리며 또다시 다양한 색으로 변모를 계속하고, 이때 초현실주의 화풍의 거대한 사람 머리가 수면 위로 불쑥 솟아올라 노래를 부른다.

라스베이거스의 쇼에서 우리는 환희를 통한 생동감의 르네상스를 목격했다. 이러한 변화는 영예를 통한 영원성의 숭배와 배치되는 현상이다. 지난날 고가품 소매업계에서는 오로지 고귀한 분위기의 영예 연출 매장만을 지향했다. 그러나 오늘날 긴자를 정복한 매장은 H&M(스웨덴에 본부를 둔 의류와 화장품 제조 판매 회사_옮긴이)만이 아니다. 수많은 영예-소비재들이 대중의 관심을 끄는 데 성공했다. 2006년은 크록스(Crocs)가 세계적으로 부상한 해이기도 하다. 발포수지로 만든 크록스 샌들을 모르는 사람은 아마도 별로 없을 것이다. 발포수지는 원래 미끄럼 방지 기능을 갖춘 장화 생산에 사용된 원료인데, 같은 재질로 만든 크록스 샌들은 오늘날 26가지 색상으로 나올 뿐만 아니라 참신한 디자인의 신제품을 계속 선보이고 있다. 크록스 샌들이 진열대에 나란히 놓여 있는 모습은 정말 아름답다. 이때 알록달록한 사탕을 보는 듯한 효과를 내면 더욱 매혹적이다.

크록스의 환희 요소 덕분에 이 샌들은 휴양지의 필수품이 되었는데, 추가 장식과 특수 디자인으로 환희 감정을 더욱 극대화했다. 지금 이 글을 쓰고 있는 나도 크록스를 신고 있다. 바람이 통하도록 뚫어놓은 구멍들이 미키마우스의 머리 모양을 띤 샌들이다. 디즈니 만화의 캐릭터로 샌들 구멍을 장식함으로써 크록스는 그 제품의 가치를 더욱 높였다. 지난날 여행자들이 호텔 스티커로 가방을 장식하던 일과도 같은 이치다. 디즈니의 만화 캐릭터들은 모두 대표적인 장식으로 이용되며, 그 밖에도 환희-상품의 장식으로 이용되는 것은 헤아릴 수 없이 많다. 해골에서 성조기에 이르기까지.

여기서 지금까지 설명한 내용을 정리해보자.

환희의 모든 유형을 아우르는 공통점은 '과욕' 개념이다.

이 말은 물론 실제적인 의미가 아니라 미학적인 의미에서 그렇다는 말이다. 이러한 개념을 표현해주는 것으로는 물건이 가득 찬 바구니나 마법의 세계를 들 수 있다. 가득 찬 바구니는 언제나 풍요를 상징하며, 과거의 궁핍이 낳은 연출법이다. 마법의 세계는 언제나 일종의 놀이인데, 그 뿌리는 우

크록스 진열대

리의 어린시절에 있다. 마법의 세계는 우리를 기능주의의 폭정에서 해방시켜주는 만큼 '즐거운 과욕'을 부릴 수 있는 세계다.

도쿄의 '모토야마 밀크 바' 앞에는 실물 크기의 젖소 한 마리가 서 있다. 이 소는 기능적 측면에서 보면 그 업소가 무엇을 하는 곳인지 문밖에서 알려주는 일종의 조합표시라고 말할 수 있다. 하지만 이 소는 표지판 기능 외에 할 수 있는 일이 한 가지 더 있다. 사람들이 젖을 짤 수 있다는 점이다. 이와 같은 추가 기능은 인간의 감성을 자극하므로 이 젖소를 기능주의의 산물이라고 단정할 수는 없다. 아홉 살인 내 아들도 젖을 짜보았다. 마침 일본 여성 두 사람이 아이의 귀여운 모습을 카메라에 담으려고 했다. "찍!" 아들은 실수로 두 여성을 향해 소젖을 쏘았고, 여성들은 얼떨결에 젖 세례를 받고 깔깔 웃었다. 이와 같은 추가 기능이 환희 연출이다.

환희 연출이 좀 유치해 보이는 현상은 우연이 아니다. 우리를 잠시 마법의 세계로 데려가주는 기교는 모두 놀이와 장난감에서 나왔다. 어린시절에는 우리의 사고가 아직 규범화하지 않았으므로 우리는 자유의 느낌을 체험을 통해 알았고, 지금 우리는 그 시절을 동경하며 그때 느낀 자유를 다시 한번 체험하고 싶어한다. 더구나 수많은 규범과 의식으로 통제되는 일본 사회에서 사람들은 언제나 실수에 대한 두려움과 체면을 잃을지도 모른다는 불안감을 안고 산다. 이러한 사회 분위기에서 긴장을 풀어주는 환희 기능의 중요성은 아무리 강조해도 지나치지 않다.

아이들 놀이

여기 또 있다. 방금 한 아가씨가 우리 옆을 휙 지나간다. 19세기의 하녀 복장을 한 그 아가씨는 마치 살아있는 인형 같다. '메이드(maid, 하녀)'는 일본에서 선망의 대상이다. 뒤이어 한국과 싱가포르, 그리고 홍콩에서도 메이드 붐이 일고 있다. 20세 안팎의 젊은 여성들이 좋아하는 만화 캐릭터와 똑같은 의상을 입는다. 일본 만화에 나오는 캐릭터들은 짧은 치마 차림인데 매우 귀엽고 섹시하다. 도쿄의 거리에서는, 특히 아키하바라나 하라주쿠에서는 살아 움직이는 만화 캐릭터들과 마주치는 일이 드물지 않다. 그 가운데는 앨범을 내고 텔레비전 쇼에 출연하고 춤추고 노래하는 등 스타가 된 사람들도 있다. 이들은 모두 메이드 숍(maid-shop)에서 필요한 의상을 구입한다. 그곳에서 파는 의상들이 얼마나 대담한지 관광객들은 자신의 눈을 의심할 정도다.

다케시타에 있는 원더 로켓 스토어(wonder-rocket-store)는 흠잡을 데 없는 메이드 숍이다. 이곳의 분위기는 《이상한 나라의 앨리스》에 나오는 듯한 숲을 연출하고 있는데, 때로는 고객과 똑같은 복장을 한 판매원을 볼 수도 있다. 데이트 상대가 없는 외로운 남성들도 메이드 카페를 찾는다. 메이드 카페에서는 메이드가 사랑스럽게 속삭이며 손님을 접대하는데, 500엔을 내면 가위 바위 보 같은 아이들 놀이를 함께 할 수 있다. 이 놀이에서 이긴 사람은 메이드와 사진을 찍을 수 있는데, 카메라 앞에서 큰 소리로 "모에모에 큐"라고 외치고 두 손으로 하트 모양을 만들어야 한다. 손으로 만든 하트는 일본에만 있는 행복 증폭제다.

여기서 정도를 벗어난 느낌을 주는 것은 역할극 놀이다. 손님과 메이드는 일종의 즉흥무대에서 두 사람이 모두 알고 있는 이야기의 줄거리에 따라 각기 맡은 배역을 수행하는데, 줄거리가 전개됨에 따라 등장하는 인물, 배경, 특정 소품 등을 예상할 수 있다. '정식' 메이드 카페에 처음 온 손님에게는 자석처럼 눈길을 끄는 회원카드를 발급해준다. 그 손님이 다시 찾아오면 메이드가 반갑게 맞이하는데, 어떤 메이드들은 영어로 인사하기도 한다. "웰컴

홈, 마스터(Welcome home, master)." 메이드는 커피를 내오고 손님 대신 크림과 설탕을 넣고 심지어 저어주기까지 한다. 모든 음식은 온통 장난스럽고, 일반 적으로 색색의 설탕이 듬뿍 얹혀 있다. 사실 메이드 자체가 설탕처럼 달콤하 다. 그들은 손님에게 만족하느냐고 묻고, 손으로 하트를 만들며 일본식 애정 표현을 한다. 손님이 하는 말에는 언제나 놀랍다는 듯이 "아! 오!"를 연발한 다. 내가 오스트리아에서 왔다고 말했을 때도 그랬다. 그런 다음 혹시 놀이

답사 중 메이드 카페에서

를 하고 싶은지, 어느 메이드와 하고 싶은지도 묻는다. 마침내 사진을 찍고, 헤어질 시간이 왔다. 메이드는 사진이 나오자 얼른 핑크색 펜을 꺼내 사진에 하트를 그리고 방문한 날짜도 적어준다. 이 사진은 결국 우리를 그곳으로 다시 가게 만들 것이다.

모든 역할놀이는 시나리오에 따라 진행된다. 고객은 놀이를 하는 동안 시나리오를 전혀 의식하지 않지만 실제로 놀이의 진행을 결정하는 것은 시나리오다. 메이드 카페의 시나리오는 메이드의 복장이 말해주듯이 19세기 영국 귀족과 그의 시중을 드는 하녀 이야기다. 메이드는 고객이 원하는 대로 해준다. 메이드가 무릎을 꿇고 손님의 커피를 저어주거나 한 시간마다 손님을 즐겁게 해주기 위해 아주 유치한 팝송을 불러주는 행위에는 게이샤-요소도 담겨 있다. 정말로 환희의 감정이 온몸을 감쌌고, 우리 부부와 아들 줄리안은 경쾌한 발걸음으로 카페를 나왔다.

모든 이야기의 배경에는 브레인 스크립트(brain script)가 있다. 브레인 스크립트란 우리 머릿속에 있는 시나리오를 일컫는 말인데, 이 시나리오는 그 순간 우리가 체험할 이야기를 일러준다. 보통은 이 과정을 의식하지 못하지만 실제로 줄거리 전개는 이 시나리오에 의해 조종된다. 우리는 21세기의 일본에 있었지만 메이드 카페에서 우리가 경험한 사건은 빅토리아 시대 영국의 이야기다. 게다가 우리도 그 이야기에 동참한다. 이러한 역할극 놀이에 고객을 쉽게 동참시키기 위해 모든 '가상현실'이 이용된다.

우리는 박람회에서 소니가 출시한 가정용 게임기 플레이스테이션3의 전시를 보았다. 신상품 홍보를 위해 광고대행사 유니플랜은 '파라다이스3 모텔'이라는 가상의 모텔을 고안해냈다. 이 모텔에는 온갖 소름끼치게 끔찍한 인물들이 살고 있다. 이제 게임 규칙에 따라 이 모텔이 살아난다. 박람회장에 로비와 수영장, 식당, 그리고 객실의 시뮬레이션 영상이 비친다. 그리고 나란히 설치되어 있는 10개의 흰색 화장실에는 휴지걸이 옆에 실제로 10명의 청소년들이 변기 덮개를 내린 채 그 위에 앉아 콘솔을 가지고 게임을 하고 있다. 모니터가 바닥에 설치되어 있으므로 게임하는 청소년들은 자동적으로 몸을 앞으로 굽히게 되어 있다. 그들은 그 사실도 모른 채 '변기에 앉아' 게임을 즐긴다. 이 박람회에서 플레이스테이션3 전시는 대성공을 거두었다.

가상현실은 우리가 쉽게 동참할 수 있도록 준비된 배경을 이용하며, 주변 환경에 어울리는 브레인 스크립트를 작동한다. 따라서 사람들은 이 가상현실 세계에 푹 빠지는데, 이 세계는 현실과는 전혀 다른, 일반적으로 더 좋은 곳이다. 가상현실은 아이들 놀이를 다른 수단을 이용해 더욱 발전시킨 형태다. 최근 몇 년 사이에 두각을 나타낸 플래그십 스토어 가운데는 가상현실을 이용해 매우 독창적인 분위기를 연출한 매장들이 있는데, 신전이나 궁전 같은 분위기가 아니라 오히려 대단히 구매가 간편하고, 장난스럽고 풍자적인 분위기다.

종종 누구나 갖고 싶어하는 물건들로 가득 찬 다락방의 분위기를 연출하는 상점도 있다. 다락방을 이리저리 돌아다니며 이 물건 저 물건을 집어 드는 가운데 사람들은 다른 세계로 빠져든다. 두바이의 와피 센터에는 이러한 환희-테마 숍이 두 개가 있는데, 보아하니 한 쌍을 따로 떼어놓은 것 같다. 그 중 하나인 '페틀(Petals)'은 오래된 가게의 분위기를 연출한다. 천장에는 요즘 보기 드문 옛날식 샹들리에가 10개나 매달려 있고, 르네상스 시대의 수제품 거울 옆에 놓인 낡은 새장에는 거미줄이 쳐 있으며, 대형 꽃병들과 오밀조밀한 용기들이 어둠 속에서 발견되기를 기다리고 있다. 다른 상점인 '메무아르(Memoires)'는 내가 보기에 현 시대와 동떨어진 분위기를 연출한

두바이 와피 센터의 메무아르

매장 가운데 세계 챔피언이다. 오페라 음악을 배경으로 우리는 어두운 광장에 들어서게 되는데, 이 방에서 저 방으로 옮겨 다니다보면 비밀의 문을 통해 침실로 들어가게 된다. 침실에는 루이 16세조차 너무 사치스럽다고 할 만큼 호화로운 의자가 있고, 그 옆에는 해골이 든 유리장이 있다. 이곳에도 어마어마한 샹들리에가 떠 있는데, 녹색 에메랄드와 붉은 루비 장식은 진품은 아닐지언정 진품만큼이나 비싸다. 어떤 사람이 한 손에 나뭇가지 모양의 촛대를 들고 서 있다. 과거 시대의 의상에 얼굴을 창백하게 칠한 안전요원이 우리가 길을 잃지 않고 무사히 나갈 수 있도록 도와준다.

환희-테마 숍은 상품을 이것저것 들어보는 행복 증폭 행위와 이야기를 결합한 장소이거나 성인 전용의 놀이터다. 때로 에로틱은 강한 호소력, 유희, 그리고 이야기와 관련이 있으리라 추측되는데, 이러한 추측은 매우 정확하다고 본다. 에로틱을 주제로 삼은 매장들이 그 사실을 증명한다. 속옷 판매 업계의 모든 매장은 에로틱이라는 축의 일부분을 점유하고 있으며, 그 축의 한쪽 끝에는 규방 분위기의 매장들이 자리 잡고 있다. 여성스러운 무늬의 벽지, 투명 커튼, 폭신하고 부드러운 벽면…… 빅토리아 시크릿(Victoria's Secret)은 이야기 속 규방으로 들어가는 문을 열어준 최초의 체인점이다.

에로틱 축의 반대편 끝에서는 매음굴이 기다리고 있다. 아장 프로보카퇴르(Agent Provocateur)는 매음굴과도 같은 노골적인 에로틱을 표방한다. 판매원들은 빨간 하이힐에 망사 스타킹을 신고 있다. 스타킹의 장미꽃 무늬가 반들반들한 장밋빛 바닥에 비쳐 아른거린다. 벽면을 장식한 거울, 천장에 매달린 중국식 홍등, 풍성하게 주름을 잡은 커튼 뒤의 간이 탈의실을 보며 고객은 19세기 파리의 홍등가를 떠올린다. 어떤 주제든 고객이 그 이야기를 직접 체험하게 유도하려면 충분한 매력을 갖추어야 한다. 바닥에 끌리도록 길고 무거운 고급 커튼을 젖히는 순간 커튼 뒤에 펼쳐진 광경에 손님은 깜짝 놀라고 만다. 그다음에는 빙그레 미소를 짓고 스와로브스키 보석이 박힌 채찍을 집어 든다. 실제로 매장에서 많은 손님들이 이 채찍을 집어 드는데, 이 채찍은 아장 프로보카퇴르 체인의 대표 상품이며, 이 상점을 나타내는 대담한, 그러면서도 왠지 비꼬는 듯한 표식이다. 키키 드 몽파르나스(Kiki de Montparnasse)의 분위기는 이보다 더 노골적이다. 매장은 침실처럼 꾸며져 있고 에로틱한 화보 책자와 섹스 보조도구도 전시되어 있다. 침대에는 베개 두 개가 나란히 놓여 있는데, 한 베개에는 '잠(sleep)'이라는 글이, 다른 베개에는 '씹(fuck)'이라는 글이 새겨져 있어서 둘 중 하나를 선택할 수 있다. 베개를 놀이 유도 수단으로, 침실을 놀이터로 이용한 연출이다.

우리는 지금 마법의 세계에 대해 이야기하고 있다. 마법의 세계는 어린 시절에 놀이를 통해 즐기던 자유를 되찾아줌으로써 환희의 감정을 느끼게 해준다. 환희 감정은 우리가 어린이들에게서 배워야 할 메시지다. 우리는 종종 소매업 분야의 많은 업종을 편협한 시각으로 바라보고 매장의 개수를 평가의 잣대로 삼는다. 합법적인 경제활동과 통제 속에 우리는 중요한 사실 한 가지를 잊고 말았다. 판매에는 여전히 장사놀이의 요소가 남아 있다는 사실이다. 장사놀이는 어린시절의 대표적인 놀이가 아닌가? 이제 우리는 판매자로서 그리고 구매자로서 장사놀이가 주는 환희의 감정을 되찾아야 한다.

예술가의 꿈

나이를 먹어도 여전히 어린아이인 사람이 있을까? 있다. 우리 모두가 어른이 되어도 동심을 간직하고 있다. 특히 예술가들은 어린아이와 같은 특성이 매우 강하다. 그들은 우리를 꿈의 세계로 안내하고, 세상을 바라보는 새로운 시각을 열어준다. 피카소는 사람 얼굴의 정면과 옆모습을 하나로 그렸다. 물을 뿜어내고 쇳소리를 내는 기계들을 형상화한 장 팅겔리(Jean Tinguely, 스위스 출신의 현대조각가_옮긴이)의 설치작품은 볼 때마다 미소를 짓게 만들 만큼 유머러스하다. 모든 예술가들은 우리에게 세상을 바라보는 놀라운 시각을 열어주며 환희를 불러일으킨다. 새로운 시각으로 인해 우리는 미디어 리터러시를 작동하고 새로운 세상을 능숙하게 인지한다. 모든 놀이에는 이와 같은 능숙함이 포함되어 있다. 연출의 세계는 때때로 이러한 예술가들의 기교를 이용해 누구나 쉽게 이해할 수 있는 예술가의 꿈을 표현하며, 우리에게도 그 꿈을 경험할 기회를 제공해준다.

로베르트 홀만(Robert Hollmann)은 오스트리아의 배우 겸 가수이다. 현재 빈 오페라에서 공연되는 '세비야의 이발사'에서 암브로시오 역을 맡아 열연하고 있다. 그뿐 아니라 홀만 벨레타제(Hollmann Beletage)를 운영하는 호텔리어이기도 하다. 예술가 홀만의 꿈을 표현한 홀만 벨레타제는 아마도 빈에서 가장 훌륭한 패션호텔일 것이다. 호텔 곳곳에 표현된 예술가의 상상력이 자석과도 같이 발길을 끈다. 침대 옆에 달린 사슬을 잡아당기면 CD가 작동되고 음악이 울리는데, 이 CD에는 홀만이 직접 부른, 약간 삐딱한 내용의 비너리트(Wienerlied, 빈의 전통가곡. 내용은 주로 빈을 주제로 삼고 있다_옮긴이)가 수록되어 있다. 프런트데스크에서부터 이 호텔의 모토를 알 수 있다. "우리는 손님의 기분을 밝고 명랑하게 만들어드립니다."

이 호텔은 일반 호텔에서는 생각지도 않았을 진풍경들로 가득하다. 투숙객은 사물에 대한 새로운 해석을 곳곳에서 발견한다. 프런트데스크는 마치 거대한 가방 같아 보인다. 저녁에 직원이 퇴근하고 호텔에 투숙객만 남는 시간에는 마치 가방을 닫듯 프런트데스크도 닫히므로 모든 컴퓨터와 서류들이 안전하게 보관된다. 늦은 시각에 도착해 출입문에서 디지털 암호를 입력하고 들어온 손님은 자신의 객실 문 앞에 세워놓은 칠판을 발견하게 된다. 칠판에는 손님의 이름을 부르며 환영하는 인사말이 적혀 있는데, 단골 손님의 경우 개인적인 특징까지 언급하며 친숙함을 표현한다. 방으로 들어오면 또 한 번 깜짝 놀라게 된다. 욕실이 없지 않은가? 커다란 벽장 문 하나를 열어보니 그 안에 텔레비전이 있다. 또 하나를 열어보니 옷걸이들이 있

홀만 벨레타제

고, 그다음 문을 여니 미니바(mini bar)가 나온다. 그리고 또 그다음……. 아니, 이게 뭔가? 이렇게 큰 욕실이 벽장 안에 있다니! 벽장처럼 보이는 그 공간은 사실 객실 내에 숨겨진 또 다른 방이었다.

저녁에는 프런트데스크 직원이 근무를 하지 않는다. 그러나 투숙객을 위한 서비스에는 빈틈이 없다. 오락실에 걸려 있는 수건에는 서양장기 판이나 보드게임 판이 그려져 있고, 그 호텔을 상징하는 주황색의 작은 주머니에는 장기 말이나 주사위가 들어 있다. '영화관'이라고 쓴 팻말이 호기심을 자극한다. 문을 열고 들어가보니 극장 의자가 여러 줄로 늘어서 있고, 팝콘 기계도 있다.

실제로 이곳에서는 저녁마다 대형 스크린에 영화를 상영하는데, 〈제3의 사나이〉에서부터 오스카상에 빛나는 〈위조자(Die Fälscher: The Counterfeiters)〉에 이르기까지, 주로 빈과 관련이 있는 영화들을 보여준다. 스파의 샤워기에서는 불빛을 받은 물이 쏟아지는데, 샤워 꼭지와 천장 전등을 하나로 결합한 형태다. 호텔의 모든 것이 빈을 상징한다. 로비 천장에는 리젠라트가 비스듬한 각도로 비치고, 에델로스트(Edelrost, 독일의 정원 디자인 전문회사_옮긴이)에서 디자인한 샘에는 빈의 깨끗한 수돗물이 채워져 있으며, 뮐바우어(Mühlbauer, 오스트리아의 모자 전문회사_옮긴이)에서 제작한 모자를 장식물로 이용했다.

홀만은 사물을 일관되게 재해석했다. 유료 텔레비전을 대신한 영화관, 벽장 속에 숨은 욕실, 가방 속의 프런트데스크, 무료 오락실, 프런트데스크 직원 없이도 더욱 따뜻하게 맞이하는 환영인사. 전 세계의 예술가들이 우리에게 '체험 경제(Experience Economy)'가 무엇인지 보여주고 있다. 체험 경제는 고객을 경탄하게 만드는 경제를 일컫는데, 체험 경제가 낳은 신종 서비스 업종이 이른바 '저예산 호텔(Budget Design Hotel)'이다. 저예산 호텔은 인건비를 줄이는 대신 기발한 아이디어로 손님의 부담을 줄여주는 숙박시설로서, 감각적인 유머로 우리의 미디어 리터러시를 작동한다. 맨해튼의 큐티(QT) 호텔에는 로비가 들어서야 할 공간에 수영장을 설치했는데, 저녁에는 그곳이 파티 장소가 된다. 프런트데스크 대신 출입문을 들어서자마자 잡지를 파는 조그만 매점이 있고, 손님들은 거기서 접수를 한다. 모든 것을 새롭고도 놀라운 아이디어를 바탕으로 연출했지만 기능적으로 조금도 손색이 없다.

이 분야의 유럽 챔피언은 오스트리아의 케른텐 주와 티롤 주, 그리고 스위스에 있는 큐브 호텔(Cube Hotel)이다. 큐브 호텔은 청소년을 주 고객층으로 삼은 저예산 호텔인데, "큐브는 평범한 것을 제외한 모든 것이다"라는 슬로건에 맞게 실제로 모든 것이 색다르다. 손님을 맞이하는 대형 홀의 디자인은 숨이 막힐 듯 현란하다. 객실로 통하는 길에는 계단 대신 경사면을 설치해 산악자전거를 비롯한 운동기구를 손쉽게 옮길 수 있도록 배려했고, 객실마다 전실(前室)을 두어 자전거, 스노보드 등을 걸 수 있는 특수 장치를 해놓았으며, 젖은 신발을 말릴 수 있는 건조대도 설치되어 있다. 또한 운동

사보닌에 있는 큐브 호텔의 쇼룸

복을 건조하는 특수 에어컨 덕분에 여름철이든 겨울철이든 다음날 바로 깔끔하게 입을 수 있다. '쇼룸(Showroom)'이라고 부르는 이 공간은 앞면이 유리로 되어 있어 장비 전시장 구실도 한다. 아침식사는 15시까지 제공되고, 도처에 마련된 휴게 공간은 손님들에게 앉을 공간은 물론, 누워 쉴 공간도 제공한다.

익숙한 것을 새로운 시각으로 보는 기술은 공업에도 도입되어 '뉴 비틀(New Beetle)' 같은 자동차는 독특한 디자인을 개발했다. 깜빡이를 사이드미러 내부에 장착했고, 계기판에 설치된 화병으로 '자동차는 달리는 방'이라는 사실을 일깨워준다. 새로운 시각은 언제나 약간은 초현실적이다. 그러나 바로 그 점이 환희의 감정을 불러일으키고 해방감을 전해준다.

감정의 칵테일

영예, 환희, 파워, 탁월함, 열망, 황홀감, 여유는 우리가 동경하는 일곱 가지 행복감이다. 이 행복의 감정들은 따로따로 생기는 것이 아니라 다른 행복감과 함께 나타난다. 그러므로 몇 가지 표본적인 감정의 칵테일이 만들어지는데, 여기에는 충분한 이유가 있다. 대표적인 행복감의 칵테일은 영예와 환희가 동시에 발생할 때 느끼는 기분이다. 이 말이 좀 이상하게 들릴지도 모르겠다. 장엄한 느낌과 희열은 거의 극과 극이라고 말할 수 있지 않은가? 바로 그 점 때문에 때로는 두 가지 행복감이 균형을 이루어야 한다.

독일의 건축가 빈첸츠 브링크만(Vinzenz Brinkmann)은 이른바 '고대의 다색화법' 방면의 전문가다. 브링크만은 〈다색의 신들〉이라는 전시회를 통해 폭

넓은 대중에게 이름을 알렸는데, 이 전시회에서 선보인 작품은 고대의 신상을 고증을 통해 재현한 조각상들이다. 브링크만은 자신의 작품을 통해 고대에는 신상과 대부분의 신전에 색을 칠했고, 때때로 그 색은 매우 화려했다는 사실을 증명했다.[32] 설마! 여러 세대에 걸쳐 미술은 고대 그리스의 신전과 조각상에 나타난 영예의 효과에서 영향을 받지 않았던가? 물론 그랬다. 하지만 고대 그리스인들의 생각은 달랐다. 고대 그리스인들은 신상들을 만화 캐릭터처럼 표현하고자 했다. 멀리서도 보이고 쉽게 이해할 수 있으며 즐거움을 주는 조각상을 원했다.

건축가들이 대중의 경외심을 불러일으키기 위해 기둥과 합각머리 지붕과 성스러운 대칭구조로 영예로운 분위기를 연출하느라 최선을 다했다면, 화가들은 뚜렷한 환희의 요소로 지나친 경외심을 견제하고자 애썼다. 그러므로 모든 프리즈와 합각머리 지붕을 여러 가지 색으로 칠했다. 파랑, 빨강, 노랑, 검정, 그리고 금색. 아테네의 유명한 아크로폴리스의 지붕도 색을 입고 있었으리라.

신상과 신전에 색을 입힌 이유는 불 보듯 훤하다. 고대의 신전은 상업, 집회, 축제, 연극 등으로 언제나 활기가 넘쳤다. 극도로 장엄한 건축물이 일상에 사용되기 위해서는 영예에 환희를 더해야 했다. 영계 자체는 최고 수치의 세로토닌 분비를 의미하고, 따라서 고딕식 성당에서 올리는 고요한 기도를 상징한다. 반면 환희는 도파민을 의미한다. 도파민은 움직임을, 역동성과 소비를 대변한다.

오늘날에는 건축계의 스타들이 완성한 작품에서도 승고한 분위기를 해치지 않으면서 첫눈에 즐거움을 주는 건축물을 찾아보기 어렵다. 이러한 실태로 미루어보건대 고대의 영예 연출에 대한 오해가 여전히 건축현장을 따라

다니는 것 같다. 그러다 보니 엄청나게 크기만 하고 인간미라고는 찾아보기 힘든 건축물들이 드물지 않게 생겨난다. 초거대 유리궁궐, 초거대 교회, 초거대 호화 전시장 등은 우리를 압도하고, 그 앞에서 인간은 경직될 뿐이다.

리우 법칙

리우 데 자네이루의 풍광이 빼어나게 아름다운 이유는 영예와 환희를 동시에 느낄 수 있기 때문이다. 예수 거상이 서 있는 코르코바도 산을 비롯해 리우의 산들은 신전 같은 느낌을 준다. 특히 안개에 싸인 팡 데 아수카르 산의 풍광은 이루 말로 표현할 수가 없다.

대서양에는 떠 있는 산 같은 섬들은 매우 이국적인 분위기를 발산하고, 코파카바나, 이파네마, 그리고 레블론 해변에 들어선 수천 채의 흰 가옥들은 흰색의 바다를 연출한다. 따로따로 보면 딱히 빼어난 건축물이라 말하기 어렵지만, 산과 바다 사이에 집을 뿌려놓은 듯한 그 광경을 보노라면 절로 기분이 명랑해진다.

신비로운 기운을 뿜어내는 산들과 섬들은 이 도시의 카리오카 수도교(水道橋)에 담긴 정신을 대변하는 반면, 해변을 덮는 수많은 건물은 추라스카리아에서 즐기는 탐식과 화려한 카니발의 연장선상에 있다. 다시 말해 리우 데 자네이루에는 장엄한 분위기와 희열이 조화롭게 균형을 이루고 있다. 조화는 아름다움의 근원이이다. 이러한 사실은 실증 연구를 통해 확인되었다. 리우 데 자네이루의 자연은 영예와 환희가 균형을 이루고 있을 뿐만 아니라 그 조화로운 모습이 대단히 뚜렷하게 나타나 있다. 그러니 그 아름다움에 어찌 넋을 잃지 않겠는가?

영예의 감정이 오만이라는 죄악으로 전락할 위기에 처한 장소에는 이와 같은 리우 법칙을 적용해야 한다. 사실 이 문제는 브랜드 전문매장이나 디자인 몰이 안고 있는 고민거리다. 슈투트가르트에 있는 메르세데스-벤츠 박물관의 신전 같은 홀에 대해서는 이미 설명했다. 로켓 엘리베이터가 하늘 높이 치닫고, 조명이 설치된 회전 전시대 위에서 세상에 첫선을 보인 자동차들이 엄숙하게 돌아가고 있다. 자동차 역사의 단편을 보여주는 서른세 편의 영상물은 영예-드라마의 '단역'들이지만, 우리에게 미소를 선사하고 세상을 보는 새로운 시각을 열어주는 것은 바로 이 단역들이다.

이를테면 오픈카를 개발하게 된 직접적인 동기는 1920년대에 유행했던 냄비 모양의 여성용 모자다. 이와 같이 기술은 여성의 패션과 자신감에도 영향을 미쳤다. 다임러(Daimler)는 제1차 세계대전까지 전투기 엔진을 생산했다. 프로펠러 엔진의 이상형이었던 그 엔진들은 현재 박물관의 허공을 지키는 공군기 편대처럼 우리의 머리 위를 날고 있다. 연합국들은 이 엔진의 생산을 금지했으므로 다임러는 수년에 걸쳐 자전거만 생산했다. 장엄한 시간의 축을 따라 달리는 외로운 검정색 자전거 덕분에 우리는 미소를 지을 수 있었고, 사고의 전환도 가능했다. 그 자전거도 한때는 메르세데스 상품이었다(22쪽의 사진 참조).

뮌헨에 있는 베엠베-벨트(BMW-Welt)는 거대한 신전이다. 빈의 건축설계 사무소 코프 히멜바우가 전 공정을 도맡아 일으킨 단지인데, 끝없이 이어질 듯 긴 다리가 어마어마한 공간을 가로질러 떠 있는 모습은 마치 마법의 다리를 보는 듯하다. 이 다리는 우리가 거의 빈 듯한 그 공간을 엄숙하게 걸어 지나게 될 계단이다. 그런데 이건 또 뭔가? 주니어 캠퍼스(Junior Campus, 베엠베-벨트 내부에 어린이와 청소년을 위한 장소_옮긴이)의 입구에서 의로 떠오르는 순환식 엘리베이터에는 알록달록한 미니카들이 실려 있다. 그 가운데는 스프링이 장착되어 있어 실제로 달릴 수 있는 차도 있는데, 미니카를 실은 엘리베이터는 어른들의 신전으로 연결된다. 미니카는 BMW를 모는 운전자들의 막강한 영예에 환희를 살짝 첨가해준다.

쇼핑몰에서는 영예로운 환희의 결합이 더욱더 중요하다. 고객을 높은 단상으로 모시는 영예의 분위기를 내기 위해 많은 쇼핑몰이 경쟁적으로 영예-건물을 짓는다. 그 한 가지 방편으로 건물 높은 곳에 고딕식 공중부벽을 설치하는데, 그 결과 쇼핑몰은 교회가 되어버리고, 쇼핑몰의 이미지는 위험할 정도로 엄숙해진다. 그 밖에 직사각형의 건물을 덮는 아치형 유리천장이나, 저녁이면 푸른빛을 내는 둥근 천장도 영예-쇼핑몰 설계에 자주 이용된다.

그러나 대부분의 쇼핑몰들은 건물의 윗부분에서 영예를 불러일으키는 반면 아래쪽에서는 환희를 강하게 품는 방법으로 균형을 잡고 있다. 이를테면 크룩스 같은 아기자기하고 알록달록한 환희-제품을 파는 조그만 매점을 설치하거나, 나무와 벤치, 기하학적 무늬의 바닥재 등을 이용해 환희를 연출한다.

슬로 라이프(slow life)를 추구하는 시대조류에 맞추어 최근에는 환희 연출에 자연의 테마를 이용하는 경향이 두드러진다. 버밍햄 불링 센터(Bullring Center)에 있는 셀프리지스(Selfridges) 백화점의 테이블은 꽃잎 모양이다. 그러므로 천장에서 구름이 떠가는 모습도 전혀 이상하지 않다. 천장에 아이들 그림 같은 구름이 매달려 있는데, 거기서 20미터 떨어진 곳에 구멍이 나 있다. 보아하니 떠다니던 구름이 그 구멍으로 사라지는 모양이다. 쿠알라룸푸르 스타힐 갤러리(Starhill Gallery)는 모든 기둥에 진짜 목재를 입혔다. 통나무집 기둥 같은 것도 있고, 장난기를 발휘한 기하학적인 형태도 있는데, 놀랍게도 모두 진짜 나무다.

영예-환희의 결합이 가장 잘된 쇼핑몰은 두바이의 부르 주망 몰이다. 둥근 영예 천장이 시선을 위로 이끌면 유리 천장을 통해 보이는 광경이 드라마틱하다. 천장에서 둥근 부분을 제외한 나머지 부분은 세상에 둘도 없는 기하학적 환희 구조물이다. 아래로 축 처진 모양의 긴 석고 막대는 마치 천장에 바른 석고가 벗겨진 듯한 모습을 연출한다. 그리그 한가운데 난 둥근 유리천장 아래로 틀을 덧대어 별 모양을 만들었는데, 뤼에서 빛을 비추어 진짜 별이 빛나는 것 같다. 장난기를 아낌없이 발휘한 이 천장은 어느 지점에서나 한눈에 들어온다.

두바이 부르 주망 몰의 천장

환희 | 희열

- 환희는 탐식의 긍정적인 측면이다.
- 환희는 감각에 대한 자극을 넘치도록 충분히 사용할 때의 마음 상태다.

심리작용　**유발**

- 시각적인 풍요는 행복이 가득한 바구니를 창조한다.
- 이때 잡동사니 하치장의 분위기를 방지하기 위해서는 질서 원리를 적용해야 한다.
- 감각의 유희는 마법의 세계를 창조한다.
- 이때 미디어 리터러시가 작동하므로 우리는 그 세계를 보고 경탄하게 된다.

감정이입

- 입가에 절로 번지는 미소는 행복감의 표출이다.
- 상품을 이것저것 집어보는 행위는 환희의 감정을 구매욕으로 변환한다.

효능 발휘

- 도파민이 기분을 유쾌하게 만들고 창작의욕을 불태운다.
- 장기적으로 경험하는 환희는 밝은 기분을 선사한다.

연출법　**행복 바구니**

- 대비를 통해 다양성을 연출할 수 있다.
- 색채 환각은 환각적인 상태를 일컫는다.

마법의 세계

- 아이들 놀이는 주제가 담긴 이야기다.
- 예술가의 꿈은 세상에 대한 재해석을 제공한다.

감정의 칵테일　**리우 법칙**

- 영예와 환희는 서로 균형을 이룬다.
- 쇼핑몰과 브랜드 전문매장은 리우 법칙을 따라야 한다.

Power

파워

통쾌감

현대 문명의 보호 아래 우리는 옛날 선조들
이 두려움에 떨던 상황들을 극복했다. 불, 홍
수, 추위, 추락. 한마디로 속수무책인 상황들
이었다. 이러한 상황을 극복한 야성의 행복
감은 우리를 강하고 만들고 우리에게 자신감
을 불어넣어 준다.

2005년 7월 7일 목요일 아침. 런던은 지하철 또는 이층버스를 타고 출근하는 수백만의 시민들로 분주하다. 인파 속에는 배낭을 맨 네 명의 청년도 보인다. 이 청년들 가운데 한 사람은 자메이카 출신이고, 나머지는 영국 국적의 파키스탄 사람들이다. 청년들의 나이는 열여덟, 열아홉, 스물둘. 대장의 나이만 서른이었다. 훗날 사람들은 순진한 청년들이 꼬임에 넘어갔다고 말하리라. 그들의 소지품에서 나온 주차권과 왕복차표를 보고, 대장을 제외하고는 자신들이 자살 테러에 가담했다는 사실도 몰랐으리라고 말하리라. 8시 50분에서 9시 50분 사이 청년들이 메고 있던 배낭이 폭발했다. 테러범들을 포함하여 56명이 목숨을 잃었고 700명이 다쳤다. 그리고 2주 후. 이 참혹한 사태의 시나리오는 다시 한 번 세계의 이목을 집중시켰다. 이번에도 배낭을 멘 청년 네 명이 등장했다. 그러나 이번에는 배낭이 폭발하지 않았고, 따라서 아무 일도 일어나지 않았다. 청년들은 법정에서 장난이었다고 진술했다. 그렇다면 마드리드와 봄베이 호텔에서 일어난 테러는 무엇이었나? 9·11 테러도 장난이었나?

감시 카메라에 찍힌 청년들의 모습은 할리우드 영화에 나오는 특수요원 같다. 그들은 이 세상을 사악한 무리로부터 해방하겠다는 결연한 각오로 '비밀병기'를 짊어진다. '배낭 폭탄'은 1980년대에 흥행한 영화 〈고스트버스터(Ghost busters)〉에 나오는 장비와 흡사하다. 다만 현실의 청년들은 퇴폐적인 서구의 악령들을 이 세상에서 쓸어버리려 했다는 점이 다르다. 런던 테러범들의 모습은 특수배낭을 멘 유령 소탕 대원들과 똑같다. 마찬가지로 9·11 테러의 범인들도 자신을 공군 소속의 특수요원이라고 여겼다. 그들은 곡예비행에도 능한 출중한 조종사가 아니던가? 런던도 뉴욕도 파워의 감정이 부른 참사였다.

서구에서는 테러 공격이라고 지탄받는 일이 다른 곳에서는 힘을 과시한 행위라며 찬양된다. 마침내 세상에 뭔가를 보여줬다. 서구에 의해 짓밟힌 자존심을 회복하고 꺾인 기를 되살렸다며 사람들은 환호한다. 그러나 그 영웅적인 행동은 그로 인한 수많은 희생과 서로 맞물려 있다. 목숨을 잃은 사람들, 부상을 당한 사람들, 공포, 비밀수용소와 관타나모 포로수용소에서 자행되는 부당한 고문, 이 모든 것들과 한 줄로 엮여 있는 것이다.

자살 테러는 절망과 무기력의 산물이다. 그러나 젊은 청년들을 자살 테

'배낭 폭탄'과 영화 〈고스트버스터〉

러로 이끄는 보다 직접적인 원인은 청년들이 자살공격대를 멋지다고 생각하는 것이다. 청년들은 자살공격대의 이미지에 미혹된다. 자살 테러에 대한 이와 같은 빗나간 해석은 국가에 의해 의도적으로 조장되고, 매스컴과 인터넷, 바자에 나도는 포스터와 카세트테이프는 이렇게 조장된 사회 분위기를 더욱 부채질한다. 그 배후에는 미혹의 메커니즘이 도사리고 있다. 맹목적인 분노가 잘못 해석되면 인간은 행복감에 빠져 정신이 흐려진다.

분노는 중죄이며 특정 대상을 향한 공격이다. 실제로 분노는 다른 사람 앞에서 자신을 주장하는 표현이다. 화가 나면 못할 일이 없을 것 같지만 그 기분은 착각이다. 진정한 파워의 감정은 분노에 의한 행복감과는 전혀 다르다. 일본 스모 선수들의 아침훈련을 본 사람은 진정한 파워가 무엇인지 알 수 있다. 우리는 일본 스모학교에 소속된 스타 선수의 초대를 받아 그들의 훈련을 참관할 수 있었다.

두 선수가 머리를 숙인 채 서로를 탐색한다. 어느 순간 스타 선수의 눈이 번쩍하고 빛난다. 그러나 스모 경기의 목표는 복싱에서처럼 상대방을 때려 눕히는 일이 아니다. 선수들은 서로의 샅바를 잡고 우렁찬 기합을 넣는다. 그리고 있는 힘을 다해 상대방을 둥근 경기장 밖으로 몰아낸다. 훈련이 끝나고 우리는 선수들과 함께 국을 마셨다. 몸에 좋은 일본의 토속 음식이었다. 스모학교의 선수들은 모두 동료들이다. 물론 시합에서는 실전을 통해 얻은 경험과 더불어 킬러 본능이 크게 작용하지만, 모든 것은 절제되고 상징적으로만 작용한다. 복싱과는 달리 파워의 감정이 고통과 파괴로 더럽혀지지 않는다.

파워의 감정은 행복감이며 정화된 분노다. 파워는 상징적으로만 표현하는 자기주장이며, 이때 분노 자체와 유사한 감정을 불러일으키지만 분노와 같은 파괴적인 공격성은 없다. 2001년 9월 11일에 뉴욕의 소방대원들은 테러에 맞서 싸웠다. 미국에서 소방대원은 이미 오래전부터 강한 남자로 인식되어왔다. 잘 훈련되었고, 구조 장비로 완전무장한 모습이 믿음직하다. 미국의 수공업자들은 소방대원들의 모습을 본떴고, 이러한 경향은 점차 유럽에도 전파되었다. 단체사진 속의 수공업자들은 특수부대 요원처럼 보인다. 기와장이들은 허리에 공구를 찬 채 지붕에 올라가 사진을 찍는다. 이들은 상징적인 투사이며 유럽의 스모선수다.

통쾌감의 심리학

인류의 초기역사에는 분노를 추진력으로 삼는 전쟁뿐만 아니라 험한 자연환경 속에서 식량을 얻어 살아남기 위한 생존투쟁도 있었다. 인간은 사냥을 하고, 늪지를 헤치며, 신들이 내리는 번개와 천둥 앞에 떨어야 했다. 그 시대의 생활은 자연의 재앙과 그로 인한 충격으로 가득했다. 추위, 홍수, 추락…… . 균형감각과 촉각, 그리고 통증이 이러한 생존투쟁을 대변했다. 자연의 재앙을 이겨낸 사람은 전쟁이 끝났을 때와도 같은 해방감을 경험한다. 전쟁을 치르고 느끼는 해방감은 분노에 의한 감정이며 타인에 대한 우월감이다. 그러나 자연의 위기를 극복한 사람이 느끼는 감정은 다른 사람에 대한 우월감이 아니라 위험요소에 대한 우월감이다. 우리는 자연의 재앙을 극복했다. 우리는 그 사실을 만천하에 보여주었고 우리 몸에 넘치는 힘과 생기를 느꼈다.

영화 〈캐스트 어웨이(Cast Away, 실종)〉에는 이러한 원시시대의 파워의 감정을 재현한 장면이 있다. 비행기 추락으로 무인도에 고립된 톰 행크스는 거친 자연환경에서 끊임없이 고통을 당하지만 수없이 실패를 거듭한 끝에 마침내 불을 피우는 데 성공한다. 아주 작은 불꽃이 점점 커지더니 마침내 활활 타올랐다. 톰 행크스는 불 주위를 돌며 춤을 춘다. 자랑스럽게 가슴을 두드리며 자신감을 확인하고 걸걸한 목소리로 하늘을 향해 외친다.

"내가 — 불을 — 피웠다!"

아이언 존

인간은 문명의 발달로 야성을 잃어버렸지만 그래도 야성적인 본능은 여전히 남아 있다. 영화 속에서 불을 피우는 톰 행크스를 로버트 블라이(Robert Bly)는 '야성적인 남자'라고 표현할 것이다.[33] 블라이는 이른바 신화문학의 대표적인 작가다. 그의 베스트셀러 《아이언 존(Iron John)》은 같은 제목의 동화를 바탕으로 쓴 전문서다. 동화 속의 아이언 존은 호수 밑바닥에 사는 험상궂게 생긴 남자인데, 갈색 피부 때문에 강철 같아 보인다고 해서 아이언 존이라고 불린다. 아이언 존은 왕자의 교육을 맡는다. 왕자는 세상에 나아가기 전에 아이언 존을 따라 처음 숲으로 간다. 거기서 아이언 존은 살아남기 위해 남자가 알아야 할 모든 것을 왕자에게 가르친다.

이 책은 미국의 남성회복운동에서 진정한 남성성을 재발견하는 열쇠가 되었다. 남자들이 숲에서 몽둥이로 나무를 치는 행위를 통해 남성성을 회복하려는 치료법도 등장했다. 나무를 치는 남자들은 근육의 움직임을 새삼 느낀다. 남자들은 숲 속의 사우나에서 모인다. 이러한 남성회복운동의 목표는 '센 척하는' 태도를 배제한, 진정한 남성성을 되찾는 일이다. 유럽에서는 적어도 야외에서 고기를 굽는 일은 순전히 남자의 몫이라고 생각해왔다. 그 일도 하지 않던 남자들이 유격훈련 캠프, 사륜구동차 운전, 번지점프 등에서 자신의 야성을 확인하고 위험을 통해 다시 한 번 균형감각을 배운다.

우리는 야성을 경험할 때 파워의 행복감을 느낀다. 우리에게 남아 있는 파워 요소를 다시금 확인해주는 것이라면 무엇이든 파워의 감정을 불러일으킨다. 이를테면 이과수 폭포의 엄청난 힘이나 라스베이거스 미라지 호텔 앞에서 연출되는 화산폭발 장면을 들 수 있다. 화산폭발 쇼에서는 수백 개의 불꽃이 북소리에 맞춰 하늘로 피어오르고 그 열기가 얼굴로 몰아친다. 일본의 전통 북 연주나 오스트레일리아의 공연단이 펼치는 〈스톰프(Stomp)〉 쇼도 격렬한 울림으로 우리의 야성을 일깨운다. 〈스톰프〉에서는 처음으로 금속 쓰레기통 뚜껑을 이용한 탭댄스를 선보였다. 그 밖에도 급격한 가속도를 내며 질주하는 모든 차량과 기구, 두바이의 듄 배싱 같은 추락, 그리고 모든 형태의 롤러코스터가 파워를 느끼게 해주는 수단이다.

파리와 올랜도의 디즈니랜드에는 '에어로스미스 주연의 로큰롤러코스터

라스베이거스 미라지 호텔의 '볼케이노'

(Rock'n Roller Coaster Starring Aerosmith)'가 있다. 이 놀이기구는 파워의 감정을 불러일으키는 여러 가지 요소를 하나로 결합한 형태인데, 평범한 하강 진행도 하지만 출발 후 겨우 3초 만에 시속 100킬로미터까지 가속을 낸다. 이 순간에 찍힌 사진에서 나는 사납게 소리 지르고 있다. 비웃을 일이 아니다. 4.5그램의 물체에 가해지는 가속도가 왕복 우주선에 탄 우주인들이 발사 순간에 견뎌야 하는 가속도보다 더 크다. 우리는 하강하지 않고 수평으로 달려 어두운 홀 안으로 처박혔다. 그때부터는 일반적인 공중제비돌기와 하강이 이어지므로 가속 경험은 더욱더 강한 충격으로 기억된다.

이 놀이기구에 도입된 세 번째 파워의 요소는 격렬한 록그룹 에어로스미스를 탑승시킨 일이다. 말하자면 우리는 에어로스미스의 콘서트에 로켓 캐딜락을 타고 날아간 것이다. 1회 가동할 때마다 다섯 개의 확성기에서 고막을 찢을 듯 시끄러운 음악소리가 터져 나와 롤러코스터의 움직임에 맞춰 흐른다. 처음 이 롤러코스터를 탈 때 나와 마찬가지로 겁게 질렸던 내 아들은 다 타고 나서 곧바로 한 번 더 타려고 했다. 어찌 된 일인가?

파워의 감정을 즐기려면 파워 요소의 자극을 제어할 수 있어야 한다. 파워를 경험한 사람들은 비록 '사납기는' 하지만 아무 일도 일어나지 않는다는 사실을 알게 된다. 따라서 원래 공포심을 불러일으키는 신호들을 긍정적으로 체험할 수 있다. 다음에는 나도 웃으면서 이 카딜락에 올라탈 것이다. 그리고 언젠가는 손잡이를 꽉 움켜쥔 손을 놓고 롤러코스터 마니아들처럼 두 손을 번쩍 들어올릴지도 모른다. 롤러코스터 마니아들은 이미 자극 유발 요소를 충분히 제어하고 있으므로 행복감을 만끽하기 위해 자기제어를 느슨하게 한다.

이와 같이 사람들이 점차 자극에 둔감해지는 현상이 일반화하면 놀이기구 개발자들은 변화를 통해 자극을 강화한다. 디즈니랜드의 테러 탑(Tower of Terror)에서는 사람을 태운 캡슐이 유령 호텔로 떨어지는데, 캡슐의 격렬한 움직임을 미리 예상할 수 없도록 만들어놓았다. 1994년 첫 개방 당시에만 해도 주행 방식이 늘 똑같았다. 자유낙하로 어둠 속에 떨어진 후 갑자기 위로 솟아오르는데, 거의 '무중력에 가까운 상태'에서 밖으로 난 해치가 열리므로 사람들은 자신이 얼마나 높은 곳에 와 있는지 확인하게 된다. 그러고는 곧바로 다시 어둠 속으로 떨어지고, 같은 과정이 반복되었다. 요즘은 짧고 긴 수직의 움직임이 우연성의 법칙에 따라 불규칙적으로 반복되기 때문에 상승과 하강이 어떻게 진행될지 예상하기가 쉽지 않다. 이러한 주행 방식 변경은 지나친 자극제어에 대처한 조치다.

사륜구동 자동차는 모래밭도 자갈밭도 달릴 수 있다. 이 차를 타고 달리는 동안은 매 순간 파워를 느낄 수 있다. 흥미롭게도 사륜구동차는 도로사정이 좋은 도시에서도 드물지 않게 찾아볼 수 있다. 도시의 도로에서도 하며 H2(Hummer H2, 미국에서 생산한 지프의 일종_옮긴이)는 대단히 힘차게 느껴진다. 높은 좌석, 활기찬 스프링의 움직임에서 사람들은 이 차가 원래 군용차량이었다는 사실을 피부로 느낀다. 우리는 왜 파워의 감정을 유발하는 직접적인 요소가 없는 곳에서도 사륜구동차를 타면 파워를 느낄까?

우리는 미러 뉴런을 통해 아직은 일어나지 않았지만 앞으로 일어날지도 모르는 파워의 동작을 미리 느낄 수 있고, 파워 감정을 유발하는 요소와 심리적으로 하나가 된다.

아르헨티나에서 폴로 선수들과 함께 일한 적이 있다. 선수들은 경기를 하는 동안 말과 하나가 된 느낌이 든다고 말했다. 그리스 신화에 나오는 켄타우로스(상반신은 사람이고 하반신은 말인 반인반수_옮긴이)를 생각하니 말과 하나가

된 폴로 선수들의 모습이 뚜렷하게 상상되었다. 지면을 뚫고 나온 자동차의 모습이 속임수인 줄 뻔히 알면서도 그 모습에서 파워를 느끼는 현상도 같은 이치로 설명된다. 땅을 뚫고 나온 자동차의 모습은 버밍햄에서 열린 모터쇼에서 연출된 장면이다. 차체의 뒷부분을 잘라내고 주위에 흙과 벽돌을 흩어놓은 광경만으로도 진정한 파워가 뿜어 나오는 듯한 환상을 불러일으키기에 충분했다. 우리는 감정을 이입하고 그 감정을 느낀다.

힘 자랑

사람들이 공구시장에서 천공기를 두들겨보고 강도를 확인한다. 천공기를 사지 않더라도 강도를 확인하며 자신이 그곳에 간 목적을 되새긴다. 두들기는 행위는 파워의 감정을 증폭하는 가장 흔하고도 평범한 동작이다. 두들기는 행위가 상징하는 것은 앞에서 말한 베커 주먹과 같다. 이 몸짓에는 공격성이 전혀 없다. 다만 인정하고 증명할 뿐이다.

브리지타 로렌초니(Brigitta Lorenzoni)의 유명한 저서 《스스로 스타가 되는 법》에는 온갖 파워 증폭제가 나열되어 있다.[34] 킹콩은 힘을 과시하기 위해 자신의 가슴을 두드린다. 타잔은 자신의 영역을 표시하기 위해 밀림에서 큰 소리로 외치고, 노련한 연설가는 청중을 설득하기 위해 결정적인 순간에 목소리를 높인다.

아널드 슈워제네거는 거친 목소리 때문에 배우로서 악평을 얻었지만, 견제에 능한 CNN 뉴스 앵커 래리 킹도 슈워제네거의 파고드는 듯한 시선 앞에서는 꼼짝 못했다. 고르바초프를 비롯한 남자 정치가들은 경계의 뜻을 나타내는 손동작을 자주 쓴다. 그 손짓은 "여기까지. 더는 안 돼"라고 말한다. 아이들이나 롤러코스터를 타는 사람들이 소리를 지르며 터뜨리는 웃음과 젊은 남자들이 즐겨 입는 근육셔츠에 대해서는 앞에서 이미 이야기했다. 래퍼들이 손가락으로 하늘을 찌르는 동작도 가볍게나마 근육을 자랑하고 싶은 마음의 표현이다. 그 밖에도 파워 증폭제의 목록은 끝이 없다.

자신의 강인함을 확인하고 싶은 사람들은 누구나 확고한 의지로 이에 필요한 노력을 기울인다.

힘 증진하기

파워의 직접적인 효과는 분노와 크게 다르지 않다. 전투상황에 처했을 때와 마찬가지로 아드레날린과 노르아드레날린의 분비가 왕성해지고, 여기에 성호르몬인 테스토스테론도 가세한다.[35]

즉각적으로 나타나는 힘보다 더 중요한 것은 내면의 힘을 계속적으로 증

진하는 일이다. 아드레날린이 왕성하게 분비되면 체내에 강력한 봉쇄 능력
이 생기면서 안전하다는 느낌이 강해진다. 바이오에너제틱스 이론가이자
심리치료술사인 알렉산더 로웬은 몇 주에 걸쳐 매일 롤러코스터를 탄 경험
을 통해 인격장애 치료법 개발의 기초를 찾았다고 밝혔다. 로웬이 개발한
치료법에는 유명한 낙하훈련 외에도 테니스 라켓으로 코치를 때리는 방법
등 여러 가지가 있다.[36] 그로부터 20년 후 미국의 남성회복운동이 로웬의
방식을 따르는 현상은 너무도 당연한 귀결이다.

봉쇄를 풀 때 더 많은 자신감이 생기고, 나아가 더 강인한 인격체로 성장
한다. 파워의 감정은 심리적인 감정이입을 통해서도 느낄 수 있으므로 상징
적으로 체험한 힘도 계속 증진될 수 있다. 엔터테인먼트 산업은 이런 원리를
이용해 이익을 추구한다. 중세 영웅전설에서 어린이 텔러비전 시리즈에 이르
기까지 수많은 이야기에서 동물이 주인공으로 등장하는데, 이들 동물 주인공
은 어린 주인이 어른들의 세계에 용감하게 맞서도록 도와준다. 이야기 속의
개, 말, 돌고래 등은 아이의 수족과도 같을뿐더러 대단히 중요한 존재다.

〈포켓몬〉도 마찬가지다. 〈포켓몬〉은 8세에서 12세에 이르는 사내아이들
사이에서 엄청난 붐을 일으키며 전 세계 엔터테인먼트 분야를 석권한 일본
의 게임 시리즈인데, 게임기의 유형별로 제작된 전용 비디오 게임, 만화 시
리즈, 애니메이션 등 매체의 종류를 막론하고 상품화되었으며, 그 밖에도 포
켓몬 카드를 비롯해 돈이 되는 모든 종류의 제품으로 출시되었다. 〈포켓몬〉
시리즈의 주인공은 사토시지만, 이야기의 중심 캐릭터는 포켓몬이다.

포켓몬은 귀여운 캐릭터에서 괴물과 흡사한 캐릭터에 이르기까지 다양하
며 피카추, 글루만다 등의 이름을 사용한다. 각각의 포켓몬들은 불, 물, 전기
등을 이용한 공격력을 갖추고 있으며 시합에서 각자의 특기를 발휘한다. 게

임 시리즈에서는 양 팀의 '트레이너'가 각기 자신을 대신해 나가 싸울 포켓몬을 지정하고, 비디오 게임에서는 게임하는 사람이 트레이너가 된다.

모든 줄거리 요소와 게임 요소는 오로지 어린이들에게 상징적인 힘을 충전해주는 데 초점을 맞추고 있다. 트레이너는 포켓몬을 잡아 자신의 투사로 키운다. 다른 포켓몬들과 치른 대결을 통해 향상된 기량이 증명되면 포켓몬은 다음 단계로 변신한다. 그리하여 글루만다는 언젠가는 글루텍소가

물리계 기술

변화계 기술

특수계 기술

포켓몬이 사용할 수 있는 공격들

된다. 글루텍소는 글루만다보다 더 무시무시하게 생겼고 더 많은 불을 쓸 수 있다. 트레이너는 여러 나라를 돌며 맞수와 대결하는데, 양쪽 트레이너는 각자의 포켓몬을 대회에 내보낸다. 아시아의 닭싸움처럼 포켓몬이 트레이너를 대신해 시합을 하고, 트레이너들은 출전할 포켓몬을 지정하기만 한다. 그리고 누구에게나 다 들리도록 큰 소리로 공격을 지시한다. 포켓몬은 공격을 할 때마다 힘이 더 강해지거나 더 약해진다. 승리한 포켓몬을 위해 시상식이 열리고, 어린 트레이너는 자신이 키운 포켓몬의 강해진 모습을 확인하며 더불어 자신도 강해졌다고 느낀다.

포켓몬들은 거듭해서 끈끈한 우정을 보여준다. 이러한 장면을 통해 〈포켓몬〉 시리즈에서 묘사된 상황은 모두 힘의 체험 현장일 뿐 결코 전쟁 상황이 아니라는 점을 확실히 보여준다. 이를테면, 포켓몬은 시합에 나가지 않을 때는 몬스터볼 안에서 생활하는데, 추운 날엔 트레이너와 함께 일어나 그를 따뜻하게 해주기도 한다. 혼자만 공 속으로 달아나지는 않는다.

〈포켓몬〉 시리즈를 통해 강해진 어린이 팬들은 493개 포킷몬의 이름과 각자의 특징을 모두 꿰고 있다. 교육계 일각에서는 〈포켓몬〉이 일종의 전쟁 놀이라고 비난하는 소리도 있지만 일반적으로는 분노가 아닌 파워를 연출한 게임으로 인정받고 있다.

통쾌감 연출법

우리의 야성을 일깨워 주는 것은 무엇이나 파워의 감정을 유발하는 요소로 이용될 수 있다. 현대 문명의 보호 아래 우리는 옛날 선조들이 두려움에 떨던 상황들을 극복했다. 불, 홍수, 추위, 추락. 한마디로 속수무책인 상황들이었다. 이러한 상황을 극복한 야성의 행복감은 우리를 강하게 만들고 우리에게 자신감을 불어넣어 준다.

오늘날 다른 사람의 자신감에 관심의 초점을 맞추는 사업은 다양하다. 대표적인 예는 방금 알아보았듯이 상업적인 이해와 인간을 치유하는 에너지를 결합한 게임산업이다. 관광업계에서는 여름철에 산을 찾는 사람들에게 더 많은 즐거움을 제공함으로써 산악지역의 관광사업을 활성화하고자 한다. 이를테면 티롤의 스카이글라이더는 이와 같은 새로운 시도의 좋은 본보기라고 말할 수 있다. 스카이글라이더는 산꼭대기에서 독수리 날개에 매달려 골짜기 아래로 날아 내려오는 기구다. 어려운 시기에 바람을 쐬고 오라고 직원들을 산으로 보내는 업체들도 있다. 직원들이 힘과 용기를 되찾기를 바라기 때문이다.

추락

사람들은 흔히 유격훈련 캠프를 잘못 이해하고 있다. 여직원들이 아찔하게 높은 곳에 설치된 밧줄 위에서 죽을 것만 같은 공포를 느끼며 아슬아슬하게 균형을 잡고 있다. 지금까지 치른 담력 테스트는 결과가 그다지 좋지 않았다. 담력 테스트라고? 그게 대체 왜 필요한가? 사장은 우리가 해병대인 줄 아나? 그래서가 아니다. 이 훈련의 목표는 강화된 힘이 주는 보상을 직접적으로 느껴보라는 것일 뿐, 무서워서 벌벌 떨지언정 '회사를 위해 무슨 일이든' 하라는 뜻이 아니다. 폭포를 타고 아래로 미끄러지는 캐녀닝(Canyoning), 사나운 물살을 거스르는 래프팅, 그리고 본질적으로 위험한 모든 단합 훈련 등은 항상 그리고 반드시 '자극 제어'라는 심리적인 안전띠를 착용한 뒤에 실시해야 한다. 그래야만 연출된 가상의 추락을 통해 죽음의 공포가 아닌 나를 강하게 만드는 파워를 느낄 수 있다.

우리에게 '높이'는 무엇을 의미하는가? 높은 곳에서 떨어지는 상상만 해도 공포가 엄습하지만 그래도 높이는 중요한 엔터테인먼트 요소다. 체험 경제 분야에서는 이미 오래전부터 높은 곳에서 느끼는 스릴을 이용해 수익을 창출하고 있다. 이를테면 전망대는 관광객에게 높은 산악지대의 힘을 전해준다. 가장 경탄할 만한 것은 그랜드 캐년의 구름다리 스카이워크(Skywalk)다. 사람들은 낭떠러지 위로 어마어마하게 높이 올라왔다는 사실만으로도 힘을 느낀다. 그뿐이 아니다. 무엇보다도 발판이 유리로 되어 있어, 구름다리를 건널 때 마치 허공을 걷는 듯한 기분이 든다.

몇 년 전 프랑크푸르트의 건축대행사 카하우스(KaHouse)의 악셀 군들라흐(Axel Gundlach)가 이러한 고공효과를 '고층건물의 세계'로 들어가는 입구에 이용했다. '고층건물의 세계'는 프랑크푸르트 건축 심포지엄의 주제였는데, 회의 참석자들이 입장하는 홀에는 푸른색 바닥에 좁다란 널빤지 두 개가 깔려 있었다. 바닥의 푸른색은 텔레비전에서 가상의 배경으로 흔히 볼 수 있는 블루스크린 기술로 연출한 것이었다. 참석자들은 대형 화면을 통해 자신의 모습을 볼 수 있었는데, 어머나! 발 아래 푸른 바닥은 온데간데없고 낭떠러지가 입을 떡 벌리고 있지 않은가? 자신이 두 개의 고층건물을 잇는 좁은 널빤지 위에서 곡예를 하고 있다.

이 효과는 대단히 인상적이었다. 어떤 사람들은 긴장한 나머지 이마에 땀방울이 맺히기도 했다. 속임수라는 사실을 누구나 다 알면서도 높이가 내는 효과에 마음을 졸였다. 그런 다음 대부분의 참석자들이 높이의 효과를 놀이하듯 경험했고, 안전이 보장된 가운데 스릴을 즐겼다. 그들은 고층건물을 지

그랜드 캐년의 '스카이워크'

건축 심코지엄 '고층건물의 세계'

을 때 수익률과 통계 외에도 고려해야 할 점이 있다는 사실을 직감적으로 알아차렸다. 그것은 바로 감성이었다.

근육 자랑

잘 발달한 근육을 보고 좋아하는 사람은 여자들만이 아니다. 남자들도 미러뉴런을 통해 근육질 남성이 발산하는 감성적인 파워를 느낀다. 아놀드 슈워제네거 같은 근육질의 남성은 오늘날 한편으로 우스꽝스럽게도 생각되지만, 파워를 불러일으키는 다른 모든 자극과 마찬가지로 결코 사라지지 않는 매력이 있다. 그 매력의 근원은 인류학적인 접근을 통해 알아볼 수 있다. 원시시대에 강한 남자는 종족의 보호자였다. 그 사람 자체에서 힘이 넘쳐흘렀지만 맹수의 가죽으로 지은 옷과 신령한 기운이 서린 부적들에서 뿜어 나오는 힘도 보는 사람을 감탄하게 만들었다. 이러한 힘은 오늘날 '쇼'가 포함된 레슬러 문화와 모터사이클, 사슬, 반지 등으로 장식된 미국 바이커(biker) 문화의 원천이다. 강한 남자들이 즐겨 착용하고 오토바이 장식에 주로 사용되는 이러한 액세서리는 근육질의 남자와 마찬가지로 파워의 감정을 불러일으킨다. 미국의 리처드 스타크가 창업한 크롬하츠(Chrome Hearts)는 가장 유명한 파워-액세서리 전문점이다. 크롬하츠는 묵직한 은반지, 가죽옷, 고딕식 모티브의 가구 등을 취급하는데, 미국의 록 음악가 레니 크라비츠에서 독일의 패션 디자이너 카를 라거펠트에 이르는 스타들에 의해 대중에게 널리 알려진 후 여러 플래그십 스토어를 통해 전 세계로 퍼져나갔다.

라스베이거스의 포럼 숍(Forum Shop)에는 '무거운' 것밖에 없다. 가구는 들수가 없기 때문에 아무도 훔치지 못한다. 쇼 케이스는 묵직하고, 천장과 바닥에는 텍사스의 대규모 농장에 세워놓은 것과도 같은 휘장을 붙박았다. 그리고 무거운 장신구와 엄청나게 큰 검정색 가죽의자, 짙은 색 나무바닥과 단단한 돌바닥……. 여기는 우리 마음속에 살아 있는 아이언 존의 고향이다.

근육 자랑은 서민 문화에서 고급문화에 이르기까지 미학의 모든 분야에서 찾아볼 수 있다. 전 세계에 방송되는 텔레비전 프로그램 〈진짜 큰 것(Really Big Things)〉은 크고 강력한 기계를 동경하는 사내아이의 심리를 이용한 프로그램이다. 이를테면 미국의 한 풋볼 트레이너가 미시시피 강변에서 콘크리트 매트로 고정한 특수 선체와 스웨덴 구리광산의 파쇄기를 보여주는데, 모든 사내아이들이 정말로 큰 기계를 자기 손으로 직접 만져보고 싶어하듯이 그 트레이너도 기계들은 모두 직접 작동해본다. 그 모습을 지켜보는 우리는 잠시나마 감성적으로 그 체험에 동참한다.

이러한 관점에서 볼 때 오스트리아의 저명한 공연연출가 마르틴 쿠셰이(Martin Kušej)도 어린 사내아이라고 말할 수 있다. 쿠셰이는 파리, 빈, 바이로이트, 잘츠부르크의 극장과 오페라에서 연출을 맡은 바 있는데, 현대극과 고전극을 막론한 그의 훌륭한 연출은 파워 효과로 가득하다. 혹평을 하는 사람들도 있지만, 무대미술가 마르틴 체에트그루버(Martin Zehetgruber)와 함께 네 가지 파워 유발요소인 물, 불, 추위, 추락을 무대에 올려 큰 명성을 얻었다.

카를 쇤헤어(Karl Schönherr)가 쓴 《신앙과 고향(Glaube und Heimat)》에서는 무대 위로 수십 켤레의 신발이 비처럼, 우박처럼 쏟아져 내리고 또 불탄다. 신발은 작품에 나오는 이주민들을 상징한다. 그리고 주연배우들이 진창 속을 걷는다. 〈여자의 악마(Weibsteufel)〉에서는 무대 위에 걸려 있는 거대한 나뭇가지 위에서 배우들이 아슬아슬하게 옮겨 다닌다. 쿠셰이는 "자연은 힘이다"라고 말했다.

쿠셰이를 혹평하는 사람들은 그를 두고 '종말을 묘사하는 묵시록 해석자'라고 평한다. 그러나 쿠셰이는 현재의 우리가 되기 이전의 시간, 우리의 삶이 틀에 박이기 이전의 시간을 그려내는 연출가다. 주저 없이 진창에 몸을 던지는 아이들처럼 쿠셰이는 심오한 척하지 않고도 카타르시스를 불러일으키는 드라마를 연출함으로써 우리 마음속의 야성을 일깨운다.

키즈 파워

야성에는 또 어떤 면이 있을까? 힘을 과시하는 몸짓으로 절망감을 극복하려는 노력도 야성의 일부분이다. 사회의 약자로 보이는 무리가 진정한 힘을 세상에 보여주면 사람들은 거리낌 없이 '파워'라는 단어를 덧붙인다. 걸 파워(girl power), 키즈 파워(kids power) 등. 인터넷에는 금발 여인 파워, 아줌마 파워도 등장한다.

처음에는 맨 파워(man power)라는 말밖에 없었다. '맨 파워'는 영어로 단지 노동력을 나타내는 말이었으며, 노동력은 곧 남성을 의미했다. 그러다 1990년대에 갑자기 여성 밴드가 등장했다. 그들은 넘치는 활력으로 페미니즘의 제3세계를 연출했다. 영국의 스파이스 걸스(Spice Girls)나 독일의 노 엔젤스(No Engels)는 에로틱한 호소력을 힘차고 적극적인 자신감과 결합하여 1980년대 보이그룹이 휘어잡았던 자리를 꿰찼다. 걸 파워가 탄생했다. 어떻게 그럴 수 있었을까?

파워의 감정이 약자를 강하게 만들기 때문이다. 그런데 세상에서 가장 약한 사람이 누구인가? 아이들이다. 《해리 포터》, 《다섯 친구들》 등 유명한 어린이 책은 모두 어른들처럼 강해지고 싶은 아이들의 소망을 묘사한 장면들로 가득하다. 키즈 파워는 최근 몇 년 전부터 유행한 실내 테마파크를 낳았다. 실내 테마파크는 아이들에게 놀면서 어른들의 세계를 경험해볼 기회를 준다.

실내 테마파크의 원조는 멕시코의 〈어린이 도시(Ciudad de los Niños)〉인데, 멕시코에 두 곳, 일본에 한 곳이 있고, 빈에서는 미노폴리스(Minopolis)라는 이름을 사용한다. 여기서 아이들은 어른들의 직업을 직접 체험해볼 수 있다. 소방차를 타고 화재 현장에 출동하고, 경찰관이 되어 범인의 몽타주를 들고 돌아다닌다. 운전학원에서 3단계에 걸쳐 운전면허를 딴 후, 배운 실력을 곧바로 소형차를 타고 발휘해본다. 기업은 스폰서로서 애니메이션을 지원하고, 그 결과 기업에 쏠리는 대중의 관심을 이익으로서 취한다.

빈의 미노폴리스에 가보면 무엇은 되고 무엇은 안 되는지 알 수 있다. 아이들은 수퍼마켓에서 물건을 살 수 있지만 계산대에서 자신들이 산 플라스틱 과일을 도로 반납해야 한다. 그러면 수퍼마켓 직원으로 일하는 다른 어린이가 그 과일을 다시 전시대에 정리한다. 그렇다면 아이들이 얻는 보상은 무엇인가? 우리가 주관하는 컨설팅 워크숍에 참가한 사람들도 똑같은 질문을 하는데, 이 질문에 대한 완벽한 대답을 우리는 빈의 운하건설 담당 관청으로부터 얻었다. 의욕에 찬 담당직원이 우선 운하망을 보여주며 설명을 한 다음 전등이 달린 헬멧을 나누어주었다. 우리는 헬멧을 쓰고 시뮬레이션 운하로 달려 내려갔다. 그곳은 어두웠고, 우리는 삽으로 오물도 치워야 했다. 예기치 않은 곳에서 물이 터져 나왔다. 경보 사이렌이 요란하게 울리고 빨간 경광등이 번쩍이는 가운데 우리는 뛰어서, 기어서 그곳을 빠져나왔다. 밖에서는 우리의 빠르고 능숙하고 멋진 행동에 칭찬을 아끼지 않는다. 우리는 용기에 찬 눈빛으로 헬멧을 반납하고, 운하 속으로 들어갈 때보다 더 많은 키즈 파워를 얻어 운하를 빠져나온다.

감정의 칵테일

영예와 파워는 함께 나타난다. 동화《아이언 존》에서는 젊은 남자가 숲으로 가서 단순노동을 하지만 마침내 공주를 얻는데, 이리하여 그 또한 왕자가 된다. 아이언 존도 마지막에는 추앙받는 왕으로 성장한다. 사람은 강인한 힘을 증명하면 높은 곳으로 오른다.

2009년 4월 11일 스코틀랜드 글래스고에서는 엔터테인먼트 역사에 길이 빛날 사건이 일어난다. 수전 보일(Susan Boyle), 나이 마흔일곱. 외모도 결코 매력적이라 할 수 없는 여인이 극장 무대에 올라 뮤지컬 〈레미제라블〉에 나오는 〈나는 꿈을 꾸었네(I dreamed a dream)〉를 불렀다. 20초에 걸친 노래가 끝나자마자 기립박수가 터져 나왔고, 한 시간 후에는 인터넷을 통해 그녀의 이름이 전 세계에 알려졌으며, 오늘날까지 6000만 명의 네티즌이 그 장면을 담은 동영상을 보았다. 래리 킹, 오프라 윈프리가 인터뷰를 했으며, 그 인터뷰 영상 또한 전 세계에 퍼졌다.

직업도 없는 한 여인이 무대 위에서 노래를 부른다. 마치 노래 말고는 지금껏 아무것도 하지 않았다는 듯이. 손바닥을 위로 향한 채 객석을 향해 뻗은 팔은 영예 감정을 증폭했고, 그녀의 노래는 극장에 있던 모든 사람들을 압도했다. 이 사건은 영국의 텔레비전 쇼 〈영국의 재능(Britain's Got Talent)〉 경연대회에서 일어난 일이다.

수전 보일이 처음 무대에 등장했을 때 환영하는 사람은 아무도 없었다. 마침내 경연이 끝나고 심사결과를 발표할 시간이 왔다. 심사위원들은 눈물이 맺힌 눈으로 이제 수전은 당당하게 머리를 들고 고향 마을로 돌아가도 된다고 힘주어 말했고, 수전은 황홀감에 휩싸여 두 팔을 위로 들어올린 후

왼손으로는 베커 주먹을 쥐고 어린아이처럼 깡충깡충 뛰었다. 영예와 파워의 감정을 증폭하는 동작이다.

다양한 행복감이 한데 섞여 나타날 때는 언제나 그 모든 감정을 제공하는 공통된 원천이 있다. 수전 보일의 경우 그 원천은 동화《미운 오리 새끼》같은 브레인 스크립트다. 미운 오리 새끼는 처음에는 비웃음과 조롱을 받지만 모든 사람들이 보는 앞에서 백조로 변신한다. 수전 보일의 변신을 지켜본 사람은 누구나 못생긴 핸드폰 판매원 폴 포츠(Paul Potts)도 떠올린다. 포츠는 같은 프로그램에서 오페라 '투란도트' 가운데 〈공주는 잠 못 이루고(Nessun Dorma)〉를 불러 수전 보일과 유사한 변신을 할 수 있었고, 오늘날에는 치아 교정을 하고 세련된 스타일로 변모해 행사장마다 인파를 몰고 다닌다. 수전 보일의 경우도 그녀의 브레인 스크립트가 앞날의 행보를 말해준다. 첫 번째 변모는 이미 인터넷을 통해 확인할 수 있다.

그러나 너무 갑자기 180도로 변하는 일은 그다지 바람직하지 않다는 우려의 소리도 들린다. 그럴 경우 감동이 사라져버리므로 얼마간은 '미운 오리 새끼'의 모습을 유지해야 한다. 영예의 기단에 계속해서 오르기 위해서는 멋진 등장에 다소 못 미치는 외양이 필요하다. 그뿐 아니라 등장할 때마다 파워의 몸짓으로 감동을 불러일으키려면 밑바닥에서 최고의 자리로 오르기 위해 스스로 '모든 고난에 맞서는' 투쟁도 필요하다.

영예와 파워의 결합은 현대 엔터테인먼트 산업의 특징이며 전 세계에서 널리 애용되고 있다. 복싱의 경우 과거에는 오로지 파워의 감정만으로 일관되었지만 오늘날에는 여성이 관여하는 비중도 커졌고, 경기가 시작되기 전에 열기를 끌어올리기 위해 쇼도 진행한다.

다부진 근육질 몸매를 자랑하며 비탈리 클리치코(Vitali Klitschko)가 경기장에 모습을 드러낸다. 어둠 속에서 장엄하게 종소리가 울리고, 일순간 비탈리 클리치코는 복싱계의 전설로 추앙받는다. 장내 아나운서가 누구에게나 익숙한 방식으로 목소리를 길게 빼며 디펜딩 챔피언을 소개한다. "비탈리이이이이 클리치코오오오오."

뉴욕 법칙

큰 것과 강한 것의 결합은 미국 문화의 전형적인 특색이다. 이러한 특색을 뉴욕만큼 확실하게 경험할 수 있는 곳이 또 있을까? 프랭크 시나트라의 노래 〈뉴욕, 뉴욕〉에도 나오지 않는가? "내가 만약 그곳에서 할 수 있다면 나는 어디서든 하리라."

잠들지 않는 이 도시에서 맨해튼의 고층건물들은 웅대한 크기와 어마어마한 힘을 하나로 모아 강력한 빛을 뿜어낸다. 고층건물은 우리의 시선을 위로 끌어올린다. 건물 꼭대기의 우아한 모습은 신전과도 같은 느낌으로 영예 분위기를 연출하고, 중력과 정역학을 극복한 건축구조가 파워를 발산한다. 영예와 파워의 결합은 미국의 정신이다. 이러한 정신은 수직으로는 하늘 높이 걸린 스카이라인에서 확인할 수 있고, 수평으로는 행복을 쟁취하기 위해 자유와 야성이 충돌하는 '서부의 황야'에서 확인할 수 있다.

그럼에도 전 세계에서 인정하는 영예-파워 결합의 대표 주자는 맨해튼이다. 그리고 영예와 파워의 결합이 곧 뉴욕 법칙이다. 9·11 테러범들이 공격의 목표로 세계무역센터 건물을 고른 일은 우연이 아니다. 그들은 돌팔매 한 번에 두 마리 토끼를 잡으려 했다. 미국의 영예와 파워를 한번에 공격할 수 있었으니까.

미국의 어린이들은 미국인 특유의 자신감이 일찌감치 몸에 배어 있다.

전 세계를 통틀어 키즈 파워를 가장 성공적으로 연출한 사례로는 아메리칸 걸 플레이스(American Girl Place)를 들 수 있다. 아메리칸 걸 플레이스는 인터넷 쇼핑몰을 비롯해 뉴욕과 로스앤젤레스 등지에 여러 층으로 된 일곱 개의 플래그십 스토어를 운영하고 있는데, 키즈 파워에 영예로움을 더하여 대단히 윤택한 분위기를 연출하고 있다. 3세에서 13세 사이의 여자아이들을 주 고객층으로 삼은 이 상점에서는 인형, 인형 옷, 인형 액세서리, 인형 가구, 책, DVD를 판매한다. 그러나 이곳을 찾는 고객들이 사는 것은 물건이 아니다. 실제로는 상품과 그 디스플레이에서 나오는 행복감을 산다.

아메리칸 걸 플레이스의 연출은 실로 장엄하다. 모든 매장의 벽에는 이 상점의 슬로건이 멀리서도 보이도록 걸려 있다. "네 마음속의 스타를 따르라(Follow Your Inner Star)."

이 머릿속 시나리오의 소재는 영예와 파워다. 소녀들이 자신을 위해 배양해야 할 힘, 그들이 살게 될 영화로운 삶 등을 소재로 다음과 같은 구체적인 시나리오를 탄생시킨다. "아메리칸 걸(American Girl)ⓡ은 소녀들이 마음속에 간직한 스타를 축복합니다. ― 그 스타는 소녀들에게 우뚝 서고, 높이 오르고, 큰 꿈을 꾸라고 격려하는 속삭임이기 때문이지요. 우리는 소녀들이 훗날 남다른 여인으로 성장하기 위해 오늘날 가장 멋진 모습을 가꾸도록 최선을 다해 도와드리며, 우리는 이 일에 자부심을 느낍니다."[37]

미국적인 특색을 너무도 노골적으로 표현하는 방식에 소름이 끼치는 사람도 있을 것이다. 그러나 국가가 연주될 때 국민이 오른손을 가슴에 얹는 이 나라에서 영예와 파워가 갖는 위상은 비판적인 유럽과는 전혀 다르다.

우리는 뉴욕의 아메리칸 걸 상점을 찾았다. "내가 살 만한 물건도 있어?" 아들의 질문에 우리 부부는 대답을 얼버무린 채 왼쪽으로 방향을 틀어 '당신의 판박이(Just like you)®로 들어갔다. 스물세 개의 인형이 진열된 쇼 케이스 앞에서 우리는 입을 다물지 못했다. 다 같은 인형이었지만 피부색, 머리색, 눈동자색이 달랐다.

소녀들은 이곳에 와서 자신과 가장 닮은 인형을 고른다. 그러고는 다음 매장으로 가서 인형과 자신이 입을 옷을 산다. 물론 똑같은 옷으로. 인형 미용실도 있다. 이 미용실에서는 인형의 머리를 주인인 소녀의 헤어스타일과 아주 똑같은 스타일로 손질해주는데, 미리 예약을 해야 되며, 인형의 머리를 매만지는 미용사의 태도가 사뭇 진지하다. 이리하여 소녀의 '판박이'가 탄생한다. 이러한 판박이는 파워의 감정을 전달해주는 우상이다.

이제 이 인형은 소녀와 소녀의 어머니와 함께 아메리칸 걸 플레이스의 카페에서 '아메리칸 걸®'의 삶을 누릴 수 있다. 이 카페에서는 하루 세 번 인형과 소녀와 소녀의 어머니가 한 테이블에 앉을 수 있는 '시팅(seating)' 행사를 실시하는데, 이때도 물론 예약을 해야 한다. 한 테이블에 앉은 세 손님의 너무도 닮은 모습에 때로는 소름이 끼치기도 한다.

시팅 행사를 마치면 인형과 아이의 취미생활에 필요한 장비들을 구입할 시간이다. 골프, 승마, 사회활동……. 우스운가? 우리는 종종 스스로 자신감을 얻기 위해 어떤 노래를 부른다. 주로 자동차에 혼자 타고 있을 때 큰 소리로 부르는 그 노래를 우리는 누구나 알고 있다. 아메리칸 걸 플레이스가 이용하는 전략도 이와 다르지 않다.

이게 끝이 아니다. 맨 꼭대기 층에 오르면 미국 역사에 등장하는 위인들을 만날 수 있다. 독립전쟁, 노예시대, 제2차 세계대전 등 어려운 시기에 자신의 강한 힘을 증명하고 개인적으로 승리를 쟁취한 소녀들의 이야기가 투시도, 공예품, 비디오, 시대복장을 한 인형 등을 동원해 다양한 방법으로 전시되어 있다. 전시의 주인공들은 말하자면 오늘날의 소녀들이 롤 모델로 삼을 만한 인물들인데, 근대에서 최고의 표본을 고르자면 아마도 킷 키트리지(Kit Kittredge)일 것이다. 킷은 1929년 세계경제공황 때 아버지가 하룻밤 사이에 가게를 잃는 모습을 지켜보았고, 자신의 욕구를 억누르고 가족의 생존을 위해 무슨 일이든 해야만 했으며, 그러는 가운데 자신의 힘과 가능성을 발견하고 자긍심을 느낄 수 있었다. 이 이야기는 영예와 파워가 결합된 이야기로서, 명예롭게 해석되었지만 딱히 미국식이라고 할 만한 이야기는 아니다.

수사(SUSA), 즉 '션의 축구교실 연합회(Seans United Soccer Academy)'의 운영자인 션 래버티(Sean Laverty)는 내 아들의 축구 트레이너이기도 했다. 션은 아일랜드 태생인데, 축구 홍보에 뉴욕 법칙을 이용해 비용을 들이지 않고도 좋은 성과를 거두었으며, 그가 이메일로 선수들에게 동기를 부여한 일은 축구계에서 전설처럼 인구에 회자되고 있다.

션의 인생철학은 '축구를 꿈꾸는 삶'이다. 그는 자신의 철학을 축구 대중화 사업에도 반영하여 실무에만 치중하지 않고 행복감을 추구하는 실천방안을 채택했다. 이 사업에서 션이 따른 브레인 스크립트는 '승리의 꿈'이다. '승리의 꿈'은 영예-파워의 결합과 감성을 소재로 쓴 시나리오다. 션은 영국의 팝 가수인 자신의 딸과 함께 노래를 만들고, 아마추어 가수와 함께 그 곡을 불러 음반을 내기도 했다.

토요일 아침. 자명종이 울린다. 수사에 가는 날이다. 아이들이 축구화를 신는다. 발에 착용하는 이 파워-장비는 운동장의 야성을 극복하도록 도와줄 것이다. 축구는 파워스포츠인 동시에 영예로움으로 가득하다. 맨체스터 유나이티드의 팬들이 〈글로리, 글로리, 할렐루야〉의 멜로디에 가사를 바꾼

〈글로리, 글로리, 맨 유나이티드〉를 클럽 찬가로 정해 부르는 일은 우연이 아니다. 션이 지은 노래는 어린 축구선수의 꿈을 그리고 있다. 잉글랜드 팀과 맞붙은 경기에서 결정 골을 넣어 수사의 우승을 이끄는 꿈이다. "고오오오올"이라고 션 자신이 노래 가운데 외치고, 환호는 끝나지 않는다. 영예와 파워가 결합된 순간이다.

파워 │ 통쾌감

- 파워는 공격성을 배제한 분노다.

심리작용 **유발**
- 파워는 야성을 통해, 우리 마음속의 '아이언 존'을 통해 발생한다.
- 이를테면 큰물, 큰불, 강한 소리, 빠른 속도 등이 파워를 유발하는 자극이다.

감정이입
- 몇 가지 몸짓을 통해 우리는 적극적으로 강해질 수 있다.
- 이를테면 베커 주먹, 괴성-폭소, 근육셔츠, 강렬한 눈빛 등이다.

효능 발휘
- 아드레날린이 바이오에너지에 의한 봉쇄를 푼다.
- 장기적으로 파워를 증진하면 치유효과도 얻을 수 있다.

연출법 **추락**
- 가상 추락은 원초적인 두려움과 맞물려 작용한다.
- 추락은 자극이 제어되는 경우에만 즐길 수 있다.

근육 자랑
- 강력한 기계와 우상, 그리고 물, 불, 추위, 추락의 네 가지 요소를 통해 근육 자랑을 할 수 있다.
- 과시되는 근육을 보고 우리는 미러 뉴런을 통해 감정을 이입한다.

키즈 파워
- 키즈 파워는 약자를 강하게 만든다.

감정의 칵테일 **뉴욕 법칙**
- 영예와 파워는 함께 나타난다.
- 사람은 강한 힘을 증명할 때 드높임을 받는다.

Bravour

탁월함

명석함

탁월한 기량을 발휘하는 사람은 문제를 능숙
하게 해결하는 마이스터다.
설명을 훌륭하게 하는 사람은 그 뛰어난 능
력으로 멘토가 된다.

지하 실험실. 탱크에서 산(酸)이 흘러나오고, 외부와의 연결은 폭발로 인해 모두 끊어진 상태. 극비 실험실로 통하는 갱도는 치명적인 보안장치로 차단되어 있다. 하지만 하늘이 무너져도 솟아날 구멍은 있는 법. 그러자면 일단 이 보안장치부터 뚫어야 한다. 그런데 눈에 보이지도 않는 투명 장치를 어떻게 뚫는다는 말인가?

맥가이버는 담배 두 개비를 한꺼번에 입에 물고 다급하게 연기를 뿜어낸다. 담배 연기를 감지한 보안장치에서 레이저 광선이 발사된다. 푸른빛의 광선은 당장이라도 맥가이버를 찌를 듯 살벌하게 날뛴다. 이 레이저 광선을 역이용하면 보안 시스템을 파괴할 수 있겠지? 전갈이 자신의 독침에 맞아 죽듯이. 그러자면 광선을 유인할 렌즈가 필요하다. 별 수 있는가? 애용하는 망원경을 희생하는 수밖에. 드디어 보안장치를 뚫은 맥가이버는 지하로 한참을 내려가 아름다운 금발의 여인과 마주친다. 이 여인은 실험실에 감금된 교수들을 돕는 조교다. 맥가이버는 조교의 도움을 받아 산이 유출되고 있는 탱크를 밀폐한다. 조교가 맥가이버의 어깨 위에 올라서서 탱크의 금이 간

부분을 밀크 초콜릿으로 막는다. 맥가이버의 예상대로 산에 초콜릿이 녹아 구멍이 메워진다. 〈맥가이버〉는 1980년대에 방영된 텔레비전 시리즈다. 이 프로그램의 팬들은 그 당시 맥가이버가 위기 상황에서 사용하는 이와 같은 기술을 '맥가이버리즘(MacGyverism)'이라고 불렀다. 피닉스 재단 소속의 첩보원인 맥가이버는 어디를 가든 스위스제 군용 칼과 포장용 테이프를 가지고 다닌다. 그리고 자연과학 지식과 풍부한 상상력을 바탕으로 일상의 물건을 이용해 위기 극복에 필요한 도구와 무기를 조립한다.

"기가 막히는군!" 사람들은 맥가이버가 문제를 해결하는 모습을 보고 놀라지 않을 수 없다. 맥가이버의 능숙한 기술은 그 역사가 매우 깊다. 기원전 1300년경 이집트의 파라오 세토스 1세는 테베에 거대한 열주회랑을 지으라고 지시했다. 당시 이 과업을 이룩하는 데 사용할 수 있는 기술이라고는 '맥가이버 기술'뿐이었다. 사람들은 돌을 쌓아 기둥을 세웠다. 기둥이 쓰러지는 일을 막기 위해 기둥을 빙 둘러 흙과 모래를 쌓았고, 기둥이 높이 올라갈수록 흙과 모래도 더 높이 쌓였다. 기둥이 쓰러지지 않도록 지탱해주던 흙과 모래는 기둥이 완성된 후 제거되었고, 기둥은 오늘날까지도 똑바로 서 있다.

능숙한 해결책은 특별한 능력이며, 오랜 옛날부터 탁월한 기량을 증명하는 표시로 인식되고 있다. 오늘날에는 체험 경제 분야에서 탁월한 해결이 돋보인다. 대표적인 사례로 사이먼 우드로프(Simon Woodroffe)의 아이디어를 바탕으로 개발된 요텔(Yotel)을 들 수 있는데, 우드로프는 영국에서 약 20년 동안 여러 가지 기발한 창업 아이디어를 발표해 유명해졌다.

그가 처음으로 발표한 아이디어는 회전 스시 바 체인점인 요! 스시(Yo! Sushi)로 구현되었다. 요! 스시에서는 바에 붙어 있는 수도꼭지를 돌리면 소스가 나온다. 개업 초기에는 로봇이 맥주를 갖다 주었다. 요텔(Yotel)은 일본의 캡슐호텔에서 영감을 얻어 탄생된 숙박시설로, 7제곱미터의 흰색 공간에 침실, 에어컨, 샤워실, 텔레비전, 무선 랜(LAN)이 빼곡히 들어차 있다. 요텔은 영국항공의 비행기 1등석을 설계한 디자이너들이 테런스 콘랜 경(Sir Terence Conran, 영국의 사업가이자 디자이너_옮긴이)과 공동으로 설계했으며, 런던의 히드로 공항과 갯위크 공항, 암스테르담의 시폴 공항에는 이미 요텔이 설비되어 있다.

요텔의 객실은 매우 부드러운 형태를 띠는 데다 내부 시설이 매우 밀집되어 있다. 마치 우주선을 탄 듯한 기분이 들므로 투숙객은 밖으로 난 창이 없다는 점을 크게 문제 삼지 않는다. 바로 이 점이 요텔의 노련미다. 캡슐호텔과 마찬가지로 요텔의 객실도 창을 밖이 아닌 안으로 냈으며, 객실이 옥내의 복도를 따라 줄지어 있으므로 좁은 공간에 매우 많은 객실이 들어서 있

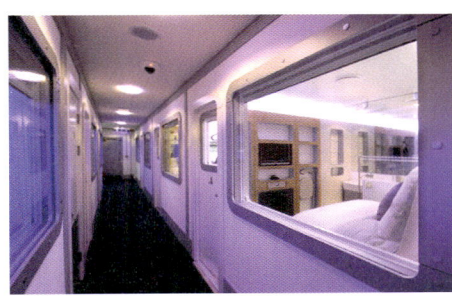

요텔의 복도와 특실, 일반실

다. 그러면서도 가죽과 유리를 사용한 설비와 보라색과 푸른색이 감도는 은은한 조명 등 호화로운 라이프스타일을 포기하지 않았으며, 인터넷을 통해 24시간 룸서비스를 제공한다.

명석함의 심리학

탁월함의 근원은 시기심이다. 탁월한 기량과 시기심의 공통점은 상향의 이탈이다. 그러나 시기심은 주로 재산, 외모, 사회적 지위 등 물질적인 격차에서 발생하는 반면 탁월함은 일을 능숙하게 해결하는 능력의 표현이다.

우리는 어떤 것을 보고 탁월하다고 또는 훌륭하다고 말하는가? 수레나 도르래가 발명되기 이전에 신전과 피라미드를 세워 올린 건축기술은 대단히 훌륭하다. 오페라 가수나 스타 피아니스트가 빼어난 기량을 발휘할 때도 우리는 탁월하다고 말한다. 요텔을 탄생시킨 한 사업가의 기발한 아이디어도 예외는 아니다. 훗날 사람들은 이 사업가의 아이디어에 감탄할 것이고, 그를 숙박업계의 개척자로 기억할 것이다.

시기심과 탁월함의 차이를 이해하는 열쇠는 바로 이와 같은 감탄이다. 다른 행복감과 마찬가지로 탁월함의 감정도 유발, 감정이입, 효능 발휘의 종합적인 과정을 통해 우러나온다. 테너 가수가 높은 '도' 음을 능숙하게 오랫동안 낼 때 우리는 그의 실력을 인정하는 박수를 보낸다. 그 박수는 곧바로 상향의 이탈에서 시기심의 요소를 모두 제거한다. 그리고 음악회가 끝나고 공연장 밖으로 나온 뒤에도 머릿속에 그 음의 여운이 오래오래 남을 때 우리는 그 테너 가수의 능력에 감탄한다. 이와 같이 다른 사람의 능력에 감탄하는 순간 우리의 편협한 마음은 모두 사라진다. ᄉ 기심 대신 탁월함의 감정이 들기 때문이다.

마이스터와 멘토

리하르트 바그너의 오페라 '뉘른베르크의 명가수'에서 구두수선공 한스 작스는 "마이스터는 나를 경멸하지 않아"라고 노래 부른다. 실제로 중세에는 수공업자들이 수공예 작가들로 ᄋ 식되었다. 예술적인 재능과 기술적인 능력이 본질적으로 다르지 않다는 사실을 나는 게오르크 돌하머(Georg Dohlhammer)를 통해 알게 되었다. 1983년 우리가 함께 군복무를 할 때 게오르크는 내게 빗자루를 제대로 잡는 법을 가르쳐주었다.

대학에서 조소를 전공한 게오르크 돌하머는 오늘날 '똑똑한 가구' 디자이너로 손꼽히는 사람이다. 그에게 수상의 영예를 안겨준 선반 디자인은 제목이 하필이면 〈카오스(무질서)〉다. 이 선반은 고정 장치를 사용하지 않고도 그냥 벽에 기대어둘 수 있는데, 그럼에도 수천 킬로그램의 하중을 ᄌ딜 수 있다. 어떻게 그럴 수 있을까?

게오르크의 디자인을 상품화한 게아(Gea)는 이 물음에 대해 다음과 같이 설명한다. "현대의 고층건물과 마찬가지로 이 선반의 견고성과 안전성은 압력 및 장력의 작용에 의해 보장된다. 선반을 관통하는 금속 막대가 각 선반의 수직면에 압력을 가하므로 선반의 수직면은 벽에서 떨어지지 않는다. 이 때 압력은 약 1500킬로그램에 달하는데, 이 압력이 각 선반의

게오르크 돌하머가 디자인한 게아 선반

수평면을 지탱한다. 따라서 선반이 고정되고, 무거운 물건을 올려놓아도 절대 기울지 않는다."[38]

이 훌륭한 작품은 물리학과 수공기술에 관한 풍부한 지식 없이는 불가능하다. 진화론의 관점에서 볼 때 탁월한 기량은 인간의 능숙한 도구사용이 낳은 결과다. 우리는 세련되고 우아한, 그래서 감탄할 수밖에 없는 비범한 해결방법을 좋아한다. 이러한 제품을 사용하는 사람은 미디어 리터러시를 작동하여 그 제품이 뽐내는 훌륭한 기량을 즐긴다. 미디어 리터러시에 관해서는 환희를 다룰 때 이미 여러 차례 이야기했다. 그런데 이번 경우는 우리의 미디어 리터러시를 작동하는 자극이 장난감이 아니라 도구다.

지금부터 약 30년 전 게오르크 돌하머는 자신의 개 이름을 '이리 와'라고 지을 정도로 비틀기와 말장난에 대한 미디어 리터러시가 탁월했다. 이제 우리는 돌하머의 이러한 기지와 기량을 그가 디자인한 가구에서 발견하고 즐길 수 있다. 우리는 미디어 리터러시를 통해 '맥가이버 기술'을 알아보고 능숙한 아름다움을 느끼며, 그 아름다움을 환희로 승화시킨다.

탁월한 기량을 발휘하는 사람은 문제를 능숙하게 해결하는 마이스터다. 설명을 훌륭하게 하는 사람은 그 뛰어난 능력으로 멘토가 된다. 탁월한 느낌을 주는 설명 능력은 몇십 년 전에야 비로소 그 가치를 인정받았다. 지난날 교사는 엄격하게 지식만을 추구하는 사람이었다. 동물학자 베른하르트 그르지멕이나 오페라 해설가 마르셀 프라비와 같이 일반 대중의 교양을 함양시키는 해설가들은 미디어 시대에 이르러서야 빛을 보게 되었다. 그들의 감각적인 해설 방식은 해설 내용만큼이나 감동적이다.

마르셀 프라비는 자신이 맡고 있는 텔레비전 프로그램에서 이따금 피아노를 연주하며 거친 목소리로 노래를 부른다. 누구나 프라비가 설명하고자 하는 내용을 이해한다. 나는 대학에 다닐 때 프라비의 수업을 들은 적이 있다. 리하르트 슈트라우스(Richard Strauss)의 오페라 '살로메'에 나오는 베일 춤에 대한 그의 설명을 나는 결코 잊을 수가 없다.

베일 춤은 일종의 고대 스트립쇼인데, 헤로데 왕의 의붓딸 살로메는 자신의 소원을 이루기 위해 의부 앞에서 베일 춤을 춘다. 살로메는 땅 밑 수조에 갇힌 예언자 세례자 요한에게 첫눈에 반해 그를 유혹하지만 세례자 요한은 살로메를 경멸하며 거부한다. 이에 적개심을 품은 살로메는 헤로데 왕 앞에서 베일 춤을 추고 그 대가로 세례자 요한의 머리를 요구한다. 무대에서 살로메가 춤을 출 때 오케스트라는 연주를 하지만 아무도 노래를 부르지는 않는다.

나를 포함한 연극 전공 학생들은 이 오페라를 잘 알고 있었으므로 살로메가 춤을 추고 나면 대가를 요구하리라는 사실도 잘 알고 있었다. 살로메는 "요한의 머리를 원해요"라고 노래 부를 것이었고, 우리는 이 장면의 음악을 잘 기억하고 있다. 프라비는 학생들 앞에서 베일 춤을 추었다. 그 수업에는 왕년의 세계적인 오페라 가수도 한 사람 초빙되어 참관하고 있었다. 춤을 추던 프라비는 갑자기 오케스트라의 연주에 맞춰 노래를 부르기 시작했다. 베일 춤의 음악적 주제를 표현하는 악기는 플루트와 바순이었지만 프라비는 현악기의 연주를 따라했다. 현악기는 '다둠 다 다다담' 하며 오페라의 주제를 살짝 비치기만 한다. 프라비는 "요한의 머리를" 하고 노래 불렀다. 아! 내가 왜 여태 이 멜로디를 듣지 못했을까? 현악기는 살로메가 다음 장면에서 부르게 될 죽음의 위협을 이미 여기서 알려주고 있었다. 이 부분이 작품 전체를 주도하는 모티브였다! '보는 일이 믿는 일(Seeing is believing)'이라는 말이 있지만 나는 '듣는 일이 믿는 일'이라고 말하고 싶다.

프라비 선생은 오늘날 우리의 멘토다. 그는 고정관념을 깨고 비교와 비유, 실연 등을 이용한 감각적인 설명으로 우리의 인지능력을 훈련하는 코치다.

우리는 숨겨져 있는 장점을 멘토의 도움으로 비로소 발견하게 되는데, 이때 멘토의 탁월한 능력도 함께 체험하게 된다. 그러나 훌륭한 멘토를 만나기는 쉽지 않으므로 오늘날에는 자동화된 멘토 시스템이 개인적인 멘토의 소임을 대신한다. 박물관과 전시장의 인포테인먼트(infotainment, 정보와 엔터테인먼트의 결합_옮긴이), 어른이 되어서도 이해하지 못한 것을 시원하게 설명해주는 어린이 책 등은 능숙한 설명능력을 발휘하는 오늘날의 탁월한 멘토들이다.

인정의 표시

텔레비전 프로그램에서 프라비 박사가 돌아가는 레코드판 위의 바늘을 들어올릴 때 우리는 이해했다는 뜻으로 머리를 끄덕인다. 머리를 끄덕이는 동작은 훌륭한 해설의 도움으로 어떤 것을 이해했을 때 행복 증폭제의 역할을 한다.

나는 강연을 할 때 청중들이 머리를 끄덕이기를 기대한다. 이러한 동작을 통해 청중들은 내 말을 이해했다는 사실을 표시하고, 나는 이제 청중들에게 능숙한 기량을 보여줄 수 있다는 확신을 얻는다. 머리를 끄덕이는 동작은 새로이 접한 정보를 수용하겠다는 표시이기도 하다. 심포지엄에 참석하다 보면 회의가 시작되기 전에 문서로 작성한 자료를 미리 나누어주는 경우가 종종 있다. 이런 경우 참석자들의 집중력이 흐트러지기 때문에 현장에서 발휘되는 스타들의 능숙한 기량을 충분히 즐길 수 없다. 발표한 내용을 주의 깊게 듣고 인정할 때 비로소 그 정보들이 각 개인의 지식 네트워크에 안착된다. 머리를 끄덕이는 일은 서식에 제시된 여러 보기 가운데 하나를 골라 표시하는 행위와도 같다. 그 일은 사실을 인정하고 강조하는 행위다. 탁월한 능력을 확인했을 때 우리는 "대단해!" 또는 적어도 "제법이야"라고 말한다. 다시 말해 능숙한 기량을 만끽하고자 할 때 우리는 언어적인 행복 증폭제를 사용한다.

탁월한 능력이 우리의 감성을 자극할수록 이때 사용되는 행복 증폭제도 감성적인 특징이 두드러진다. 탁월함이 최고 수준으로 인정될 때 우리는 환호를 터뜨린다. 브라보-외침, 갈채, 기립박수, 또는 앉은 채 발을 구르는 행위는 모두 환호에 속한다.

환호는 생리적으로 감탄과 직접 연결된다. 감탄은 시기심과 탁월함을 구별하는 잣대다. 환호는 흔히 어떤 리듬과 연결되어 있다. 우리의 신체적 기능 가운데도 많은 것이 특정한 리듬을 따른다. 혈액순환, 심장박동, 호흡, 신경계에서 전달되는 전기 자극 등등. 따라서 우리가 신체 내부의 리듬을 타는 일은 대단히 쉬운 일이다. 반면 관청이나 공공기관에서 우리의 일상에 어떤 리듬을 지정하면 우리는 인체의 리듬을 여기에 맞추는 수밖에 달리 도리가 없다.[39] 결국 우리는 외부의 리듬에 휩쓸리게 되는데, 외부의 리듬 가운데 박수는 완벽한 행복 증폭제다.

열광

탁월함이 발휘되는 모습을 보면 우리는 궁금해진다. 저게 어떻게 가능할까? 대체 어떻게 만들었을까? 어떻게 저렇게도 오랫동안 한 음을 길게 낼수 있을까? 탁월한 기량은 우리를 감성적으로도 지성적으로도 열광시키는데, 동시에 신경전달물질인 아세틸콜린의 분비로 궁금증과 호기심을 유발하기도 한다.[40] 아세틸콜린은 낱말퍼즐에서 스도쿠(일본의 게임 회사가 마방진에 착안하여 개발한 숫자퍼즐_옮긴이)에 이르기까지 모든 종류의 지능놀이에 관여한다.

특별한 재주를 부리는 사람을 보면 따라해보고 싶어진다. 가끔은 재주를 부리는 사람이 따라해보라고 권유하는 경우도 있다. 어느 일요일 오후. 도쿄의 에도 박물관에 인근 주민들이 모였다. 그들은 지금 몇몇 어린이와 어른들이 부리는 굴렁쇠 묘기를 넋을 잃고 바라보고 있다. 내 아들 또래의 사내아이가 줄 위에 굴렁쇠를 굴린다. 굴렁쇠는 줄을 따라 구른 후 아이의 팔을 타고 올랐다가 다시 타고 내려온다. 아이는 굴렁쇠를 높이 던지더니 줄로 받아낸다. 그런 다음 우리에게 한 번 해보라고 상냥하게 권했다. 우리의 실력은 형편없었다.

그래도 우리는 즐거운 마음으로 박수를 쳤고, 그 자리에서 굴렁쇠 몇 개를 샀다. 그 모임은 일본의 전통 장난감 매장 운영자가 주최한 행사였다. 우리가 굴렁쇠를 산 이유는 다시 시도해보고 싶었기 때문이다. 어떻게 하는 거지? 우리는 알고 싶었다. 마치 시계의 원리가 궁금해 시계를 해부하는 아이처럼.

탁월함의 행복감은 우리의 지식욕을 자극하는 감정이다. 탁월한 기량에 우리는 넋을 잃지만 이때 느끼는 행복감에는 교육적인 측면도 있다. 젊은 날에 맛보는 탁월함의 행복감은 종종 그 사람을 열정에 빠뜨리며, 그 열정은 일생 동안 식지 않고 불타기도 한다. 탁월함은 영감을 주는 행복감이기 때문이다.

도쿄의 굴렁쇠 묘기와 행복감을 증폭하는 박수

명석함 연출법

인류역사상 가장 성공적인 발명품은 무엇일까? 그것은 지금부터 약 150만 년 전에 발명된 뗀석기(타제석기)다. 길이가 20센티미터 정도인 돌을 양면으로 가공한 이 도구는 두드리고 자르고 갈고 때리고 던지는 데 이용되었으며, 기원전 4만 년 네안데르탈인이 활동하던 시기까지 인류역사에서 가장 널리 사용된 도구이다. 이와 같이 다용도로 사용된 뗀석기를 두고 고고학자들은 원시시대의 스위스 칼이라고 부른다.[41]

탁월함을 보유한 마이스터는 누구나 뗀석기를 개발한 조상들의 덕을 보았다. 도구를 만들 때는 어떻게 만들어야 하는지 선조들이 확실하게 보여주었다는 말이다. 즉, 물건을 만들 때는 누구나 갖고 싶어 안달이 나도록 만들어야 한다. 이것이 바로 탁월함을 연출하는 비결이다. 마이스터는 우리에게 탁월한 기량을 선보이고, 우리는 그것을 보고 감탄하며, 때로는 영감을 얻기도 한다. 멘토는 마이스터가 보여준 기량을 능숙하게 설명하고, 우리는 그의 훌륭한 설명 자체에 감탄한다. 마이스터와 멘토가 제공하는 연출에는 몇 가지 요령이 있다.

추론

우리는 어떤 일처리 과정에서 탁월한 기량을 발견하면 추론을 하게 된다. 추론은 일처리 과정을 통해 우리의 마음을 사로잡는 요령이다. 맞물려 돌아가는 톱니바퀴처럼 완벽한 진행을 실현하고자 했던 인간의 꿈은 1950년대에 우리 일상의 두 방면에서 동시에 실현되었다. 그 장소는 부엌과 공항이었다. 미국 교외의 주택에는 이른바 '우주인 부엌'이 도입되었는데, 이 부엌

가운데 최상급은 살림의 과정을 전자동으로 처리할 수 있도록 설비되었다.

영화 〈스텝포드의 여인들〉의 도입 장면은 이러한 부엌을 풍자했다. 모든 것이 단추를 누르기만 하면 작동한다. 기둥 모양의 냉장고에는 유리문이 붙어 있는데, 냉장고 안 회전판에서 음식물들이 빙글빙글 돌아가고 있다. 아무것도 없는 데서 갑자기 아궁이가 솟고, 귀신이 도술을 부린 듯 벽에서 식탁과 의자가 튀어나오며, 식기세척기에서 식기를 꺼내려고 하면 유리문이 자동으로 열린다. 리모컨은 이 시대가 낳은 위대한 발명품이다. 사람들은 이제부터 모든 것이 리모컨으로 작동되어야 한다고 생각하고, 가급적이면 모든 일처리가 전자동으로 진행되면 더 좋다고 생각한다. 미끄러지듯 돌아가는 톱니바퀴에 매료된 사람들이 거기서 추론을 했고, 마침내 처리과정에서 탁월함을 구현하게 되었다.

디즈니 영화 〈로빈슨 가족(Swiss Family Robinson)〉에서는 무인도에 비상 상륙한 어느 가족이 나무 위에 오두막을 짓고, 밧줄과 코코넛 열매와 권양기를 이용해 오두막에 멋진 수도를 설비한다. 비행기를 이용한 여행이 잦아지기 시작하자 공항은 단순히 비행기를 타고 내리던 장소에서 승객의 편의를 도모하는 시설로 변모했다. 그 한 가지로 자동문이 설치되었는데, 1960년대 초의 공항들은 세계에서 최초로 자동문을 설치한 장소였다. 그때는 아직 센서가 개발되지 않은 시대였다.

하중에 민감한 매트에 올라서면 압축공기가 빠질 때와 같은 소리를 내며 문이 저절로 열렸다. 그 현상이 너무도 신기했던 나머지 나같이 얌전한 사람도 공항에 가면 이 문, 저 문을 넘나들었다.

우리는 미디어 리터러시를 통해 탁월한 기술을 체험한다. 우리의 미디어 리터러시는 원인과 결과의 톱니바퀴가 어떻게 맞물려 돌아가는지 미루어 짐작하게 만든다. 다시 말해 우리는 작동원리를 추측하게 된다. '왜?'라는 물음은 우리를 가만 내버려두지 않는다. 모든 연령대의 소년들에게 원리 터득은 기술이 선사하는 멋진 행복감이다. 그 결과 공항에서는 추론에 의한 기술이 점점 더 많이 개발되었다.

공항에는 다른 곳에서는 볼 수 없는 차량도 있다. 이를테면 푸시백트랙터(push-back-tractor, 활주로에서 비행기를 후진시키는 차_옮긴이)는 넙치처럼 아주 납작하지만 엄청나게 힘이 세다. 바퀴가 달려 있고 핸들로 조종하는 보딩브리지(boarding bridge)는 승객을 정확히 비행기 안으로 데려다준다. 끝없이 이어지는 무빙워크는 우리를 천리마에 태워주었고, 워싱턴 공항에는 수직으로도 달리는 차량이 있어서 활주로의 승객을 기체로 올려준다. 언젠가 내 친구 헤르베르트 크릴은 '에어포트 랜드(airport land)'라는 말을 썼다. 헤르베르트도 나처럼 비행기를 자주 이용하는 공항 팬이다.

사람들은 내게 기술, 화학, 물리학은 일상에서 접하기 힘든 분야인데 어떻게 가까이 할 수 있느냐는 질문을 자주 한다. 접하기 어렵다니! 세상은 온통 능숙하게 처리되는 진행으로 가득한 마당에 무슨 이런 질문이 다 있는가? 어느 날 내 친구 하랄트가 스포츠카를 몰고 나타났을 때 우리는 자동차의 개폐식 지붕이 부리는 맥가이버 기술을 보여달라고 조르지 않을 수 없었다. 탁월함으로 감동을 주는 제품은 많다. 우리는 그 탁월함에 감탄하고, 어쩌면 그 제품을 살지도 모른다.

추론에 의한 탁월함의 행복감은 감각적인 홍보활동에 필요한 완벽한 도구다. 첨단 자동차의 액세서리는 추론을 통한 신제품 개발의 가능성이 무궁무진하게 잠재되어 있는 품목이다. 위치확인 장치를 장착한 자동차는 우리가 어두운 곳에서 차체에 접근할 때 사이드미러에서 불빛이 반짝이기 시작한다. 리모컨만 있으면 손을 대지 않고도 문을 열 수 있고, 차선변경 정보장치는 안전하게 차선을 바꾸도록 도와준다.

최근 몇 년 사이 공구시장에는 다양한 상품이 나오기 시작했지만 고객의 마음을 충족시키지는 못하는 실정이다. 그나마 잔디 깎는 기계의 성능을 보여주는 시범운전에서 탁월함을 조금은 확인할 수 있었다. 미국에서는 '전시만이 살 길(Demo or Die)'이라는 말이 유행이다. 보스턴의 명문인 MIT 공대의 '미디어 실험실'에는 칸막이로 질러 만든 소형 전시실이 여러 개 있으며, 임시 프레젠테이션을 대비해 항상 완벽하게 준비되어 있다. 방금 개발한 로봇 팔의 기능은 완벽하지 않다. 그러나 7분간의 전시와 설명을 거치면 모든 문제가 명쾌하게 해결된다.

이러한 전시 장소가 두세 군데만 마련되어 있어도 공구시장은 대단한 활

추론

기를 띠게 될 것이다. "이 기계를 사용하시려면 먼저 이렇게 하시고, 그다음에 저렇게 하시고, 이제 버튼을 누르면, 자! 기계가 돌아갑니다." 어떤 기계를 이용해 무엇을 할 수 있는지, 그 기계를 어떻게 사용하는지 직접 보고 확인할 때 우리는 일상의 노동을 덜어주는 기계의 일처리 능력에 마음을 빼앗긴다.

팝업

추론은 앞으로의 진행과정을 예상할 수 있다는 데서 찬양할 만하다. 그러나 이와 달리 예기치 않은 일로 깜짝 놀라게 만드는 능력도 탁월하다는 느낌을 줄 수 있다. 갑자기 나타나는 컴퓨터의 팝업 창처럼 팝업 스토어도 예기치 않게 나타난다. 하루, 일주일, 또는 한 달 동안 특별한 장소에 가게를 연다. 이 아이디어는 원래 1980년대의 클러빙(Clubbing) 문화에서 힌트를 얻은 것인데, 클러빙이란 폐관된 박물관, 운행을 중단한 지하철, 예배를 보지 않는 교회 등에 임시로 클럽을 개장하는 것을 말한다.

　팝업 스토어 업체들이 겨냥하는 고객은 젊은층이다. 오늘날의 젊은이들은 라이프스타일에 관심이 많고 텔레비전을 거의 안 보며 인터넷과 비디오게임을 즐기는 사람들이므로 고전적인 광고나 홍보 방식으로는 설득하기 어렵다. 팝업 스토어는 클러빙과 클럽, 플래카드, 인터킷 동호회를 이용해 특정 상품에 관한 입소문을 낸다. 이러한 홍보 전략을 '게릴라 마케팅'이라고 한다.

　팝업 스토어가 탁월해 보이려면 예기치 않게 등장해야 할 뿐만 아니라 매우 독특해야 한다. 이 말은 상품과 매장 인테리어에 모두 해당되는 말이다. 팝업 스토어에서는 특별하고 흔치 않은 물건을 판다. 아를테면 다른 매장에서는 찾아볼 수 없는 청바지를 한정 판매한다. 매장의 인테리어는 우리의 미디어 리터러시를 자극할 수 있도록 세련되게 해야 한다.

디젤(Diesel)은 최근 붐을 일으키고 있는 서브브랜드의 판촉을 위해 빈의 어느 비어 있는 카페에 팝업 스토어를 열었다. 이 상점의 이름은 '96시간'인데, 영업시간이 도합 96시간에 이를 때까지 금요일과 토요일에만 영업한다. 밖에서 보면 눈에 잘 띄지 않고, 내부는 좀 낮은 편인 데다 구불구불하다. 그러니까 매장으로는 적합하지 않은 조건인데, 오히려 이러한 비틀기-연출이 팝업 스토어의 특징을 살린다. 낮은 천장에 매달린 웅장한 샹들리에가 우리의 눈길을 끄는데, 공간을 확보하기 위해 밧줄로 묶어 한쪽으로 비스듬히 끌어놓았다. 실제로도, 상징적으로도 '삐딱한' 연출이다.

예술적인 커피 잔 세트로도 유명한 이탈리아의 커피 제조회사 일리(Illy)는 팝업의 개념을 문자 그대로 실현했다. 뉴욕의 타임워너 센터(Time Warner Center)에 사흘 동안 컨테이너 선박 한 척을 전시했는데, 이 배는 버튼을 누르자 부엌, 식당, 침실, 거실, 서재를 갖춘 아파트로 변신했다. 컨테이너의 금속 외벽이 밖으로 열리자 모든 가구가 내부의 벽면에 고정되어 있었다. 처음에 소파, 책상, 스탠드가 비스듬히 허공에 뜨더니 점점 똑바로 선 자세를 취한 후 마침내 바닥에 내려앉았다.

모든 팝업 스토어는 행위예술과 언더그라운드 정신을 담고 있다. 우리의 습관화된 시각을 이용한 유희는 우리의 미디어 리터러시를 자극한다. 그러므로 팝업 스토어는 언제나 대중의 이목을 강하게 끌어 모은다. 이러한 이유에서 사회 압력 단체들도 팝업 방식을 이용한다. 유방암 예방을 위한 '핑크 리본 캠페인'은 핑크색을 사용한 제품들로 팝업 스토어를 열어 캠페인에 필요한 돈도 벌고, 유방암에 대한 대중의 의식도 고취했다.

빈의 '96시간'

어느 날 우리는 뉴욕 시의 어느 공공건물에서 캣(CAT)을 발견했다. 진짜 고양이를 봤다는 얘기가 아니라, 고색창연한 건물의 외벽에 대문자로 그렇게 써놓은 것을 봤다는 말이다. 그 건물 앞에 거대한 고양이 조각상 두 점이 서 있었으므로 글자를 보고 놀랐는데, 안으로 들어가 보니 팝업 스토어였다. 안에서는 암고양이, 수고양이 할 것 없이 수많은 고양이가 놀이기구를 기어오르며 놀고 있었다. 고양이 천국이었다. 마침 동물 기르기에 관한 강연 비디오를 상영하고 있었다. 그 매장은 고양이 동호회에서 올바른 고양이 사육법을 전파하기 위해 마련한 것인데, 고양이와 고양이 장난감을 판매하고, 고객들에게 사료와 위생에 관한 상담도 해주었다. 동물보호소에서 데려온 고양이가 즉석에서 새 주인을 만나기도 했다. 우리 아들도 그 자리에서 한 마리를 입양하려고 했다. 우리 부부는 아들을 말릴 이유가 천 가지도 넘었다. 하지만 오늘, 내가 이 글을 쓰고 있는 지금 이 순간 컴퓨터 자판과 모니터 사이에 고양이 한 마리가 누워 있다. 팝업 스토어를 연 동호회가 뜻을 이룬 것이다.

앞에서 말한 바와 같이 탁월함은 인간의 도구사용 능력이 진화한 결과이다. 도구를 어떻게 다루어야 능숙하게 다룬다고 말할 수 있는가? 도구를 사용해 효과적으로, 시간과 에너지를 절약하면서 안전하게 일할 때 그렇게 말한다. 이 과정에서 추론이 발전한다. 다시 말해 일처리가 '물 흐르듯' 매끄럽게 진행되는 과정을 보고 마음을 빼앗기는 현상이 일어난다. 도구의 매력에는 그 밖에 또 어떤 것이 있을까? 신기한 형태, 독특한 모양새, 이국적인 분위기 등도 보는 사람의 마음을 빼앗을 수 있다.

오늘날 민속박물관에서 벽에 걸린 낫을 본 어린이들은 대부분 "저게 뭐야?"라고 묻는다. 낫을 사용하는 농부의 이상한 움직임은 또 얼마나 특이해 보이는가? 이와 같이 신기한 것을 보면 놀라는 인간의 심리가 팝업 현상과 팝업 스토어와 클러빙을 낳았다. 끝으로, 도구를 사용하는 사람은 여러 해에 걸친 수련을 통해 마이스터가 된다. 마이스터는 자신이 다루는 도구에 대해 언제나 깊은 애정을 품고 있다. 마이스터는 도구를 어떻게 다루는가? 거장답게 다룬다.

거장의 솜씨

그의 연주 속도는 대단히 빨랐다. 사람들은 상식적인 방법으로는 그렇게 빠른 연주가 불가능하다고 생각했으므로 그를 악마의 바이올리니스트라고 불렀다. 니콜로 파가니니(Niccolò Paganini). 그가 발휘했던 빼어난 연주 솜씨는 훗날 프란츠 리스트(Franz Liszt)의 피아노 연주로 다시 태어났고, 오늘날에는 중국의 피아니스트 랑랑(Lang Lang)이 이 두 거장의 맥을 잇고 있다. 이 연주자들이 기량을 발휘할 때는 어떤 효과를 기대한다. 더욱이 파가니니는 더 빨리 연주하고, 더 풍부한 음을 내고, 이중 플래절렛(왼손 운지법의 한 가지_옮긴이) 같은 특별한 기교를 부리기 위해 자신의 소중한 바이올린을 개조했다.[42] 파가니니는 활로 멜로디를 연주하는 동시에 피치카토(손가락으로 현을 튕겨서 소리는 내는 연주법_옮긴이)를 화음으로 연주한다. 그 어떤 바이올리니스트도 파가니니만큼 빼어난 기교를 연마하지는 못했다. 파가니니를 비롯한 거장들의 연주는 '탁월'하다.

거장의 솜씨는 빠른 속도와 높은 난도에서 알아볼 수 있다. 따라서 연주 기교가 빼어난 피아니스트를 두고 때로는 건반 위의 호랑이라고 약간은 경멸조로 말한다. 겉으로 나타나는 효과를 음악의 해석이나 감동보다 더 중요시한다는 뜻이다. 오늘날에는 특정 지역을 상징하는 대표적인 건축물, 이른바 랜드마크(landmark)에서 거장의 솜씨가 두드러지게 나타난다. 이를테면 프랭크 게리(Frank Gehry)가 설계한 빌바오의 구겐하임 미술관이나 볼프 프릭스(Wolf D. Prix)의 베엠베-벨트는 대표적인 랜드마크다. 이와 같이 탁월한 건축물은 슬로건과 로고만으로 홍보하던 기존 마케팅 분야에 새롭게 등장한 홍보 수단이다.[43] 특정 브랜드의 전문매장, 관광명소인 박물관, 도심 한가운데 새로이 자리 잡은 당당한 쇼핑몰 등은 밖에서 보았을 때 랜드마크가 될 만한 충분한 특징이 있어야 하고, 내부에는 사람들의 발길을 끌 수 있는 매력 포인트를 갖추어야 한다. 더구나 오늘날에는 캐드(CAD, computer aided design) 덕분에 10년 전만 해도 꿈도 꿀 수 없었던 설계가 가능해졌으므로 유리지붕이나 콘크리트 외벽도 물리학의 모든 법칙을 거스른 양 대담하게 설계할 수 있다.

건축에서 거장다운 솜씨는 물리적인 한계로 치닫는 대담한 설계에서 발휘된다. 베른에 있는 쇼핑센터 웨스트사이드를 설계한 대니얼 리베스킨트(Daniel Liebeskind)와 프랑크푸르트 암 마인의 쇼핑몰 미차일을 지은 마시밀리아노 푹사스는 건축에서 탁월함을 증명한 거장들이다. 이 두 쇼핑센터 건축에 나는 자문위원으로 참가했다. 두 경우 모두 건축설계자 측에서 위탁한 것이지만 건축가의 아이디어에 대해서도 물론 반기를 들 수 있는 위치였다.

웨스트사이드가 개장을 눈앞에 둔 시기에 나는 카메라 팀과 함께 건물을 둘러보았다. 내부는 아직 완공되지 않은 상태였다. 판매업체들은 아직 입점하지 않았고, 에스컬레이터도 아직 설치되지 않았다. 한마디로 모든 것이 훌륭하지는 않은 상태였다. 그래도 내가 이 건물을 짓는 데 참여하고 또 그 탄생과정을 지켜보면서 가장 좋아했던 모습은 바로 그 상태의 모습이었다. 웨스트사이드는 미그로스(Migros, 스위스의 대기업. 웨스트사이드 쇼핑몰의 모회사_옮긴이) 측과 자문위원들이 공동으로 주최한 첫 번째 워크숍 후 개장까지 10년이 걸렸다. 오늘날 나는 이 건물을 둘러보며 리베스킨트가 설계한 계단에 온통 마음을 빼앗긴다. 리베스킨트의 맥가이버 기술을 마음껏 즐길 수 있기 때문이다. 여러 계단 가운데 하나가 공중에 높이 솟은 위치에서 방향을 바꾸는데, 마치 〈해리 포터〉에서 언제나 엉뚱한 곳으로 이끌던 마법의 계단을 보는 것 같다. "물리적 가능성의 한계로 치닫는 설계지." 어느 날 와인 한 잔을 하며 정역학의 대가 리베스킨트가 내게 한 말이다.

그로부터 몇 달 뒤인 2009년 2월. 거장의 솜씨가 구현된 또 하나의 랜드마크가 개장했다. 자문위원들과 함께 참석한 워크숍서 푹사스는 자신이 디자인한 쇼핑몰에 '차일 광장(Zeilforum)'이라는 이름을 붙였다. 지금은 미차

쇼핑몰 미차일

미차일 내부

일이 되었지만, 그 이름도 괜찮았다. 유명한 쇼핑가 차일 거리와 경찰청사가 맞닿은 지점에 우뚝 솟은 이 건물은 프랑크푸르트 시민들의 집결지가 될 것이었다.

이 건물의 핵심이 되는 디자인은 미차일을 경탄할 만한 랜드마크로 만들었을 뿐 아니라 숨 막힐 듯 매력적인 명소로 우뚝 서게 만들었다. 거인이 주먹으로 때린 듯 유리외벽의 벽면이 안쪽으로 오목하게 들어가 있고, 그 한가운데 둥근 창이 나 있다. 건물 내부에서 보면 이 창에 유리 깔때기 모양의 구조가 연결되어 있는데, 이 깔때기는 허리케인이 일으키는 소용돌이 바람 모양으로 홀의 공간을 훑고 내려가 마침내 홀의 중앙에서 지하로 처박힌다.

처음에는 이 유리 깔때기에 물을 흘려보내자는 의견을 두고 갑론을박했다. 그 아이디어는 거부되었다. 그럴 필요가 전혀 없었기 때문이다. 유리벽을 움푹 파고, 유리 깔때기를 만들고, 그 깔때기로 홀 전체를 상하로 잇는 등 물리적으로 불가능해 보이는 설계만으로도 대담하기 이를 데 없었으니까.

인포테인먼트

마이스터는 탁월한 능력으로 사람들을 감동시키는 반면, 멘토는 세상을 보는 시각을 탁월한 방법으로 다른 사람들에게 전달한다. 과거에는 한 사람이 하는 것을 보고 다른 사람이 따라하는 방식으로 배웠다. 오늘날에는 설명을 통해 배우는데, 설명은 정보를 전달해줄 뿐만 아니라 감각적인 즐거움을 선사하기도 한다. 인포테인먼트는 정보와 엔터테인먼트의 결합체이다. 인포테인먼트가 훌륭하게 실현된다면 우리에게 공부는 행복감이 될 것이다. 피사(Pisa, OECD에서 실시하는 국제 학생성취도 평가사업_옮긴이)의 조사 결과를 보거나 일반적인 학습의욕 부진 현상을 볼 때 오늘날의 교육은 위기에 처했다.

탁월함으로 능숙하게 가르치던 선생님들은 다들 어디 있는가?

오늘날 전통적인 교육법이 서서히 사라지면서 새롭고 대중적인 방법이 두각을 나타냈지만, 새로운 방식은 경박한 성격 때문에 한동안 반발을 사기도 했다. 지식인들이 쓰는 신문 칼럼은 훌륭한 건축물과 마찬가지로 텔레비전의 요리 쇼에 대해서도 노골적으로 심술을 부린다. 텔레비전에서 요리 지식을 전달하는 요리사들은 우리의 '알고 싶은 욕망'을 다시 일깨워줄 새로운 선생님들의 선봉장이다.

요리사의 요란한 스타일과 유별난 괴벽 때문에 가끔은 얼굴을 찌푸리기도 하지만 우리는 그런 요리사들이 진행하는 요리 쇼를 통해 많은 것을 다시 배웠다. 생선은 사각형이 아니고, 소스는 문화의 산물이며, 요리를 잘하려면 적합한 온도와 조리 시간과 맛의 균형을 모두 알아야 하고……. 영국의 제이미 올리버(Jamie Oliver)는 요리할 때 손으로 재료를 마구 만지는 등 점잖지 못한 행실로 시청자들의 미움을 샀지만, 간단한 재료와 기발하고 단순한 조리법으로 전 세계의 가정에 요리의 르네상스를 불러일으켰다. 이들 새로운 선생님과 그들의 인포테인먼트에 무슨 문제가 있는가? 그리고 그들의 작업에서 탁월한 점은 무엇인가?

모든 행복감은 유발, 감정이입, 효능 발휘의 종합적인 작용 과정을 거쳐 발생한다. 인포테인먼트를 열어주는 열쇠도 여기에 있다. 모든 학습과 마찬가지로 인포테인먼트의 유발 요소는 설명전략이다. 가르칠 내용을 직접 실연해 보여주면 배우는 사람은 눈으로 보고 배운 것에 대해 확신을 얻는데, 보는 일이 믿는 일이라는 말마따나 보는 행위는 곧 증거가 된다. 새로운 인포테인먼트에서는 과거 마술쇼에서 그랬듯이 관객들을 통해 신빙성을 증명한다. 심사위원들은 요리 쇼에 참가한 어떤 도전자의 소스가 그다지

탐탁지 않다. 그래서 그 자리에 참석한 방청객들에게 시식을 권하고 판단을 요청하기로 했다. 맛을 본 세 사람 가운데 두 사람은 괜찮다고 말했고, 세 번째 사람은 얼굴을 찌푸렸다. 세 사람의 입맛은 모두 정확할 것이다.

감정이입은 행복감의 두 번째 단계이다. 탁월함에 감정을 이입하는 방법은 "박수! 박수!"이다. 우리는 텔레비전과 박물관에 새로이 도입된 과학 쇼를 보면서 과학 실험이 성공하면 탁월함을 인정하는 탁수를 치게 된다. 동전이 물 위를 떠가는데 어떻게 박수가 나오지 않겠는가?

감정이입의 다음 단계인 효능 발휘는 인포테인먼트에 이미 포함되어 있다. 서점에 들렀는데 마침 요리서적 판매장 한가운데서 요리 강습을 하고 있다면, 또는 쇼핑몰 한가운데서 탱고 강습을 하고 있다면 즉석에서 동참하게 된다.

도쿄의 쇼핑센터 미드타운(Tokyo Midtown)에서 진행하는 '에이비시 쿠킹 스튜디오 플러스 인터내셔널(ABC Cooking Studio plus international)'은 사람들의 발길을 끄는 강력한 자석 가운데 하나다. 유리막 뒤로 열 개의 조리대가 설치되어 있다. 각각의 조리대는 네 명으로 된 팀이 차지하고 있는데, 대부분은 여성들이다. 비디오 화면에 조리법이 소개된다. 조리가 끝나면 각 팀이 거둔 점수가 순서대로 차트에 기록되고, 점수 위에는 '60분' 또는 '90분'과 같이 조리에 소요된 시간이 큰 숫자로 표시된다.

쇼핑몰에 교수법이 입성했다. 박물관에서는 과거에 그토록 두려워하던 수학을 주제로 쇼를 기획한다. 빈의 박물관 구역에 있는 수학 공간(Math Space)이 그 좋은 본보기를 보였다. 어린이들이 바닥에 이탈리아의 수학자 피보나치(Fibonacci)가 개발한 수형도를 그린다. 아이들은 90분 동안 계산놀이에 여념이 없고, 숫자 나무는 점점 크게 자란다. 0+1=1, 1+1=2, 1+2=3……. 교실의 칠판 앞에 서면 움츠러들지만 바닥에 엎드리면 긴장감이 사라진다. 어쩌면 이 어린이들이 자라서 선생님이 될지도 모른다. 그 선생님한테 배우는 학생에게 공부는 행복감이 될 것이고, 선생님은 감탄의 박수를 받을 것이다.

감정의 칵테일

어린이들이 수학 공간에서 수형도를 그리는 재미에 푹 빠진 모습을 보면 탁월함과 환희가 상호 보완적으로 작용한다는 사실을 알 수 있다. 능숙한 기량을 뽐내는 일은 재미있는 일이기도 하다. 따라서 탁월함은 환희와 어우러져 멋진 감정의 칵테일을 만들 수 있다. 환희는 발휘되는 기량의 증폭제가 되는 동시에 빼어난 능력에 종종 동반되는 위압적인 요소를 제거한다.

칵테일은 또 있다. 우리는 훌륭한 기량을 발휘하는 사람을 숭배하고 찬양하며 높이 떠받든다. 이 경우 탁월함은 영예와 한데 어울려 칵테일이 되는데, 이러한 감정의 칵테일은 인간이 지닌 능력의 무한한 가능성을 보여준다. 현재 탁월함과 영예를 섞어 만든 최상의 칵테일은 두바이와 그 인근 지역에서 맛볼 수 있다.

두바이 법칙

아랍 에미리트 공화국에 석유가 고갈되어 갈 무렵 이 나라에서는 두바이를 일등급 관광지로 만들 계획을 세웠다. 이때 적용된 원리는 '못 지을 것은 없다'였고, 계획은 원리대로 실행되었다. 이 계획에서 가장 유명한 사업은 토지간척 사업이다. 바다를 메워 거대한 야자수 모양의 섬을 세 개나 얻었으며, 수백 개의 섬들을 이용해 거대한 세계지도를 만들었다. 세 개의 야자수 섬 가운데 첫 번째 섬인 팜 주메이라(The Palm Jumeirah)는 이미 완공되었으며, 해변의 별장과 개인주택, 고급호텔은 이미 예약이 완료되었다.

영예 감정은 알다시피 높고 깊고 넓은 것을 통해 연출되는데, 두바이에는 이러한 요소가 매우 풍부하다. 부르즈 두바이(Burj Dubai)가 완공되면 세계에서 가장 높은 건물이 될 것이고, 아라비아 몰(Mall of Arabia)은 지구상에서 가장 큰 쇼핑센터다. 그러나 실제로 가장 큰 것이 되는 일보다 더 중요한 점은 웅장한 사물에 깃든 '혼'이다. 우리는 팜 주메이라로 들어가기 위한 보안 검사를 받느라 벌써 90분을 기다렸다. 이 검사가 끝나면 아홉 번째 허가 사인을 받게 된다.

바야흐로 우리 연수 팀은 야자수 땅으로 들어가는 최초의 단체가 되었다. 처음에는 다들 유럽인답게 비판적인 시각이었다. 그러나 그것도 잠시. 참가자들은 여기저기 사진을 찍어대기 시작하더니 우리를 태운 버스가 지하로 들어갈 때까지 멈추지 않았다. 버스는 바다 밑으로 100미터를 달려 야자수 잎의 가장자리에 도달했다. 그곳에서 우리는 보안 검사대에서 한 약속을 어기고 버스에서 내려 단체사진을 찍었다. 우리는 공기를 들이마시고 깜짝 놀랐다. 정말로 탁 트인 바다에 온 느낌이 들었기 대문이다. 실제로 그 섬이 얼마나 큰지 알 것 같았고, 마치 외딴 섬에서 자유를 만끽하는 듯한 기분이었다. 영예의 감정! 인공 야자수는 실제로 진짜 섬에 온 듯한 기분을 선사할 만큼이나 컸다.

영예는 감정의 칵테일이 주는 한 가지 행복감이고, 탁월함은 또 다른 행복감이다. 야자수 섬은 에코시스템의 균형을 깨뜨린다는 이유로 비판받아 마땅하다. 그러나 이곳에 실현된 기술의 탁월함은 감탄을 자아내기에 모자람이 없다. 침수, 조류, 오랜 기간에 걸친 변화들을 모두 고려한 설계는 수에즈 운하나 에펠 탑의 건조와 견주어도 손색없는 공학의 예술이다.

영예와 탁월함은 서로 매우 잘 어울리므로 두바이에서는 거의 언제나 함께 나타난다. 특히 건물에 대규모 아쿠아리움을 설치한 곳에서는 이러한 특징을 쉽게 확인할 수 있다. 신화적인 호텔 부르즈 알 아랍의 레스토랑은 거대한 가오리와 희귀 어종들이 헤엄쳐 다니는 아쿠아리움을 이용해 마치 수중 레스토랑과도 같은 분위기를 연출했는데, 장엄한 분위기를 조성할 뿐만 아니라 대화의 소재도 제공한다. 손님들은 식사를 하며 아쿠아리움의 재료인 유리 실린더의 견고성에 관한 이야기를 주고받는다. 탁월함이 대화의 출발점이 된다. 어떻게 이런 것을 만들 수 있을까? 그것도 호텔에! 쇼핑센터에! 사람들은 신기한 기술에 감탄을 금치 못한다.

영예의 감정은 해당 연출을 통해 발산된다. 최근에 문을 연 두바이 몰(Dubai Mall)에는 대단히 높고 대단히 넓은 아쿠아리움이 신성한 신전의 느낌을 주는데, 이 아쿠아리움에는 대단히 큰 물고기들이 헤엄치고 있다. 이 어마어마하게 큰 아쿠아리움은 어둠 속에서 마치 초대형 시네마스코프 은막처럼 신비스럽게 빛난다. 세계에서 가장 큰 플렉시유리를 사용한 벽면과 아쿠아리움 전체를 관통하는 터널은 이 아쿠아리움의 탁월한 기술을 아낌없이 자랑한다.

아틀란티스 더 팜(Atlantis The Palm) 호텔에서 손님을 기다리는 로스트 챔버 스위트룸(Lost Chambers Suits)은 옛날 왕들만이 누렸을 법한 분위기를 연출한다. 더블베드에 몸을 쭉 뻗고 누우면 벽에 붙은 평평한 텔레비전 화면이 눈에 들어오는 일반 객실과는 달리 여기서는 손님을 향해 똑바로 헤엄쳐 오는 가오리와 눈을 마주치게 된다. 손님 앞에 아쿠아리움으로 통하는 대형 파노라마 창이 떠 있는데, 그 순간 가오리는 손님이 '개인적으로' 소유한 귀한 동물이 된다. 옛날 왕실에는 전용 동물원이 있었다. 정원에는 공작이 꼬리깃을 폈고, 왕좌 옆에는 치타가 앉아 있었다.

이와 같이 신격화를 통한 제왕의 기분을 팔라초 베르사체(Palazzo Versace)는 냉각한 해변을 통해 선사할 계획이다. 옛날에는 왕좌 뒤에 하인이 서서 중동의 실력자를 위해 커다란 야자수 잎으로 부채질을 했다. 팔라초 베르사체는 두바이 크리크 만(灣)의 해변에 냉각 파이프를 묻고, 에너지를 절약하는 신기술을 이용해 외부 기온이 섭씨 40도를 훌쩍 넘는 여름철에도 온도를 22도까지 낮추겠다고 공언했다.

두바이 법칙은 이미 오래전에 아랍 에미리트를 넘어 전 세계로 퍼져나갔다. 완벽한 기술과 거대한 규모가 완비된 곳이라면 어디서든 이 법칙을 이용해 영예와 탁월함이 결합된 행복감을 연출할 수 있다. 현재 가장 큰 관심을 끄는 사례는 이른바 기가(giga)급 유람선이다. 물론 소수의 승객을 태운 요트 타입의 우아한 크루즈 선박도 멋지지만, 요즘은 호화 크루즈 항해를 원하는 사람들이 점점 늘어나는 추세다. 객실마다 발코니가 딸려 있어 바다를 바라볼 수 있다면 더 좋지 않겠는가? 사람들의 이와 같은 욕구에 맞추어 해운업체들은 바다 위의 라스베이거스 리조트와도 같은 거대한 선박을 건조했다. 로열 캐리비언 크루즈(Royal Caribbean Cruise)는 2009년에 이어 2010년에도 최대의 크루즈 선박을 진수한다. 배 한 대를 건조하는 데 10억 유로의 비용이 드는데, 5400명의 여객을 태울 수 있는 이 배는 총길이가 360미터에 이른다. 총 등록 톤수가 10만 톤인 바다의 오아시스 호(Oasis of the Seas)는 선실의 크기가 타이태닉 호의 두 배나 된다. 이렇게 큰 면적은 영예와 탁월함을 이용한 칵테일의 재료가 된다.

바다의 오아시스에 승선하려면 왕실 산책로(Royal Promenade)를 거쳐야 한다. 이 산책로는 음식점과 상점 들로 마치 복합 쇼핑몰처럼 꾸며져 있다. 유리로 덮은 지붕을 올려다보면 중앙공원(Central Park)이 보이는데, 다양한 모양의 정원, 거리의 공연장, 그리고 야외 회식장으로 공원과도 흡사한 경치를 연출하며, 갱도처럼 배 전체를 관통한다. 거기서 더 높이 올라가면 오아시스(Oasis)가 나온다. 오아시스에는 모래사장을 갖춘 여러 개의 풀(pool)이 있다.

케이블카를 타면 다시 25미터 아래로 내려가는데, 산책로가 배의 고물에 이르면 암벽등반 시설과 회전목마가 있는 대규모 원형극장이 나온다. 마침 그곳의 아쿠아시어터(Aqua-Theater)에서 분수가 20미터의 물줄기를 하늘로 쏘아 올린다. 그리고 밤이 된다. 거대한 폭포가 열리면 탁 트인 수평선을 바라볼 수 있는 선셋(Sunset)이 나타난다. 이때 곡예사들이 공연 풀로 뛰어들어 쇼를 한다. 마치 물 위를 걷는 예수 같다. 수압을 이용해 7미터의 수위를 몇 초 만에 20센티미터로 낮추었기 때문이다. 바다 위로 장엄하게 펼쳐진 하늘을 배경으로 음악과 물의 향연이 벌어지면 수천 명의 승객들은 넋을 잃고 만다.

아프리카 법칙

오아시스에 출연하는 곡예사들의 삶은 어떨까? 바다와 배가 직장이고, 아마도 하룻저녁에 두 차례 공연을 할 것이며, 낮 시간은 체력단련으로 보낼 것이다. 탁월함을 갖추려면 고통이 따른다. 안드레 헬러(André Heller, 오스트리아의 멀티미디어 예술가_옮긴이)의 초청으로 유럽에 온 중국 서커스의 1세대 곡예사들은 탁월한 기량으로 멋진 서커스를 선보였다. 그러나 점차 중국의 어린이들이 곡예사가 되기 위해 받아야 하는 혹독한 훈련에 관해 소문이 무성해지기 시작했다. 중국 곡예사들은 완벽한 공연을 했고 허리를 굽혀 인사하며 박수 받기를 좋아했지만 그들의 표정은 굳어 있었다.

안드레 헬러는 이러한 경험을 바탕으로 결단을 내렸다. 수십 년이 지난 후 헬러는 검은 대륙의 곡예사들을 초청해 〈아프리카! 아프리카!〉라는 쇼를 무대에 올렸다. 이 곡예사들은 중국 출신의 곡예사들과는 전혀 달랐다. 그들의 얼굴은 미소로 가득했다. 이들 아프리카 곡예사들은 인터뷰에서 그들이 서커스를 하는 이유는 완벽한 기예를 보여주기 위해서도, 박수를 받기 위해서도 아니고 단지 서커스가 즐겁기 때문이라고 강조했다. 그럼에도 그들의 기량은 탁월했다. 동시에 관객들에게 환희의 감정을 한아름 안겨주었다.

그러므로 환희와 탁월함의 결합은 즐거움을 주는 쇼가 되기도 한다. 아프리카 법칙으로서 환희-탁월함 결합은 '할 줄 아는 즐거움'을 대변하는데, 놀랍게도 이러한 즐거움은 종종 생존의 의지와 더불어 나타나기도 한다. 부에노스아이레스의 도로를 달리던 자동차들이 빨간 신호등 앞에 멈춰 서자 그 앞에 광대 복장을 한 젊은이들이 나타나 저글링을 한다. 이 쇼에서 재미있는 점은 그들의 공연 내용이 아니라 그들의 태도다. 그들은 실수로 공을 떨어뜨리면 환하게 웃는다. 그럼에도 신호등이 녹색으로 바뀌기 전에 모자를 내밀어 돈을 요구한다. 환희 감정으로 환하게 웃는 웃음은 능숙한 기량에 못지않게 중요하다.

무엇을 하는 걸까? 쇼핑센터 한가운데서 열 명 남짓한 사람들이 바닥에 쪼그리고 앉아 있다. 그들이 밟고 있는 바닥은 초대형의 지도인데 가장자리에 우아한 나무 테를 둘렀다. 아트리오(Atrio) 쇼핑센터의 고객들은 신고 있는 신발에 큼직한 펠트 실내화를 덧씌우고 지도 위에서 손가락으로 여기저기를 가리키며 이야기를 나눈다. 얼굴은 기쁨으로 빛난다. 아트리오의 지도는 오스트리아의 슈파(Spar) 그룹에서 손님을 끌기 위한 방법을 문의했을 때 내가 제안한 아이디어다. 케른텐 주 빌라흐에 있는 이 쇼핑몰의 주제는 '센차 콘피니(Senza Confini)', 즉 '국경 없이'다. 실제로 이곳은 오스트리아 사람들뿐만 아니라 인접국인 슬로베니아와 이탈리아에서도 많은 사람들이 찾아온다. 지역이 국경보다 중요하다. 이것이 바로 이 쇼핑몰의 주제에 담긴 정신이다. 이러한 정신을 건물 중앙에 실현하기 위해 나는 무대미술가 오토 슈타이너(Otto Steiner)에게 지도 제작을 맡겼다.

이 지도는 셀 수 없이 많은 위성사진을 연결해 만든 것인데, 사진에 찍힌 대상은 매우 뚜렷하게 식별되었다. 모든 집, 모든 시내가 지도상에 나타났다. 손님들이 어떻게 했을까? 그들은 서로 자신이 살아온 이야기를 했다. 할아버지 할머니들은 손자들에게 자신의 고향을 가리켰고, 태어나 자란 집

아트리오

을 찾아내기도 했다. 호수, 길, 도시……. 지도에는 모든 것이 보였다. 국경만 보이지 않았다.

이 지도는 아프리카 법칙에 맞추어 환희와 탁월함을 결합한 작품이다. 지도 촬영 기술은 대단히 탁월하다. 사진은 매우 선명하고, 시선을 흐리는 구름 한 점 없다. 어떤 사람들은 "이거 진짜예요?"라고 놀라며 묻는다. 모사품을 두고 진짜냐 가짜냐를 묻는 질문은 감각을 이용한 고전적인 놀이다. 감각 유희는 우리의 미디어 리터러시를 작동하므로 우리는 탁월한 촬영 기술에 놀라며 이렇게 말한다. "여기 자동차도 보이네. 진짜 맞아." 사람들이 지도 위에서 보이는 행동에는 기쁨이 차 있다. 지명 찾기를 하는 아이들처럼 자신이 아는 지역을 찾느라 여념이 없다. 그리고 때로는 몸짓만으로 설명을 대신한다. 장난감과 놀이는 환희의 감정을 불러일으킨다. 이 지도는 아트리오의 매력 포인트가 되었을 뿐만 아니라 그 지역 주민들의 정체성을 확립하는 요소가 되었다. 그 공간에 임시 매장을 설치하느라 지도를 덮었을 때 아트리오를 찾은 고객들이 이렇게 물었다. "왜 지도에 못 들어가요?" 인간에게 행복감은 장소의 기능 못지않게 중요하다.

탁월함 | 명석함

- 탁월함은 긍정적인 시기심이다. (아리스토텔레스)
- 탁월함은 과제를 능숙하게 해결하는 능력이다. (맥가이버 기술)
- 도구를 능숙하게 사용하는 능력에서 탁월함이 발산된다. (미디어 리터러시)

심리작용　　**유발**
- 마이스터에게는 특별한 능력이 있다.
- 멘토는 탁월한 설명으로 우리에게 세상을 이해시킨다.

감정이입
- 우리는 실력을 인정한다는 표시를 할 때 비로소 탁월함을 즐길 수 있다.
- 인정을 표시하는 행위로는 머리 끄덕이기, 환호, 리듬에 맞춘 박수가 있다.

효능 발휘
- 아세틸콜린의 분비로 호기심과 궁금증이 생긴다.
- 탁월함은 우리의 마음을 사로잡고 영감을 준다.

연출법　　**추론**
- 톱니바퀴가 맞물려 돌아가면서 보여주는 능숙한 일처리 과정은 우리의 마음을 사로 잡는다.
- '전시만이 살 길이다'는 완벽한 홍보 작업이다.

팝업
- 깜짝 놀라게 만드는 능력도 탁월함을 발산한다.
- 팝업 스토어는 예기치 않게 열리고 연출도 매우 독특하다.

거장의 솜씨
- 거장의 솜씨는 빠른 속도와 높은 난도를 통해 확인된다.
- 대담한 건축 디자인도 거장의 솜씨를 보여준다.

인포테인먼트
- 멘토는 '보는 일이 믿는 일'이라는 신념으로 설명한다.
- 인정하고 동참함으로써 무(無)에서 탁월함을 창조한다.

감정의 칵테일　　**두바이 법칙**

- 두바이 법칙은 영예-탁월함 결합을 일컫는다.
- 다시 말해 훌륭한 기량에 장엄한 분위기를 첨가하여 가치를 드높인다.

아프리카 법칙

- 아프리카 법칙은 환희-탁월함 결합을 일컫는다.
- 아프리카 법칙은 탁월함을 발휘할 때 느끼는 즐거움을 놀이로써 증폭한다.

Desire

열망

욕구

감정이 열망의 상태에 이르면 우리는 어떤
전조를 느끼게 된다. '지금이 기회다'라는 생
각이 드는 것이다.
갖고 싶은 물건과 사랑의 속삭임을 나눌 때
우리는 꿈꿔왔던 행복감을 맛볼 수 있다.

상품을 머리에 인 모습이 아프리카의 상인들을 연상시킨다. 하지만 바니스 뉴욕(Barneys New York)의 분위기는 아프리카와는 거리가 멀다. 라스베이거스의 고급 쇼핑몰답게 중앙 계단은 장중하고, 쇼윈도의 마네킹들은 당당하고 우아하다. 방금 일곱 개의 마네킹이 쇼윈도로 들어와 더리에 하이힐을 얹었다. 우리는 놀라지 않았다. 이미 밖에서 고급 핸드백을 머리에 거꾸로 얹어 모자처럼 쓰고 있는 마네킹을 보았기 때문이다.

상품 디스플레이에 드높임을 연출하면 갖고 싶은 마음을 불러일으킨다. 아직 사겠다고는 말하지 않았다. 하지만 코앞에서 당근이 어른거리는데 어찌 덥석 물고 싶지 않을까. 살까? 안 사면 후회하겠지? 안 사고는 못 배긴다.

욕구의 심리학

인간은 진화과정에서 사냥을 통해 욕구를 충족하는 법을 배웠다. 물건을 구

라스베이거스 팔라초의 바니스 뉴욕

매하고 느끼는 만족감은 사냥을 통한 욕구충족과 같다. 이때 우리 몸에서 분비되는 뉴로트로핀은 우리가 사랑에 빠질 때 분비되는 신경전달물질이다.

> 갖고 싶은 물건과 사랑의 속삭임을 나눌 때 우리는 꿈꿔왔던 행복감을 맛볼 수 있다.[44]

사냥에서는 노획한 짐승보다 사냥행위 자체가 더 중요하다. 짐승을 잡기 위해 노력을 기울이면 만족감은 더욱 커진다. 마찬가지로 연애 과정을 거치지 않은 채 바로 상품을 구매한다면 행복감을 느끼기는커녕 오히려 죄악을 저지르기 쉽다. 열망의 행복감 뒤에는 탐욕이 도사리고 있기 때문이다. 품귀현상이 일어났을 때, 어떤 상품을 두고 결투를 벌일 때 또는 소비심리를 자극하는 강한 유혹에 넘어가 자제력을 잃었을 때 우리는 쇼핑백에 상품을 마구 쓸어 담는다. 반면 열망하는 물건이 발사하는 유혹의 화살은 우리의 상상력을 맞힐 뿐이다.

눈앞에 보이는 목표물에 시선이 고정되면 우리는 그 물건을 손에 넣은 이후의 모습을 예상하게 되고, 나아가 그 물건을 갖고 싶은 마음이 절실해진다.

무대와 치장한 신부

갖고 싶은 마음을 불러일으키려면 제일 먼저 상품을 드높여야 한다. 드높은 위상을 통해 그 제품이 받는 찬사를 예상할 수 있을 때 우리는 그 물건을 원하게 된다.

일반적으로 드높임은 실제로 높이 올리는 행위를 통해 실현된다. 심포지엄에 초빙된 귀빈을 소개할 때 참석자들이 박수를 치면 귀빈은 자리에서 일어서서 박수에 답례한다. 모든 종류의 무대는 사람들의 시선을 무대 위로 향하게 만든다. 전시용 회전판과 판매장소의 전시대도 물건을 높이 올리기 위한 설비다. 도쿄 시부야의 자그마한 모자 아웃렛에서는 입구에 막대를 세워 모자걸이로 이용한다. 라스베이거스의 윈 숍에서는 값비싼 유리구슬로 장식한 인조 나무에 상품을 전시했다. 선전용 상품은 나무 위 높은 곳에 전시하지만, 언제든 손쉽게 집을 수 있도록 판매대의 바구니에도 같은 상품을 비치해둔다.

디스플레이 전문가라면 누구나 수직 진열의 효과에 대해 잘 알고 있을 것이다. 진열대의 가장 높은 칸에는 눈에 잘 띄는 대표 상품을 두어 고객을 유혹한다. 높은 위치에 전시함으로써 얻는 선전효과를 심리학에서는 '기단 효과'라고 부른다.[45] 높이 올려 내세운 상품은 더 많은 시선을 끌 뿐만 아니라 더 좋은 평가를 받는다. 높은 곳에 전시된 상품을 보면 그 상품이 각광받고 있다는 느낌이 들기 때문에 특별하게 생각되고, 그 상품에 대해 품고 있던 평범한 이미지를 높은 지위에 어울리는 좋은 이미지로 바꾸게 된다.[46] 따라서 그 상품은 특별할 뿐만 아니라 고귀하고 비범해 보이기까지 한다.

일본에서는 상품을 선전하는 데 그치지 않고 판매원도 선전하다. 전통적인 백화점에서는 유니폼을 통해 판매원을 선전하지만 소규모 매장에서는 대개 눈에 띄는 모자를 이용한다. 판매원이 쓴 모자가 "여기 보세요! 우리가 여러분을 모십니다"라고 말하는 것 같다. 판매원은 출근할 때는 '일반인'이지만, 매장에서 선전용 모자를 쓰면 자신의 소임에 맞는 신분으로 변신한다. 그리고 '모자의 이름으로' 일한다. 유럽에서도 모자 착용은 예나 지금이나 직업을 나타내는 뚜렷한 표시이다. 판사, 목사, 교도관, 요리사 등등.

드높임으로 열망의 감정을 불러일으키기 위해서는 추가로 증폭요소가 필요하다. 사과는 반들반들하게 닦고, 말의 털을 솔질해주며, 신부는 아름답게 치장한다. 일본에서는 식료품을 감각적으로 전시하는 기술이 대단히 발달했다. 도쿄 신주쿠의 이세탄 백화점은 이 분야에서 타의 추종을 불허한다. 400유로짜리 일반 수박 옆에 육면체 모양이나 피라미드 모양으로 기른 수박이 있다. 무엇이든 틀에서 벗어난 형상을 보면 우리의 미디어 리터러시가 작동하여 우리는 그 형상을 능숙하게 즐긴다.[47] 따라서 네모나고 뾰족한 수박을 보면 우리는 그 자리에 발걸음을 멈추고 신기해하며 바라본다. 수박이 네모야! 우리 유럽 사람들은 그 가격을 보고 또 한 번 놀란다.

신부를 치장하는 이유는 바라보라는 것이다. 세계 어디에서든 청바지 매장에서 간단한 감각 유희를 이용한 '신부 치장'을 볼 수 있다. 이를테면 스위

도쿄의 모자 쓴 판매원

육면체와 피라미드 모양의 일본 수박

둘둘 말아놓은 블랙아웃의 벨트

스의 블랙아웃(Blackout)에서는 청바지의 가랑이를 묶고, 셔츠 소매를 걷어 올리고, 벨트는 노끈처럼 둘둘 말아놓는다.

탐

모든 행복감은 유발 — 감정이입 — 효능 발휘의 종합적인 작용으로 발생한다. 열망의 행복감을 불러일으키려면 전시를 통해 드높임을 연출해야 하는데, 기단 효과와 '신부 치장'의 작용으로 우리는 갖고 싶은 물건을 손에 넣으면 어떤 일이 일어날지 예상하게 된다. 도파민이 분비되고 우리의 마음은 기대감으로 설레는데, 이러한 기대감은 모든 영장류에서 유사한 현상으로 나타난다. 즉, 그 물건을 갖고 싶은 마음이 절실해지는 것이다.[48] 우리는 갖고 싶은 마음에 물건에서 눈을 떼지 못한다. 그 물건을 탐내기 때문이다.

그러므로 열망의 대상과 사랑을 속삭이게 만드는 모든 행위는 행복 증폭제가 된다.

우리는 열망하는 대상을 응시한다. 도널드 덕의 삼촌이 금고에 쌓아둔 돈을 응시하듯이. 열망하는 상품을 손으로 가리키고 높이 들어 살핀다. 많은 판매원들이 고객들의 이런 행위를 못마땅하게 생각하지만, 이러한 행동이야말로 그 어떤 감언이설보다 더 설득력 있는 선전이다. 어떤 것을 열망할 때 분비되는 도파민은 사랑을 느끼게 만드는 뉴로트로핀과 결합하여 우리의 마음을 기대감에 설레게 만든다. 가슴이 설레면 우리는 물건을 만져보고, 입어보고, 눈으로 찬찬히 살펴보게 된다.

그러므로 전 세계의 바자에서는 팔려고 내놓은 상품을 손님의 손에 쥐어준다. 맛을 보라고 권하고, 향신료를 내밀어 냄새를 맡게 한다. 고급 매장에서는 디스플레이를 통해 만져보고 싶은 마음을 유도한다. 루이뷔통의 모든

갈망

영예-몰에는 벽에 고급시계를 걸고 그 위에 대형 확대경을 설치했다. 드라마틱하게 확대된 고급시계는 고객의 눈앞에서 유혹하듯 자태를 뽐낸다. 크리스티앙 루부탱(Christian Louboutin)의 구두는 밑창이 빨간색이다. 어디에서나 돋보이는 이 제품을 향한 열망은 이미 외관을 보는 순간 불타기 시작한다. 그러므로 크리스티앙 루부탱의 쇼윈도에는 전통적으로 바닥에 좁다란 거울을 깐다. 이 신발의 상징인 빨간색 밑창이 거울에 비치므로 고객의 시선은 '아주 특별한 신발'을 향하게 된다.

사냥 본능

인간은 사냥꾼인 동시에 수집가다. 인류의 문화와 문명은 엄청난 발전을 이룩했지만 현재의 우리와 우리의 본능 사이에는 아주 얇은 막이 가로놓여 있을 뿐이다. 한마디로 우리는 사냥을 하고 싶어하고, 수집도 하고 싶어한다. 이탈리아의 파니니(Panini)는 우리의 이러한 본능적 욕구를 이용해 크게 재미를 본 기업이다. 파니니는 축구 선수의 얼굴을 담은 카드를 수집용 세트로 출시해 어마어마한 수익을 올렸다. 어떻게 그럴 수 있었을까? 모든 열망의 감정을 불러일으키는 데는 구매를 자극하는 도파민과 더불어 뉴로트로핀도 기여하기 때문이다. 열망의 감정은 우리 몸속에 잠자고 있던 욕망을 깨운다.

북 크로싱(Book Crossing)과 핀 트레이딩(Pin Trading)은 상품이 아닌 사냥본능이 사업의 중심이다. 인터넷 사이트 www.bookcrossing.com에는 거의 80만 명의 회원이 가입했다. 북 크로싱의 회원들은 모두 책을 사냥한다. 회원들의 표현을 빌리자면, 책을 "인터넷에 올라온 장소에서 해방한다." 내 고향 오스트리아만 보더라도 1800권의 책이 자유를 찾았다. 인터넷에 '콘스탄틴 언덕 근처 프라터 대로에 있는 어느 벤치'에 《동물원 역의 아이들》이라는 책을 갖다 놓겠다는 정보를 올리면 회원들이 그 책을 사냥한다. 표시된 장소는 북 크로싱 회원들을 사냥에 나서게 만드는 이유가 되고, 책은 사냥의 목표물인 짐승이 된다. 모든 짐승은 종류별로 이름이 있듯이 책도 제목으로 식별된다.

북 크로싱은 영리목적인 아닌 봉사활동의 한 유형이다. 반면 핀 트레이딩은 수익 면에서 최근 몇 년 사이에 대규모 테마파크에 나온 모든 수익성 제품을 앞지를 만큼 상업적이다. 올랜도의 다운타운 디즈니에 있는 디즈니월드 앞에는 디즈니 만화의 어른 팬들이 진을 치고, 우리 쿠자(父子) 같은 초보자들에게 자신의 수집 앨범을 펼쳐 만화 캐릭터를 자랑스럽게 보여준다. 공원 안에서 우리는 매일 수많은 핀 트레이딩 매점 앞을 지났다. 매점 벽을 가득 채운 핀 시리즈들이 수집 열기를 부채질한다. 핀은 극속으로 되어 옷 등에 꽂는 작은 장식품인데, 기발하고 재미있는 작품들도 개우 많다. 디즈니월드에 마지막으로 간 날 내 아들은 〈릴로와 스티치(Lilo & Stitch)〉 시리즈의 스티치 캐릭터를 골랐고, 나는 만화에 나온 인물들이 신은 신발만으로 된 시리즈를 샀다. 수집이란 시리즈 전체를 다 사냥하는 행위다. 핀은 싸지 않았다. 5달러, 10달러, 심지어 20달러짜리도 있었다. 따라서 계산은 금세 바닥이 난다. 그럼에도 사냥열기가 식지 않도록 하기 위해 디즈니 공원에는 배지를 단 인턴사원들을 배치했다. 그 배지는 교환 의사를 나타낸다. 내 아들은 디즈니 스토어에서 판매원에게 달려가 그다지 마음에 들지 않던, 쉽게 구할 수 있는 스티치 핀을 주고, 구하기 어렵고 더 값진 핀을 받았다.

욕구 연출법

열망의 감정은 눈앞에 보이는 대상을 탐하고 마침내 우리 몸이 사냥열기로 뜨거워질 때 일어난다. 열망을 연출하는 주요 전략은 사냥감과의 거리에 따라 찌르기와 부채질로 나뉜다. 어떤 생각에 도달하려면 일단 열망의 옆구리를 찔러야 한다. 그리하여 목표물을 식별한 사냥꾼이 그 목표물을 확실한 사냥감으로 인식하도록 유도하기 위해서는 부채질을 해야 한다.

찌르기

리처드 탈러와 캐스 선스타인은 세계적인 베스트셀러 《넛지: 똑똑한 선택을 이끄는 힘》에서 능숙한 "결정 설계"가 모든 종류의 투표와 선택에 필요한 결정적인 자극이라고 밝혔다.[49] 이때 열망의 감정으로 나타나는 심리적 측면이 중요하게 작용한다.

단상에 올려놓은 것은 열망을 일깨운다. 애플 컴퓨터의 인터넷 음악 포털 사이트인 아이튠스(iTunes)는 새 앨범이 출시될 때마다 가장 인기 있는 곡을 띄운다. 수평 막대의 길이가 인기도를 나타내는데, 인기도는 기단 효과로 작용한다. 사람들은 자신도 모르게 앨범의 첫 수록곡이 아닌 가장 인기 있는 곡을 클릭하게 된다. **왜냐하면 사전 선택이 옆구리를 찔렀기 때문이다.**

찌르기는 일반적으로 우리 스스로 결정을 내리기 이전에 일어난다. 특가

세일과 대매출 발표는 전형적인 찌르기 수법이다. 단순한 '세일' 표지만으로는 상품이 싸구려로 보일 수 있어서 오히려 소비자들이 발길을 돌리기 쉽다. 그러나 세일 발표가 열망의 감정을 찌르면 이때 피어오르는 행복감이 싸구려라는 느낌을 지워버린다. 그러기 위해서는 알다시피 기단 효과를 겨냥하여 디스플레이를 해야 한다. 즉, 상품을 드높여야 한다.

슈투트가르트의 브로이닝거(Breuninger) 백화점에서는 아주 크게 'SALE(세일)'이라고 써놓고 북과 나팔로 이 행사를 알린다. 스카프 매장에서는 판매 상품 가운데 몇 점을 예쁘게 묶어 천장에 매달아놓는다. 아름답게 나부끼는 스카프를 보면서 고객들은 이 좋은 기회를 놓치지 말아야겠다고 생각한다. 이케아(IKEA)에서는 플라스틱 옷걸이를 특가 판매할 때, 상품을 잔뜩 쌓아놓은 더미 위에 빨강, 하양, 검정의 옷걸이를 줄지어 매달아 기단 효과를 노린다. 사람들은 자신의 취향에 맞는 물건을 찾게 되고, '저걸 사면 어떨까?' 하고 구매 이후의 상황을 미리 생각해본다. 감정이 열망의 상태에 이르면 우리는 어떤 전조를 느끼게 된다. '지금이 기회다!'라는 생각이 드는 것이다.

사전 선택을 제공하고 결정에 필요한 전조를 형성하는 일은 열망을 일으키는 전형적인 두 가지 연출 방법이다. 세 번째 연출 상황은 모든 열망 감정의 대표자인 도널드 덕의 삼촌이 말해준다. "시간은 돈이다." 도널드의 삼촌은 조카에게 항상 이렇게 잔소리한다. 대형 마트에서는 매장 표시를 멀리서도 알아볼 수 있도록 설치하여 이 말을 실천한다. 대형 서점에서는 사진이나 사물을 이용해 무슨 책이 어디에 있는지 알려준다. 벽에 붙은 불가사리는 기행문학서 매장을 표시하고, 여행안내서 매장 앞에는 거대한 지구의를 세워놓는다. 수공업 조합의 마크와도 같은 이 표지들은 어떤 물건이 어디에 있는지 알려주므로 필요한 물건을 찾는 데 드는 시간과 수고를 줄여준다.

앞에서 보고한 도쿄 긴자의 니콜라스 하이에크 센터를 기억하는가? 이 제국에 속한 일곱 개의 시계 매장은 각기 전용 엘리베이터로 고객을 모신다. 고객이 탄 엘리베이터가 출발할 때마다 경호원이 허리를 굽혀 절하고, 방문한 매장을 떠날 때면 그곳 판매원이 허리를 굽힌다. 절을 함으로써 고객을 신격화하는 행위는 앞에서 설명한 바와 같이 고객에게 제왕이 된 기분을 선사한다. 그 밖에도 하이에크 센터는 백화점에 입점한 개별 점포들이 흔히 겪는 고충도 하나 해결했다. 일반적으로 백화점은 여러 층으로 되어 있다. 고객이 1층의 핸드백 매장을 둘러본 후 트렁크를 보기 위해 지하로 내려갔다가 다시 벨트를 보러 중앙 통로로 움직이기는 쉽지 않다. 어떻게 하면 눈에 띄지 않는 매장의 존재를 알릴 수 있는가?

하이에크 센터의 모든 엘리베이터에는 각 매장의 상품을 전시한 쇼 케이스가 있다. 이 쇼 케이스에 전시된 시계는 브랜드를 대표하는 전형적인 모델 상품들이며, 쇼 케이스 자체도 시계 다자인과 어울리도록 제작되어 있다. 블랑팽(Blancpain) 매장으로 가는 유리 엘리베이터의 내부는 매장과 마찬가지로 목재로 마감처리를 했고, 벽에는 고전적인 분위기의 소형 등이 붙어 있다. 따라서 블랑팽 매장에 도착한 엘리베이터는 매장의 인테리어 디자인과 완벽하게 어우러진다. 이리하여 하이에크 센터는 공간부족으로 인한 문제와 매장이 여러 층에 분산되어 찾기 어려운 점을 해결하는 동시에 극장과도 같은 효과를 창조했다. 엘리베이터는 1층에서부터 모든 매장의 위치를 알려줄 뿐 아니라 찾고자 하는 매장에 도착하기도 전에 우리의 욕망을 자극하는 예고편과도 같이 작용하므로 우리는 그 매장과 매장의 상품을 구매한 이후의 상황을 미리 그려보게 된다. 아울러 엘리베이터는 모든 열망 감정의 전제인 드높임도 충족시킨다.

열망의 감정은 숨어 있는 상품에 대해서도 욕망을 불러일으킨다. 고객이 열망하는 상품에 다가서는 순간 대부분 다음의 두 번째 전략이 개입한다.

부채질

기단 효과와 설레는 기대감으로 인해 우리의 관심은 전시된 상품으로 쏠리고 마침내 그 앞으로 다가가지만, 이러한 감정은 곧 ㅈ나가버린다. 감각적인 자극으로 인한 각성의 정도가 누그러들고 욕망은 시들해진다. 이러한 사태를 방지하기 위해서는 상품에 추가 연출이 필요하다. 전 세계에 체인점을 둔 럭키 브랜드 진스(Lucky Brand Jeans)는 종종 매장 한가운데에 청바지로 산을 만들어놓거나, 청바지를 이용해 벽에 프리즈를 두르거나 그림을 그려놓는다. 이러한 감각 유희는 우리의 관심을 확대하고 잦아들던 욕망에 부채질을 한다. 이와 같이 감각 유희를 이용한 디스플레이는 우리의 미디어 리터러시를 자극한다.

부채질은 종종 현명한 '비주얼 머천다이징(visual merchandising)'의 실천방안이 되므로 오히려 비용을 절감한다. 이를테면 취리히의 마노르(Manor) 백화점은 신제품 매장에서 상품 운반 도구로 사용되는 박스에 벨트를 둘러 유희적인 비틀기를 연출했다. 반면 플래그십 스토어에서는 인테리어 디자인을 통해 부채질을 연출한다. 따라서 비용이 많이 들지만 그 대신 광고로서의 기능을 톡톡히 한다. 두바이의 에미리트 몰(Mall of the Eirates)에 있는 아이존(Aizone)에는 홀의 중심축이 되는 통로에 무빙워크가 설치되어 있다. 무빙워크에 서면 청바지와 셔츠를 태운 리프트가 마주 달려와 곁을 지나간다. 뉴욕 소호에 있는 마이클 케이(Michael K.)에서도 비슷한 경험을 할 수 있다. 홀의 중심축을 따라 천장에 새장 모양의 리프트가 설치되어 있는데, 이 브랜드의 최신 유행 신발이 리프트를 타고 우리 머리 위로 지나간다.

내 아들이 유리계단에 서서 매우 조심스럽게 균형을 잡고 있었다. 그 순간 푸른색으로 번쩍이던 유리계단이 타는 듯한 주홍색으로 변했다. 아들의 발아래 횡대로 정렬한 신제품 운동화 부대가 오른쪽에서 왼쪽으로 떠간다. 여기는 일본의 명품 브랜드 베이프(Bape, The Bathing Ape)의 플래그십 스토어 입구다. 우리는 패션의 중심지 시부야에 와 있다. 둥둥 떠가는 신발은 상점으로 들어오라고 찌르는 동시에 욕망의 불씨가 꺼지지 않도록 부채질을 한다. 이와 같이 우수 매장들은 열망의 감정을 이끄는 두 가지 요령을 하나로 결합할 줄 안다.

유리계단 아래 진열된 신발들은 그 화려한 색채로 시각적인 가치를 끌어올리는 기단 효과를 내고, "진짜야? 가짜야?" 하고 묻게 만드는 모사효과로 우리의 욕망을 부채질한다. 신발이 정말로 떠다닐까? 세 번쯤 보아야 비로소 그 연출의 비밀을 알 수 있다. 신발 밑창에 신발을 받치는 지지대가 눈에 띄지 않게 설치되어 있고, 이 지지대는 레일에 붙어 있다. 그러므로 신발들은 빛으로 마술을 부리는 계단 아래에서 떠가는 듯이 보이고, 이 마술에 걸려든 우리는 신발에서 눈을 떼지 못한다.

감정의 칵테일

어떤 행복감들이 서로 어울리는지는 우리 몸속에서 각각의 감정을 불러일으키는 약물에 따라 정해진다. 열망과 환희는 도파민의 분비로 발생되는 행복감이다. 도파민은 상품에 손을 뻗게 만든다.[50] 우리는 슈퍼마켓의 오렌지를 만져보고, 바자에서 향신료의 냄새를 맡아보며, 옷을 들어 살피고, 카지노에 설치된 외팔이 갱의 팔을 작동해본다.

열망과 환희는 각종 소비심리 뒤에 도사린 행복감이다. 라스베이거스는 열망과 환희의 본향이다. 전 세계 어디를 가봐도 이곳만큼 능숙하게 소비행위와 연애를 하게 만드는 곳은 없다.

라스베이거스 법칙(환희와 열망)

라스베이거스 매캐런 공항에 도착하는 순간 슬롯머신에서 나는 소리가 내 귀를 때린다. 행운을 약속하는 이 소리는 이 도시를 떠날 때까지 나를 따라다닌다. 활기에 찬 이 도시에서 열망의 감정은 다양한 방법으로 언제나 분명하게 나타난다.

10년 전만 해도 라스베이거스에서 나는 촌놈이었다. 아가씨가 건네주는 진 한 잔을 받고 얼마냐고 묻자 "무료예요"라는 답이 돌아왔다. 나는 지금 이 복잡한 도시를 열한 번째 방문했다. 외팔이 갱의 입에 동전을 넣거나 게임 테이블에 앉으면 섹시한 미니스커트 차림의 아가씨가 각종 음료를 대접한다는 사실 정도는 이제 나도 안다. 자신이 원하는 칵테일을 골라 들고 가서 게임 테이블 한쪽에 내려놓는 사람도 있다. 모든 카지노에서는 크고 독특한 잔에 각 영업장을 대표하는 음료를 담아 도박꾼들을 유혹한다. 이를테면 파리 라스베이거스(Paris Las Vegas)에서는 에펠 탑 모양의 잔을 사용한다.

가끔 게임 기계 앞에 앉은 사람이 행운을 잡으면 동전들이 금속 칸으로 쏟아져 내리면서 격하게 덜커덕거리는 소리를 낸다. 이 달콤한 울림이 마술을 부려 사람들의 시선을 기계 위로 이끄는데, 거기에는 날렵한 오토바이나 세련된 스포츠카가 우리를 향해 떠 있다. 라스베이거스의 격식을 갖춘 모든 카지노에서는 특별 보너스를 이렇게 전시한다.

행운의 울림, 술, 섹스, 사치는 이 도시에서 열망을 불러일으키는 자극들이다. 어느 날 갑자기 고급자동차 회사 사장이 이 사막 도시에 나타난들 누가 놀라겠는가? 윈 카지노에는 십여 대의 페라리가 방문객을 기다리고 있는데, 방문객들은 회전판 위에서 돌아가는 볼리드(Bolide, 프랑스에서 생산하는 경주용 자동차_옮긴이)를 구경하기 위해 호텔에서 미리 카지노 입장권을 산다. 팔라초(The Palazzo)에서는 최근 람보르기니의 새 스포츠카를 전시했다. 먹는 것, 마시는 것도 라스베이거스에서는 매혹적이다. 벨라지오 호텔의 진 필립(Jean Phillipe) 카페에는 깊이가 몇 미터나 되는 샘에서 달콤한 초콜릿이 멋지게 흐른다.

열망을 자극하는 많은 요소들이 환희를 알리는 신호를 가득 품고 있다. 칵테일의 색은 특별히 화려하고 슬롯머신의 울림은 끊임없이 귀를 간질인다. 그뿐만 아니라 열망을 불러일으키기 위해 라스베이거스를 상징하는 환희 요소를 추가로 동원한다. 이를테면 라스베이거스의 모든 카지노에는 화려한 색과 요란한 무늬가 어우러진 카펫이 예외 없이 깔려 있다.

라스베이거스에서 마카오에 이르기까지 카지노를 설계한 건축 디자이너들은 요란한 기하학적 무늬나 꽃무늬가 얽히고설킨 카펫이 유흥을 돋운다고 이구동성으로 말한다. 그렇다. 몇 킬로미터나 이어진 카펫의 시각적 풍요는 도파민 분비를 활성화하여 환희와 활기를 촉진한다.

카펫을 밟고 서면 뭔가 하고 싶어진다. 칩을 깔거나, 바를 내리거나, 게임기의 버튼을 누른다. 라스베이거스의 밤이 네온 광고로 뒤덮이는 현상에도 이유가 있다. 끊임없이 번쩍이는 휘황찬란한 불빛은 화려한 카펫과 마찬가지로 우리에게 사랑을 속삭인다.

악마의 유혹과도 같은 네온 광고와 화려한 카펫 무늬는 차고 넘치는 아침 식사 뷔페와 더불어 열망을 이끄는 완벽한 삼두마차가 된다. 라스베이거스 호텔의 아침 뷔페식당만큼 음식을 굽이쳐 돌아가며 차려두는 곳이 또 있을까? 아침부터 스테이크 한 조각을 먹은 후 세 가지 소스를 얹은 다섯 가지 종류의 크림 과자를 디저트로 먹을 수 있다. 이런 아침식사는 오직 라스베이거스에서만 누릴 수 있는 사치다. 실재하는 슐라라펜란트에서 행복감은 죄악에 위험하도록 가까이 근접한다.

열망과 환희가 함께 나타나는 순간 찌르기, 부채질 손 뻗기, 이것저것 들어보기가 하나의 고리로 연결된다. 이 고리가 연결되는 순간 행복감은 거의 완벽한 유혹이 된다.

그러나 라스베이거스를 찾는 대부분의 관광객은 한정된 예산을 가지고 온다. 거부하기 힘든 유혹에 놀라지만, 미리 정해놓은 만큼만 즐긴다. 한정된 도박 예산과 지혜로운 소비는 라스베이거스에 신개념의 사치(new luxury)를 탄생시켰다. 사람들은 무한정으로 즐기지만 일정한 시간만 즐긴다. 일반석에 앉아 쇼만 구경하기보다는 샴페인이 나오는 VIP석에서 작은 사치를 누린 후, 택시가 아니라 장형 리무진을 타고 호텔로 돌아간다.

쇼핑몰은 한밤중까지 영업을 하므로 허세를 부리기 싫은 사람은 남은 시간의 휴식을 직접 쇼핑한 물건으로 즐길 수 있다. 쇼핑몰의 외벽이 연출하는 쇼, 포럼 숍(Forum Shops)의 매력 포인트인 '침몰하는 아틀란티스' 등은 돈을 쓰지 않고도 즐길 수 있으므로 라스베이거스 법칙을 일정 시간만 즐길 뿐 일확천금을 꿈꾸지 않는 사람들도 자신의 욕구를 충족할 수 있다.[51] 이러한 즐거움을 발견할 줄 아는 사람이라면 때로 라스베이거스 법칙을 변용된 사례가 눈에 띌 것이다. 손님의 가방을 실어 나르는 수레가 바로 그 변용의 주인공인데, 윈 호텔을 비롯한 몇몇 호텔에서는 카지노와 똑같은 카펫을 수레에도 깔았다. 이러한 연출은 의도하지 않은 비틀기 효과를 낸다.

라스베이거스 법칙은 라스베이거스에서 생긴 것이 아니라 수백 년 전 중동의 바자에서 나온 법칙이다. 이스탄불의 향신료 바자는 이집트 바자라고도 부르는데, 그곳에 가면 오늘날 이 법칙이 어떻게 적용되고 있는지 확인할 수 있다. 가게마다 주요 품목의 상품이 멀리서도 보이도록 걸려 있다. 엄청나게 큰 소시지나 향신료로 쓰이는 식물의 다발이 주렴(珠簾)처럼 매달려 손님을 부르고 열망의 감정을 자극한다. 주요 품목 뒤에는 온갖 상품이 중동의 풍요를 자랑한다. 향신료 다발 아래에는 가루로 빻아 새빨갛게 불타는 향신료가 자루를 가득 채우고 있다. 이 자루는 우리의 환희 감정을 불러일으키는 중동의 행복 바구니이다.

어떤 장소에서 열망과 환희가 결합하면 소비가 활발해지므로 그 장소는

이스탄불의 이집트 바자

풍부한 상품을 구비한 시장이 된다. 그러기 위해 놀랄 만한 대표상품을 맨 앞에 내세우는데, 때로는 가게 밖으로 나와 있는 경우도 있다.

아르헨티나와 브라질 접경 지역에는 귀금속과 준보석을 취급하는 대형 매장이 있다. 매장 안쪽에 자수정으로 만든 커다란 인조 나무를 세워 놓았는데, 그 나무를 한 그루 사고 싶었지만 소형 자동차와 맞먹는 가격이었다. 게다가 그 물건을 집으로 가지고 가는 일도 문제였다.

난색을 표하는 나에게 판매원은 작은 나무를 권했다. 대형 나무 뒤로 자수정 잎을 달고 있는 수백 개의 작은 나무가 진열되어 있었다. 나는 판매원의 권유를 따랐다. 작은 것은 값도 싸고 운반하기도 쉽다. 열망을 불러일으키는 대표상품과 비용을 절감해주는 대용상품을 동시에 이용하면 환희 감정을 제공할 수 있다. 시장이 떠나가도록 특별할인을 외치는 소리만이 손님을 부르는 유일한 방법은 아니다. 저렴하지만 특별하다는 느낌도 소비자의 발길을 끌 수 있다.

라스베이거스 법칙은 이미 오래전에 단순한 소비의 차원을 벗어났다. 오늘날 라스베이거스 자체가 일상생활의 도시가 되었듯이 라스베이거스 법칙도 일상의 현상이 된 지 오래다. 뉴욕의

브라질의 대형 자수정

플래그십 스토어 애버크롬비 앤 피치에 대해서는 이미 이야기했다. 매장 안에서는 환상적인 조명 연출이 환희 감정을 불러일으키고 문 밖에서는 열망을 자극하는 유혹이 기다리고 있다. 상의를 벗은 사내가 당당하고 여유 있는 자세로 서서 여성 고객을 유혹한다. 한 여인이 기쁨에 빛나는 얼굴로 그 사내와 사진을 찍는 동안 우리는 그 모습을 바라만 보고 있었다. 연수차 뉴욕에 온 우리 팀의 여성들은 핫팬츠를 골반에 걸치도록 내려 입은 그 사내의 모습에 모두들 눈을 반짝인다. "아내가 저러는 모습은 처음이야." 사진을 찍은 여자의 남편이 말했다. 그 모델은 매장 입구에 걸려 있는 대형 흑백 사진 석 장 가운데 하나를 가리키며 자랑스럽게 말했다. "이게 접니다." 맨해튼의 어느 토요일 오후에 사진에 담긴 모델의 잘 발달된 육체가 생명을 얻어 사진 밖으로 나와 있었다.

가게 안으로 들어가면 어둠과 극적인 조명과 힘찬 음악으로 클럽보다 더 강한 인상을 주는 실내에서 열망과 환희의 드라마가 계속된다. 환상적으로 아른거리며 풍요를 연출하는 불빛에 이끌려 우리는 매장 안을 이리저리 돌아다닌다. 모델들이 열망의 감정을 유지해준다. 그들은 벽에 걸려 있는 키비주얼(key-visuals, 시각적으로 광고의 내용을 오래 기억시켜 제품을 연상하게 만드는 주요 자극_옮긴이)이다.

사진에서 살아나온 모델이 층계참마다 서 있다. 남성복 판매장으로 이끄는 층계참에서 미녀가 나를 보고 웃었다. 그리고 "찾아주셔서 정말 기뻐요"라고 말했다. 아니, 딱히 그렇게 말하지는 않았어도 그 비슷하게 말했다. 그러면서 도저히 거부할 수 없는 매력을 나를 향해 내뿜었다. 짧은 순간이었지만 나는 그녀의 말을 믿었다.

도쿄 법칙(영예와 열망)

신전, 교회, 자연 등은 그 높고 깊고 넓은 규모로 우리으 마음을 넓게 만들어 주며, 이러한 사물을 암시하는 도구나 설비를 통해 영여의 감정이 발생한다. 폭포, 신전 문, 신전 외벽, 석주는 우리의 시선을 높이, 열주 회랑은 깊숙이 이끈다. 우리는 넓고 긴 계단을 밟으며 순례행렬을 하듯 엄숙하게 걷는다. 광륜과 기타 하이라이트 수단은 숭배의 대상을 빛나게 만든다. 그러나 모든 영예 감정의 중심은 지성소(至聖所)다. 지성소는 동경을 불러일으키므로 우리는 그곳으로 이끌린다. 성소, 성물함, 제단 등 신성한 것은 유인요소인 동시에 열망의 대상이다. 우리는 성스러운 것을 원한다.

세계 어디에도, 뉴욕이나 런던에도, 오모테산도나 아오야가, 긴자와 같이 좁은 공간에 그토록 많은 플래그십 스토어가 들어선 곳은 없다. 도쿄에 있는 이들 거리는 쇼핑의 낙원이다. 거의 모든 플래그십 스토어는 건물 전체가 7층 이상으로 되어 있고, 대부분 맨 꼭대기 층에 음식점, 카페 또는 바가 있다. 기본 법칙은 언제나 같다.

건물 전체가 성소처럼 보인다.

중세에 귀중한 성물을, 이를테면 성자의 유해를 대리석과 보석 등 귀한 재료로 만든 함으로 '포장'했듯이 오늘날의 건축물은 전체로서 숭배할 만한 상표의 성물함이 된다. 잠자는 숲 속의 공주가 누운 유리관처럼 모든 것이 훤히 들여다보이면 상품의 가치가 상승한다. 안을 들여다보는 일은 욕망을 자극한다. 귀중한 신전 외벽은 영예-경배를 불러일으킨다.

스위스의 건축가 헤어초크와 드 뫼롱(Herzog & De Meuron)이 설계한 아오야마의 프라다 플래그십 스토어(Prada-Flagship-Store)는 기존 매장 가운데 가장 호사스러운 매장이다. 프라다 빌딩의 외벽은 수백 개의 대형 유리판으로 되어 있는데, 그 가운데 일부는 밖으로 볼록하게 불거져 있다. 건물은 크리스털이 된다. 값진 크리스털의 크림색 내부로 들어가면 벽에서부터 부드럽게 돌출한 상품진열대를 지나게 된다. 일본은 신도(神道)를 믿는 나라이므로 신성한 이미지를 암시하는 연출은 우연이 아니다. 오모테산도에 있는 토즈(Todd's)와 긴자의 미키모토 2(Mikimoto 2)도 크리스털처럼 보이는 플래그십 스토어이며, 안으로 들어선 사람들은 경건한 마음으로 천천히 걷게 된다.

유혹과 장엄한 분위기를 결합한 도쿄 법칙은 이미 오래전에 다른 지역으로 진출했다. 뉴욕 센트럴파크의 남측에서 멀지 않은 곳에 있는 애플 컴

아오야마의 프라다 빌딩

맨해튼의 애플 스토어

퓨터의 플래그십 스토어는 크리스털 육면체 모양에다 땅바닥까지 온통 비어 있다. 유리벽에 붙박은 로고만이 모호하게 회사를 상징하는데, 이러한 연출을 통해 지하에 있는 진짜 매장의 존재가 더욱 강하게 암시된다. 이 건물은 신전을 연출하는 동시에 약속을 상징한다. 파리 샹젤리제의 시트로엥(Citroën) 전시장에는 초거대 유리 쇼 케이스에 자사 자동차를 위아래로 쌓아놓았다. 귀금속처럼 전시된 자동차는 신성한 느낌을 주는 동시에 우리 코앞에 내민 '당근'이 된다.

열망 | 욕구

- 어떤 상품에 찬사를 퍼붓는다.
- 그러면 우리는 목표물에 집중하고, 그 물건을 소유한 0 후를 예상한다.

심리작용 **유발**
- 무대와 치장한 신부
- 드높임은 '기단 효과'를 낸다. (유추적 신념)
- 감각적인 인지 유희는 시선을 이끈다. (미디어 리터러시)

감정이입
- 물건과 사랑을 속삭이고 만져보는 행위는 그 물건을 탐내기 때문이다.
- 열망의 감정은 응시하고, 손으로 가리키고, 들어보고, 사용해보는 일을 통해 이입된다.

효능 발휘
- 도파민이 사냥본능을 자극한다.
- 뉴로트로핀이 잠자는 욕망을 깨운다.

연출법 **찌르기**
- 찌르기는 관심을 자극한다.
- 그리고 '기회의 전조'를 창조한다.
- 또한 사전 선택과 사전 발표를 작동한다.

부채질
- 부채질은 관심을 유지시킨다.
- 관심이 시들해지기 전에 활활 태운다.
- 감각 유희를 통해 제품을 극적으로 만든다.

감정의 칵테일 **라스베이거스 법칙(환희와 열망)**
- 라스베이거스 법칙은 소비심리를 자극한다.
- 이 법칙은 찌르기, 부채질, 손 뻗기, 이것저것 들어보기 로 연결된 고리다.

도쿄 법칙(영예와 열망)
- 도쿄 법칙은 지성소와도 같은 매력을 불러일으킨다.
- 이 법칙은 열망과 경건함을 결합한다.

Intensity

황홀감

강렬한 인상

강한 인상을 주는 그림들은 우리가 사는 조형적인 세상의 일부이다. 그 그림들은 너무도 강렬해서 보고 있으면 때로 아프기까지 하다.

"자신이 하는 일에 그토록 열정을 쏟을 수 있는 비결이 무엇인가요?" 긴 인터뷰가 끝나갈 때쯤 클라리사 마이어 하이니시가 내게 물었다. 나는 단 일 초의 망설임도 없이 이렇게 대답했다. "황홀감에 중독되었기 때문이죠."[52]

클라리사는 여섯 살 때 작은 고통이 왠지 모를 즐거움을 준다는 사실을 깨달았다. 클라리사의 부모들은 딸이 자신의 몸을 가볍게 할퀼 때마다 "얘가 또 그랬어요" 하며 한숨을 쉬었다. 엘렌 그리모도 어린 시절에 클라리사와 유사한 경험을 했다고 밝혔다. 그리모는 자서전 《야생 소나타》에서 "나는 이런 식으로 삶에 부대끼면서 삶의 본질을 순수하고도 명확하게 느낄 수 있으리라 믿었던 기억이 난다"라고 밝혔다.[53] 그리모는 밤마다 몇 시간씩 기도문을 읊느라 지쳐 잠이 들었고, 꼭 감은 눈에 너무도 힘을 주어 의식을 잃을 뻔한 적도 있었다.

강렬한 인상의 심리학

상처를 입거나, 자극을 제어하는 가운데 적극적으로 스트레스를 받을 때 우리 몸은 엔도르핀을 분비한다. 우리는 엔도르핀의 작용으로 그 순간의 감정을 매우 깊게 느끼는데, 이렇게 밀집된 감정이 극에 달할 때 우리는 황홀감에 휩싸인다. 데르비시(Dervish, 수피즘을 신봉하는 터키 이슬람 종파의 신도_옮긴이)가 몇 시간씩 쉬지 않고 회전 춤을 출 때도 이와 같은 황홀감을 경험한다.[54] 달리기를 시작하고 얼마 지난 뒤에도 이와 유사한 황홀감을 느끼게 되는데, 스포츠에서는 이때의 행복감을 '러너스 하이(runner's high)'라고 부른다. "그녀는 절정을 느꼈어." 어떤 사람이 엘렌 그리모의 연주를 본 뒤 한 말이다. 그리모의 전형적인 행복 증폭 동작에 대해서는 이미 설명했다. 머리를 뒤로 젖힌 채 연주에 완전히 몰입한 피아니스트의 모습에서 우리는 에로틱에서 절정에 도달한 순간을 떠올리고, 이 행복감이 음욕이라는 중죄에서 발생했다는 사실을 다시 한 번 확인하게 된다.

집중

인간은 어떤 일을 생생하게 경험할 때 황홀감을 느낀다. 이때 그림, 냄새, 소리, 그리고 형상과 상징 등이 '미학의 압력솥' 안에서 압축된다. 이 장에서는 판매 장소에서 사용하는 인상적인 상품 전시법과 우리의 도시를 집중적인 생활의 공간으로 만드는 도시 디자인, 그리고 서로 다른 세계를 하나로 묶어 놀랄 만한 쇼핑센터와 호텔을 탄생시킨 사례에 관해 알아보고자 한다. 그러나 황홀감의 작용과정을 가장 쉽게 이해하는 방법은 음악이다. 음악은 시간의 예술이다. 따라서 음악을 통해 느끼는 황홀감은 곧 시간을 집중적으로 체험할 때 생기는 감정이다.

엘렌 그리모는 분명 작곡가의 지시를 엄격히 지키는 피아니스트는 아니다. 오히려 독창적인 해석을 바탕으로 연주하는 음악가이다. 그리모의 연주 속도는 제시된 속도를 조금씩 벗어난다. 라흐마니노프의 피아노 협주곡 2번의 2악장 도입부에서 그리모는 반복되는 주제악구를 칠 때마다 미세하게 머뭇거린다. 이러한 기교를 통해 그 악장은 내가 한 번도 느껴보지 못한 밀도를 얻게 되고, 나는 그 악장을 만끽하게 된다. 암스테르담 공연 때 이 악장이 끝나자 연주회장은 쥐죽은 듯 고요했다. 숨소리조차 들리지 않았다.

라벨의 피아노 협주곡 사단조의 2악장이 끝날 무렵, 피아니스트의 두 손은 피아노 건반을 쉬지 않고 오르내린다. 이 부분에서 많은 피아니스트들이 극적인 효과를 강조하는 반면 엘렌 그리모의 주옥같은 연주는 지칠 줄 모르는 평정심을 유지한다. 여기서 그리모가 어린시절 광적으로 반복했던 기도문 암송이나 끊임없이 빙글빙글 도는 데르비시의 회전 춤과 마찬가지로 최면 효과가 발생한다. 빈 콘체르트하우스(Wiener Konzerthaus)에서 열린 그리모의 연주회에서 객석에 앉은 어느 여인이 친구에게 속삭였다. "마법 같아."

유명한 장송행진곡이 나오는 쇼팽의 소나타 2번은 전형적인 규칙 A‒B‒À에 따라 세 가지 주제로 되어 있고, 제2주제(B)는 매우 자주 반복된다. 객석을 가득 채운 런던 로열 페스티벌 홀에서 엘렌 그리도가 연주한다. 호소력 짙은 제2주제가 반복될 때마다 그리모는 매우 미세하게 강도와 속도를 낮추었다. 마치 어느 부분에서 최대의 호소력을 발휘해야 하는지 잘 아는 노련한 연사와도 같았다. 그리모는 장송행진곡 가운데 가장 중요한 주제의 변주(À)를 더욱 감동적으로 연주하기 위해 고삐를 잡아당기는 것이다.

몰입

알다시피 행복감은 유발-감정이입-효능 발휘의 종합적인 작용으로 발생한다. 이러한 작용이 연극에서 나타날 경우 관객은 배우들에게 이목을 집중한다. 배우들은 행복감을 유발하는 자극요소인 동시에 자신의 연기를 보는 최초의 관객이다. 따라서 배우들은 자신의 행동에 대한 반응으로써 관객들에게 그다음 과정에 대한 암시를 준다.

우리는 배우들이 주는 암시에 따라 배우들을 심리적으로 모방하고 그들의 행동을 따라한다. 이때 우리가 따라하는 행동은 곧 행복 증폭제가 되어 행복감을 불러일으킨다.

몇몇 여성 관객이 의아하게 주위를 돌아본다. 피아니스트가 저토록 연주에 몰입하고 있는데, 이 잔잔하고 느린, 혼신을 다한 연주 부분에서 도대체 누가 이렇게 숨을 헐떡일까? 그 사람은 피아니스트 자신이었다. 그리모는 귀에 들리도록 크게 숨을 들이쉬었다. 동시에 머리를 뒤로 젖히고 눈을 감았다. 슈만의 피아노 협주곡 마지막 악장이 연주될 때 피아노는 잠시 쉬고 오케스트라의 열광적인 연주가 이어진다. 숨 가쁘게 빠른 이 부분에서 엘렌 그리모는 음악에 맞춰 온몸을 흔든다. 객석에서는 청중과 피아니스트를 이어주는 우리의 미러 뉴런이 작동하고, 너도 나도 그리모를 따라하기에 바쁘다.

바르토크(Béla Bartók)의 피아노 협주곡 3번 아다지오. 엘렌 그리모는 늘 그러듯이 눈을 감고 머리를 뒤로 젖힌 채 연주한다. 이 느리고도 강렬한 악장 가운데 화음이 두드러지는 부분에 정확히 맞추어 그리모는 눈을 뜬다. "이거야!"라고 말하는 것 같다. 몰입의 순간이 강조되어 표시되므로 우리도 그 순간을 알 수 있다. 여기가 절정이야! 엘렌 그리모는 마지막 순간 온몸을 던져 건반을 두드린다. 그러느라 의자에서 떨어질 뻔한 적도 있었다. 우리는 그리모의 이러한 행위를 통해 숨 가쁘게 지나온 과정이 끝나는 순간을 알아차린다. 영화에서는 이와 같이 분명하게 느낄 수 있는 마무리를 클린 엑시트(clean exit)라고 부른다. 엘렌 그리모의 경우 종종 왼발을 구르므로 과정의 리듬이 들릴 뿐만 아니라 보이기도 한다.

도취

엘렌 그리모의 연주회에서는 누구나 그리모가 객석에 앉은 나를 위해 연주한다는 느낌을 받는다. 그리모는 템포 변형법을 이용한 연주로 집중된 순간들을 창조하고, 그녀의 행복 증폭 동작은 우리에게 전이되어 우리는 마음속으로 행복의 순간을 창조하는 일에 동참한다. 그 효과는 어떻게 나타날까?

그리모 연주의 직접적인 효과는 엔도르핀의 분비로 나타난다. 우리는 엔도르핀의 도취 작용으로 행복에 젖는 것이다. 그 효과가 가장 먼저 나타나는 사람은 물론 그리모 자신이다. 그리모는 인터뷰를 통해 그때의 상태를 여러 차례 묘사했다. 어느 날 런던의 빅토리아 앤 앨버트 박물관에서 독주회를 한 후 그리모는 두 눈이 반짝일 정도로 환한 미소를 지으며 박수에 화답했다.[55] 나는 기쁨으로 눈이 반짝이는 현상에 대해 들어본 적은 있으나 아직 직접 보지는 못했다. 눈을 감싸는 둥근 근육이 수축하면 안구 내부의 눈물이 증가하므로 눈물에 빛이 반사되어 반짝이게 된다. 눈빛이 반짝이는 순간은 행복을 느끼는 순간이다.

청중의 입장에서 행복에 젖은 순간은 병이 치유되는 순간이다. 음악의 이와 같은 효능은 음악치료로 발전했다. 여러 해 전에 빈의 슈타츠오퍼(Staatsoper)에서 번스타인(Leonard Bernstein)이 지휘하는 베토벤 교향곡 9번을

들은 적이 있다. 그날의 연주는 내 기억 속에 오래 남을 것이다. 그때 나는 아팠다. 열이 나고, 비참한 기분이었다.

번스타인은 지휘 도중 펄쩍펄쩍 뛸 만큼 열정적으로 지휘하는 사람이다. 그가 지휘하는 교향곡 9번은 너무도 최면이 강하고 몸속으로 파고드는 듯했다. 나는 몸에 어떤 변화가 생겼다는 사실을 즉각 알아차렸다. 〈환희의 송가〉가 끝난 후 나는 멀쩡한 몸으로 오페라하우스를 나왔다. 엘렌 그리모도 나를 여러 번 치유했다. 그 첫 경험은 암스테르담 공연 때 겪었다. 그날의 연주는 세계적인 피아니스트이기도 한 블라디미르 아시케나지(Vladimir Ashkenazy)가 지휘를 맡았다. 라흐마니노프의 피아노 협주곡 2번이 연주될 때 아시케나지는 너무도 열중한 나머지 지휘봉을 휘두르다 상처를 입었다. 청중은 마지막 악장이 끝난 직후 잠시 멍하니 앉아 있었다. 그러다 갑자기 모두가 동시에 자리에서 일어나 우레와 같은 박수를 보냈다. 어떻게 그럴 수 있을까? 황홀감이 어떻게 아픈 사람을 치유할까?

강렬한 연주란 대체 어떤 연주를 두고 하는 말인지 다시 한 번 정리해보자. 극도로 미세한 머뭇거림, 최면을 걸듯 일정하게 유지되는 연주, 속도를 점점 줄이면서 더욱 높아지는 집중력, 작품과 연주자가 함께 가하는 불같은 가속도. 그 순간 우리는 이 모든 것과 더불어 증기를 분출하기 직전의 압력솥 안에 앉아 있다. 우리는 압력을 제어한다. 나중에 어떤 보상을 받게 되는지 알고 있기 때문이다. 황홀감이 음욕에서 비롯했다는 사실을 기억하라.

이 책의 도입부에서 그리모의 연주로 야기된 내면의 떨림으로 인해 기침이 멎은 일, 그리고 알렉산더 로웬이 개발한 훈련을 통해 긴장감을 제어하고 바이오에너지에 의한 봉쇄를 허무는 일에 관해 이야기했다. 우리는 몸이 흔들리고 근육이 떨리도록 몸을 뒤로 젖힌다. 그러다 그 자세를 풀면, 그러니까 연주회가 끝나면 카타르시스를 느끼고 그 어느 때보다 더 가볍고 자유로워진 기분이 든다.

어떤 일에서 황홀감을 느낄 때 우리는 그 일에 몸과 마음을 다 바친다. 이때 분비되는 엔도르핀이 바이오에너지에 의한 봉쇄를 푼다.

강렬한 인상 연출법

황홀감을 가장 강하게 불러일으키는 자극은 음악이지만 가장 널리 나타나는 분야는 분명 시각 분야다. 강한 인상을 주는 그림들은 우리가 사는 조형적인 세상의 일부이다. 그 그림들은 너무도 강렬해서 보고 있으면 때로 아프기까지 하다.

밀집된 화면

어떤 그림을 보고 인상적이라고 느끼는 현상 뒤에는 우리가 그림을 단지 볼 뿐만 아니라 느끼기도 한다는 놀라운 사실이 숨어 있다.[56] 우리의 눈은 단순히 세상의 사물을 우리 뇌에 비추는 카메라가 아니다. 망막에 비친 불분명한, 윤곽이 흐릿한 그림을 만족할 만한 시각적 인상으로 만들기 위해서는 집중이 필요하다. 인체 내부에서 이러한 작업이 일어날 때는 대단히 많은 신경화학물질이 분비된다. 오른쪽 그림에서 가운데 삼각형이 그 주변 여백보다 좀더 밝게 보이고 그 윤곽이

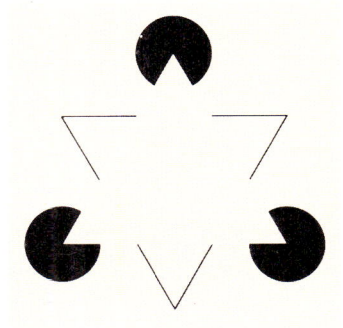

카니자 삼각형

거의 각인된 듯이 보이는 현상은 신경화학물질의 작용 때문이다. 이러한 착시에서 이 삼각형을 만든 사람은 바로 우리 자신이므로 그리 놀랄 일은 아니다. 이 삼각형은 실제로 그린 것이 아니라 단지 삼각형으로 보일 뿐이다. 우리가 이 그림을 그리면서 완성에 다가갈수록 그림의 시각적 인상은 더욱 뚜렷해진다.

우리는 형태를 느낀다. 그리고 그림의 구성도 느낀다. 집을 새로 꾸미고 거실 벽에 그림을 걸 때는 두 사람이 함께 일하는 편이 가장 좋다. 한 사람은 벽에서 좀 떨어져서 지시한다. "좀더 왼쪽으로. 좀더 아래로. 됐어, 거기야." 다른 사람은 벽에 서서 '맞을 때까지' 그림을 이리저리 옮긴다. 그림의 위치를 옮기는 경우는 일반적으로 처음에 잡은 위치에 걸린 그림이 불균형을 야기하여 조화를 깰 때이다.

실제로 우리는 균형과 불균형을 느낄 수 있다. 루돌프 아른하임은 '시각질량'이라는 말을 사용했다.[57] 시각질량을 결정하는 데 중요한 것은 크기만이 아니다. 작지만 강렬한 빨간색의 그림은 그보다 훨씬 더 큰 파스텔조의 파란색 그림과 시각질량이 같을 수 있다. 내가 쓴《영화 몸으로 즐기기》에는 시각질량에 영향을 미치는 10여 가지의 요인이 나열되어 있다.[58] 시각질량은 주로 어떤 사물과 그 주위를 두른 테두리 사이의 거리에 의해, 이를테면 벽에

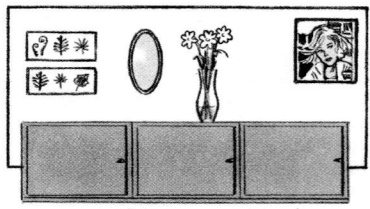

시각질량

걸린 그림과 그 벽의 가장자리 사리의 간격에 의해 정해진다.

여러 사물과 그 사물들을 둘러싼 테두리의 상호작용에 의해 꽉 찬 느낌의 그림이 완성될 때 시각적인 집중도가 높아진다. 테두리는 시각이 흐트러지는 일을 방지한다. 테두리는 시각적 긴장감을 집약하는 압력솥이다. 형태적으로 밀도가 높은 그림은 이러한 집약이 밑받침될 때 비로소 형성된다. 이때 우리는 그 그림을 느낄 수 있다.

이 책의 도입부에서 18세기에 유행했던 클로드글라스에 관해 이야기한 바 있다. 사람들은 경치를 등지고 서서 아름다운 지점이 비치도록 거울을 들고 거울에 비친 풍경을 즐겼다. 거울의 테두리 속에 비친 그림은 실제로 보는 풍경보다 훨씬 더 강렬한 인상을 주고, 거울 유리의 작용으로 니스 칠을 한 것처럼 보이므로 그림이 주는 긴장감은 더욱 상승했다. 오늘날 드레스덴에 가면 틀이 있는 그림과 틀이 없는 그림을 비교할 수 있는 지점이 여러 군데 마련되어 있다. 고색창연한 도시를 가로질러 이젤을 놓고 그 위에 큰 틀을 세워놓았는데, 그 틀을 통해 이른바 '카날레토 풍경'을 즐길 수 있다. 카날레토 풍경이란 세계적으로 유명한 화가 카날레토(Canaletto, 이탈리아의 화가_옮긴이)가 그린 드레스덴의 풍경을 일컫는데, 1747년에 시작된 이 작업으로 카날레토는 17점의 풍경화를 완성했다. 카날레토 풍경을 통해 우리는 틀이 없으면 풍광이 흩어져 보이고, 틀이 있으면 꽉 찬 그림이 된다는 사실을 분명히 알 수 있다.

인공 정원에는 이러한 원리를 바탕으로 인상적인 풍경을 즐길 수 있도록 조성한 곳이 매우 많다. 스투어헤드 공원을 비롯한 18세기 영국 공원에서는 낭만적인 동굴을 그림의 틀로 이용했다. 미술용어로 프레이밍(framing)이 없다면 호수 건너편의 아름답고 작은 사원은 단지 펼쳐진 경치 속의 흰 점으로밖에 보이지 않을 것이다. 그러나 동굴 안쪽 선이 만드는 틀이 생리적인 확대경이 되어 시선을 잡아끄는 풍경의 시각질량을 증가시킨다. 이리하여 밀집된 전경-배경의 구도가 형성되고 시각적 긴장감이 팽팽한 정원그림이 탄생한다.

엘렌 그리모는 절정에 도달했을 때 머리를 뒤로 젖히고 눈을 감거나 몰입의 순간 거칠게 숨을 들이쉰다. 우리는 그림을 볼 때 위대한 화가들처럼 쉽게 황홀경에 빠지지는 못한다. 그러나 우리는 그 자리에 서서 그 황홀한 순간을 누군가와 함께 나누게 된다. "이렇게 아름다울 수가!"

상품 디스플레이 분야에서는 소비심리를 자극하기 위해 밀집된 화면을 이용한다. 틀을 설치하고, 그 안에 상품과 그림을 비치해 전체적인 '상품그림'을 형성하는데, 전통 회화, 정원조경, 또는 영화에서 사용되는 여러 가지 방법이 판매 장소에서도 사용된다.

움다시 숍 컨셉트(Umdasch-shop-concept, 상점 디자인과 디스플레이를 대행하는 오스트리아의 기업_옮긴이)는 제네바의 에스프리(Esprit) 매장에 흰색으로 빛나는 틀을 설치하고 틀 안에 전형적인 상품그림을 형상화했다. 맨 오른쪽 구석

드레스덴의 카날레토 풍경 | 스투어헤드 풍치공원

을 장식하는 모델의 얼굴에서 눈, 코, 입이 그리는 삼각형은 사람들의 집중력과 시각질량을 높인다. 인간은 다른 사람의 모습이 자신과 어떻게 다른지 알아내기 위해 눈, 코, 입이 그리는 삼각형을 매우 자세히 살핀다. 모델의 얼굴에 나타난 삼각형으로 틀의 오른쪽 측면에 높아진 시각질량은 왼쪽에 걸어둔 흰색 상품다발과 균형을 이룬다. 이 상품다발도 흰색으로 인해 시각중량이 높아진다.

　오늘날 현대적인 매장에서는 이와 같은 상품 디스플레이를 흔히 볼 수 있는데, 대부분 사각의 틀을 이용하므로 찍은 듯이 닮은 경우도 많다. 그 결과 다른 형태의 틀을 이용해 효과를 집중하려는 시도가 나오기 시작했다. 아디

제네바의 에스프리

더블린의 베스트 멘스 웨어

다스는 유명한 '아디다스 줄무늬'로 3차원의 틀을 설치했고, 움다시가 디자
인한 더블린 베스트 멘스 웨어(Best Mens Wear)의 매장에서는 곡선의 틀이 재
미있게 흐른다. 두 경우 모두 강한 인상을 남기는 밀집된 화면을 연출하는
데 성공했다.

밀집된 공간
밀집된 화면은 수직적이고, 공원조경에서 상품 디스플레이에 이르는 모든
시각예술의 구성요소이다. 그림에 틀을 두르면 틀 안의 그림이 밀집되어 보

이므로 시각적 긴장감이 높아진다.

밀집된 공간은 수평적이고, 공간을 분할하는 방법 중 하나다. 우리는 밀집을 통해 이른바 인지지도(cognitive map)를 강화할 수 있다. 인지지도는 한 장소에 대해 우리가 기억하는 그림을 일컫는다.

우리는 어떻게 길을 찾을까? 인지지도의 도움을 받아 직관적으로 찾는다. 다시 말해 머릿속에서 그 장소에 대한 사용설명서를 펼쳐 보는데, 사용설명서에는 어디에 무엇이 있고, 어디에서 어디로 이동하려면 어떻게 가야 하는지 나와 있다. 가끔 지름길이 표시되어 있기도 하고, 이리저리 헤매게 만들기도 한다. 그럼에도 우리는 이 사용설명서의 도움으로 목적지를 찾을 수 있다. 파리는 우리가 길 찾기를 할 때 주목하는 사항을 표본적으로 보여준다.

우선 중심축을 찾는다. 우리가 가야 할 길이 중심축에서 뻗어나 있기 때문이다. 루브르와 라데팡스 사이를 잇는 샹젤리제 거리는 우리가 파리를 관광할 때 의지해야 할 중심축이다. 여러 축이 만나는 교차로에는 접점이 형성되는데, 접점은 대단히 중요할 뿐만 아니라 매우 강조되는 곳이기도 한다. 열두 개의 도로가 만나는 에투알에는 웅장한 개선문이 서 있다. 우리가 이 도시의 어떤 구역을 확인하고자 할 때 몽마르트르는 몽파르나스와는 분위기가 사뭇 다르다는 사실을 직관적으로 알아본다. 그런 다음 큐 포인트(cue point)를 기준으로, 다시 말해 그 지역의 특징이 될 만한 지형지물을 기준으로 원하는 장소를 찾는다. 이를테면 사크르 쾨르 대성당은 몽마르트르 언덕의 대표적인 큐 포인트다. 이제 의지할 지점을 확인했으므로 머릿속의 지도를 사용해 정확한 방향을 잡을 수 있을 뿐만 아니라 고향에 온 듯 낯설지 않고 익숙한 느낌이 든다.

파리는 어떻게 세계에서 관광객이 가장 많은 도시가 되었을까? 불르바르

덕분이다. 19세기 중엽에 파리 지사 오스만(Georges-Eugène Haussmann)의 지시로 건설된 불르바르는 이 도시의 인지지도를 극명하게 집약한다. 모든 축은 원칙적으로 오페라하우스, 마들렌 교회, 상이군인회관 등 큐 포인트를 향하고 길이 교차하는 점점들을 가리킨다. 파리 전체에서 샹젤리제는 얼마나 두드러져 보이는가? 세 군데에 설치된 승리의 아치, 오벨리스크, 그랑팔레(grand palais)와 프티팔레(petit palais), 해시계와 분수 등 샹젤리제를 잇는 약 70개의 지점이 일관되게 축의 진행 방향을 지킨다.

중심축과 같이 인지지도를 구성하는 한 가지 요소를 특별히 강조하면 그 장소의 공간적인 인상이 더욱 뚜렷해진다. 이리하여 수직의 밀집된 화면에 대응하는 수평의 밀집된 공간이 형성된다. 이와 같은 밀집된 공간을 창조하기 위해 도시 디자인이라는 분야가 새로이 탄생했다. 도시 디자인은 도시설

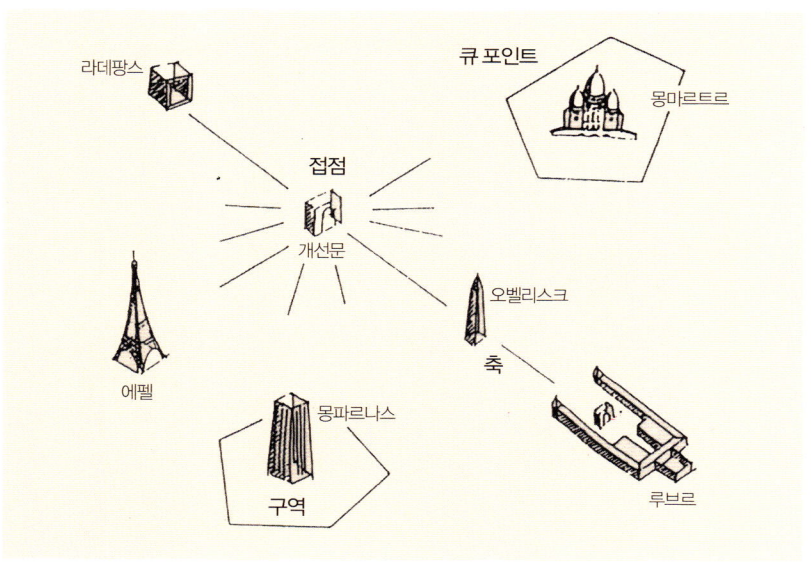

파리 인지지도

256

계, 조경, 그리고 도시 마케팅을 아우르는 분
야다. 현명한 정치가들은 도시를 그냥 내버려
두어서는 안 된다는 사실을 통찰했다. 오스만
이 보여주었듯이 도시는 꾸미고 가꾸어야 한
다. 그래야만 도시의 도로가 뚜렷한 특징을
얻게 되고, 점점 도심으로 파고드는 쇼핑몰에
밀리지 않는 지위를 확보할 수 있다. 주요 도
로를 강조하면 그 지역에 대한 집약적인 인지
지도를 형성할 수 있고, 나아가 강한 인상을
줄 수 있다.

모퉁이를 돌자 갑자기 숲이 나타났다. 약
30그루의 나무가 빽빽이 줄지어 서 있는데,
활엽수도 침엽수도 아니다. 도쿄 아카사카의
가로수는 우듬지 대신 가로등을 이고 있다.
나무줄기의 속을 파고 그 안에 가로등을 설치
함으로써 복잡한 도쿄에 자연을 이용한 '동네
길'을 조성했다. 아카사카는 원래 '나무 세 그
루로'라는 뜻이라고 나중에 통역사가 일러주
었다.

거기서 롯폰기 힐까지는 걸어서 20분밖에
걸리지 않는다. 롯폰기 힐은 쇼핑몰, 영화관,
박물관, 고층빌딩, 아사히 텔레비전 방송국
본관, 그리고 대단히 비싼 주택가를 아우르는

아카사카

대규모 도시 엔터테인먼트 센터이다. 쇼핑몰이 있는 롯폰기 힐의 중심과 플래그십 스토어가 즐비한 주택가 사이의 도로는 대단히 많은 차량이 오가는 길이다. 어쩐다? 도쿄는 탁월한 도시 디자인으로 이 문제를 현명하게 해결했다. 거리 곳곳에 앉거나 누워 쉴 수 있는 장소가 충분히 마련되어 있으므로 차도 가까이에서 몇 분간 휴식을 취할 수 있다.

수많은 차들이 오가는 도로변이지만 이 휴식 공간은 점유율이 매우 높다. 놀랍게도 거실 형태를 띤 장소도 있는데, 좁다랗게 앉을 자리만 마련된 장소였다. 마침 젊은 부부가 아이들을 데리고 와 거실을 차지했다. 밤에는 이 거실에 달린 두 개의 등에 불이 들어온다. 하나는 천장에서 아래로 드리워져 있고, 다른 하나는 거실 가운데 둔 테이블에 세워두었다. 누가 두고 갔는지, 테이블 위에 콜라 병도 하나 서 있다. 아사히 텔레비전 본관 앞에 설치한 달걀 모양의 의자, 빨간 띠 모양의 침상 새벽 두 시까지 영업하는 대형 서점 앞의 인조 담쟁이덩굴 등이 롯폰기 힐의 도시 디자인을 완성한다.

이 거리는 단지 통행량이 많은 통로가 아니라 독특한 개성을 지닌 생활공

롯폰기 힐

간이다. 휴식 공간은 이 중심축을 강조하는 연출이며, 따라서 우리는 머릿속에 이 지역의 지도를 매우 뚜렷하게 그릴 수 있다.

의미의 혼란

현대의 일본은 우리에게 강렬함을 느낄 수 있는 또 하나의 기회를 제공했다. 성격이 서로 다른 표지를 충돌시켜 대단히 강한 인상을 불러일으켰는데, 우리가 이 현상을 연구하게 된 계기는 충격적인 디스플레이 때문이었다.

나와 내 아들은 격분했다. 도쿄의 세련된 아오야마 지역에서 우리는 프랑스제 명품을 진열한 쇼윈도에서 호랑이 가죽을 발견했다. 우리는 달려 들어갔고, 그 당시 여덟 살이던 내 아들은 영어로 물었다. "이거 진짜예요?" 매장의 여주인은 자랑스럽게 그렇다고 답하고, 호랑이 가죽 위에 놓여 있던 구두를 보여주려고 했다. 머리 부분을 박제한 진짜 호랑이 가죽이 상품 진열대로 '남용'되고 있었다. 매장 주인은 우리가 왜 그리 흥분했는지 전혀 이해하지 못한 듯했다. "폼 나죠?"라고 말하고 싶은 것 같아 보였다. 그다음 날 우리는 다른 쇼윈도를 보고 당혹해하지 않을 수 없었다. 그 쇼윈도는 아동용 티셔츠와 모자를 전시하고 있었다. 쇼윈도에 서 있는 어린 소녀의 마네킹은 유명 브랜드의 모자를 쓰고 있었는데, 모자에는 벌거벗은 여인과 해골 두 개가 새겨져 있었다.

이제 우리의 기자정신이 발동했고, 우리는 조사에 착수했다. 제일 먼저 우리가 발견한 것은 히스테릭 글래머(Hysteric Glamour)라는 체인점이었다. 이 매장에서는 거친 록 문화를 상업에 이용하고 있었다. 매장 안의 긴 의자는 금색의 남자성기 모양이었고, 스탠드 전등은 마치 기관총 같았다. 여기저기 모든 것이 매우 우아하고 엄숙했다. 우리는 아동용품점으로 갔다. 거기서 본 한 살짜리 남아용 티셔츠에는 '섹스하기에는 너무 취했어(Too drunk to fuck)'라고 써 있었다. 그리고 어린 여아용 티셔츠에는 '누구나 마약에 취해야 해(Everybody has to get stoned)'라는 슬로건이 새겨져 있었다. 여기저기 매우 흥미로운 제품이 많았다. 2세용 청바지는 모두 벨트에 징과 인조보석 장식을 박았다. "멋진데! 2년 후에는 분명 우리나라에서도 유행할 거야." 연수 참가자 가운데 의류 분야에 종사하는 사람이 말했다.

그다음에 발견한 네이버후드(Neighborhood)는 매장 외벽에 쓴 '음란과 격정(The Filth and the Fury)'이라는 글귀로 우리를 맞이했다. 실내의 바닥에는 대단히 아름다운 짙은 색의 목재가 깔려 있었다. 우리는 이상한 것을 발견했다. 제일 먼저 우리의 시선은 디스플레이 된 가죽 벨트에 가 닿았는데, 죔쇠가 서로 맞붙잡은 손 모양으로 되어 있어 매우 불편해 보였다. 우리는 멋진 글씨체로 '자살폭탄 벨트'라고 널찍하게 쓴 상품 표지판을 발견했다. 여기서는 그러니까 '자살테러범'이라는 주제와 관련된 벨트를 팔고 있었다. 이 벨트는 자살폭탄을 묶는 폭발물 벨트를 암시했다. 그 오른쪽 옆에 있는 쇼케이스에는 도자기로 된 찻주전자가 값비싼 티셔츠와 멋진 의복에 둘러싸여 있었다. 그런데 그 주전자는 히틀러의 머리 모양을 하고 있었다. 마지막

도쿄의 도발적인 쇼윈도

으로 계산대 옆에는 마이센에서 생산되는 칼라슈니코프(Kalaschnikow, 소총 브랜드_옮긴이) 자동소총과 똑같은 모양의 옥색 도자기 소총이 고객의 손길을 기다리고 있었다.

이게 어찌 된 일인가? 이 모든 매장의 판매원들은 친절하고, 전형적인 보통사람들이었다. 극단주의자도 아니고, 극우보수파도, 아동학대자도, 동물학대자도 아니었다. 이들에게 상품에 표시된 모든 상징들은 조금도 중요해 보이지 않는 것 같았다. 그들은 의미적 충돌에 의한 도발을 덧진 것으로 생각했다. 기관총 모양의 뾰족한 도자기도, 섹스를 노골적으로 상징하는 아동복도.

서로 어울리지 않는 상징세계를 하나로 집약해 얻는 효과와 비교할 때 표지가 나타내는 혼란스러운 의미는 도쿄에서는 그다지 중요하지 않은 것 같다. 저명한 대중문화 분석가인 게오르크 제슬렌(Georg Seßlen)은 이러한 현상에 대해 '의미의 혼란'이라는 용어를 사용했다. 즉, "표지가 현실을 의미해야 한다는 생각과의 이별"을 의미한다.[59] 중요한 것은 표지 자체가 아니다. 서로 어울리지 않는 것들을 결합해서 표지를 충돌시키켠 강한 인상을 불러일으켜 '흥분'을 강화한다는 사실이다.

네이버후드의 한구석에 서 있던 성모상이 마침내 결정적인 힌트를 주었다. 우리는 1983년에 개업해 스캔들의 온상이 된 뉴욕의 나이트클럽 라임라이트(Limelight)를 기억한다. 현재는 아발론(Avalon)이라는 이름으로 영업하고 있는데, 이 디스코테크는 이전에 교회였던 장소이다. 과거에 제단이 있던 자리에 바가 들어섰고, 인테리어는 대체로 엄숙한 분위기를 띠고 있었다. 그러니까 표지의 충돌을 즐기는 사람들은 비단 정신 나간 일본인만은 아니었다. 나는 빈의 내 집 앞에서 100미터만 가면 있는 아트포룸(Art4Room)이 생각났다. 아트포룸은 화가 안드레아스 라이만(Andreas Reimann) 관련 상품을 파는 컨셉트스토어다. 화려한 색상의 유리그림과 가구, 티셔츠와 소품들을 파는 이곳은 원래 미용실이었고, 1950년대에 설비한 시설이 그대로 있었다. 예술품과 상품들 옆에 아직도 핑크색의 둥근 머리 건조기가 서 있다.

상징표시를 강화하는 일은 강한 인상을 주기 위한 미학적 전략으로서 이미 오래전부터 중요성을 인정받고 있다. 시각적으로 밀집된 경치를 조성한 18세기의 풍치공원도 응집된 그림을 탄생시키는 동시에 표지의 충돌을 시도했다. 그리스 신전이나 고딕식 기둥이 보이는 곳에 세운 중국식 탑을 그 증거로 들 수 있다. 필리프 스타르크가 디자인한 호텔과 바에서도 상징표지의 충돌을 확인할 수 있다. 이를테면 뉴욕의 허드슨 호텔(Hudson Hotel)에는 나무둥치 의자 옆에 황금의 왕좌가 있고, 그 주위를 빙 둘러 유리 의자를 설치했다. 호텔, 음식점, 전시장, 박물관을 막론하고 체험 경제의 모든 분야에서 상징표지의 충돌은 오늘날 드물지 않게 이용되는 연출법이다.

독일의 에센 시에서 가장 인상적인 장소는 광산관세동맹(Zeche Zollverein) 건물이고, 거기서 또 가장 인상적인 곳은 레드도트 디자인센터(reddot Designzentrum)이다. 이곳에서는 20세기 초의 공업 미학이 오늘날의 미학과 만난다. 스타 건축가 장 누벨(Jean Nouvel)이 한때 광산의 보일러실이었던 장소를 멋지게 변화시켰는데, 녹슨 기계설비 한가운데에 알루미늄으로 된 아우디(Audi) 고급차가 빛을 발산하며 떠 있다. 공장 시설 한쪽 구석에는 멋진 다이슨(Dyson) 진공청소기가 현대 디자인을 대표하는 다른 물건들과 함께 몸을 움츠리고 있다. 주변 환경과 사물들은 각각 전혀 다른 연상의 세계, 서로 다른 브레인 스크립트, 서로 다른 이미지를 암시한다. 서로 다른 세계가 이

에센 곧 산관세동맹의 레드도트 디자인 박물관

도쿄 롯폰기 힐의 스카이 아쿠아리움

렇게 가까이 붙어 있으니 충돌하여 폭발할 것만 같다. 마치 두 개의 행성이 마주 다가오고 있는 듯했다. 우리는 옛것과 새것의 이미지가 단순히 대비될 때보다 서로 다른 상징세계가 충돌할 때 더 잘 적응해야 할 것이다.

상징표지의 충돌은 한 가지 의미 영역의 표지를 다른 영역에 배치할 때 그 의미에 쏟는 노력이다. 이러한 노력으로 창조된 의미의 혼란이 강렬한 느낌을 주고, 이때 분비되는 엔도르핀의 작용으로 우리는 황홀감을 느끼게 된다.

마침내 우리도 의미의 혼란을 즐겼다. 늦은 밤 우리는 스카이 아쿠아리움(Sky Aquarium)으로 갔다. 스카이 아쿠아리움은 한여름에 모리타워(Mori-Tower) 빌딩의 옥상에 설치되는데, 모리타워는 롯폰기 힐에 있는 고층 사무실 빌딩이다. 스카이 아쿠아리움은 매년 새롭게 설치된다. 제일 먼저 우리는 니모 피시(영화 〈니모를 찾아서〉에 나오는 물고기. 흰둥가리_옮긴이)를 보았다. 사방이 모두 투명한 아쿠아리움 속의 니모 피시는 마치 도쿄의 구름 위를 헤엄치는 것처럼 보였다. 그다음에는 일본의 전통적인 병풍 속을 휘젓고 다니는 물고기를 보았다.

어두운 공간을 여러 개 지난 후 우리는 아주 깜깜한 방에 당도했다. 거기서는 빨간빛을 받는 거대한 어항 속에서 아쿠아리움의 스타들이 초현실적인 분위기를 연출했다. "이제 보니 정말 멋있어." 나와 내 아들은 이렇게 말했다. 호랑이 가죽은 이미 잊어버린 지 오래다.

황홀감 | 강렬한 인상

- 황홀감은 섹스 없는 음욕이다.
- 제어된 스트레스는 황홀감을 불러일으킨다.

심리작용　**유발**

- 우리의 세상 경험은 집중을 통해 강화된다.
- 강렬한 감정은 분출 직전 상황으로 억압된 감정이다.

감정이입

- 예술가들은 몰입을 통해 감정을 이입하고, 우리는 예술가를 통해 공감한다.
- 우리는 황홀경을 다른 사람과 나눈다. "저것 봐 정말 아름답지?"

효능 발휘

- 엔도르핀이 분비되면 행복에 도취된다.
- 엔도르핀 분비를 지속적으로 경험하면 바이오에너지에 의한 봉쇄가 풀린다.

연출법　**응집된 울림**

- 머뭇거림을 통해, 시간을 충분히 활용함으로써 응집된 울림을 표현할 수 있다.
- 동일하게 진행되는, 최면과도 같은 반복을 통해서도 응집된 울림이 나온다.

밀집된 화면

- 밀집된 화면은 사물에 대한 시각적 긴장감이 최적 상태일 때 완성된다.
- 밀집된 화면은 사물과 틀의 상호작용으로 형성된다.

밀집된 공간

- 밀집된 공간은 인지지도에서 그 지점이 강조될 때 형성된다.
- 도시 디자인으로 밀집된 공간을 조성한다.

의미의 혼란

- 의미의 혼란은 서로 어울리지 않는 상징세계를 충돌시킴으로써 야기된다.
- 의미의 혼란은 도발 또는 충격적인 초현실주의 기법으로 조성할 수 있다.

Chill

여유

편안한 기분

오늘날에는 거의 모든 쇼핑센터에 휴게 공간이 들어섰고, 경쟁적으로 '편안한 여유'를 선전한다. 그런데 우리는 왜 이토록 여유로움에 목말라 할까?

"2유로 60센트입니다." 판매원이 말하며 바삭바삭한 빵을 커다란 돌멩이 위로 밀었다. 표면에 거친 금이 간 이 돌덩이는 본(Bonn)의 크나우버 마르크트(Knauber Markt, 공구나 공작재료를 판매하는 점포 이름_옮긴이) 내 블레스겐 빵집(Bäckerei Blesgen)의 매력 포인트다. 돌 안쪽에 열을 가해 따뜻해진 표면에 주문한 빵을 놓으면 방금 구운 빵의 온기와 바삭함이 그대로 유지되는 느낌이 든다. 다시 말해 상품을 놓은 자리의 특성이 상품에 전달되는 듯한 기분이 드는 것이다. 이와 같은 연출 기교를 플레이스먼트(Placement)라고 부른다. 나와 내 오랜 동료 위르겐 하슬러는 플레이스먼트를 이용한 멋진 연출을 위해 애쓰는 중이다.

그런데 이게 뭐지? 엄마를 따라온 어린 여자아이가 빵집 돌덩이에 몸을 문지르며 돌의 온기와 촉감을 한껏 즐기고 있었다. 뭐 하는 거지? 그 아이는 상품 포장대로 마련된 사물을 자신을 위해 이용하고 있었다. 자신의 몸에 닿는 느낌을 즐기기 위해. 몇 년 후 그 아이는 블레스겐 빵집이 '아주 편안했다'고 말할 것이다. 짬짬이 게으름을 피우는 행위를 통해 우리는 늘어지게 나태한 태도가 죄악에서 비롯되었으며, 나이의 고하를 막론하고 누구나 그러고 싶은 욕망이 있다는 사실을 알 수 있다.

나와 위르겐은 여기서 결론을 끌어내고 다음 프로젝트인 빈 슈타디온 센터의 쇼핑몰 디자인에 여유 개념을 충분히 넣기로 했다. 구체적인 아이디어의 주제는 '빈을 위한 거실'이다. 슈타디온 센터 전체를 LED 조명 띠로 두르고 여덟 개의 대형 LED 패널을 설치한다. 조명 띠는 서서히 색깔을 바꾸고, 패널에 은은한 분위기의 비디오 클립을 잠깐씩 비춰 편안한 느낌을 뒷받침한다. 머리 위로 꽃이 핀 들판이 떠 있고, 개구리가 연꽃 잎 사이를 팔짝팔짝 뛰어다닌다.

위르겐은 슈타디온 센터의 로고에 착안하여 잠깐씩 앉아 쉴 수 있는 리본 모양의 소파를 고안했다. 2년 전까지만 해도 유럽의 쇼핑몰에서는 휴식용

블레스겐 빵집

벤치를 찾아볼 수 없었다. '쉬고 싶으면 쇼핑몰에 있는 카페를 이용하라'는 뜻이었다. 사람들이 쇼핑몰에 머무는 시간은 점점 줄어들었고, 쇼핑몰은 점차 삭막한 '판매기계'로 전락했다. 오늘날에는 거의 모든 쇼핑센터에 고객을 위한 휴게 공간이 다시 들어섰고, 경쟁적으로 '편안한 여유'를 선전하고 있다. 그런데 우리는 왜 이토록 여유로움에 목말라 할까?

편안한 기분의 심리학

우리는 주변의 자극에 대해 점점 민감해져만 가고 있다. 이러한 현상은 우리 뇌의 미러 뉴런 때문이다. 인간은 주변 상황에 적응하며 진화해왔다. 따

슈타디온 센터의 리본 모양 소파

빈 슈타디온 센터의 LED 조명 띠와 비디오 타일

라서 공포영화를 보면서 공포를 즐기고, 쇼핑몰에서는 쇼핑을 즐긴다. 민감한 반응을 불러일으키는 자극은 어디에나 있다. 따라서 너무도 쉽게 '액션(action)'에, 시끄러운 소리에 모든 신경을 곤두세운다. 그러다 보니 액션이 없는 상황이 얼마나 감동적인지 잊고 살 때가 많다. 인간에게는 긴장과 이완의 교체가 필요하다. 2006년 월드컵 때 독일 팀의 감독을 맡았던 위르겐 클린스만은 선수들의 휴식시간을 두고 '자유시간'이라는 말 대신 '재충전'이라는 말을 썼으며, 재충전도 훈련과 마찬가지로 엄격하게 관리했다.[60] 재충전은 우리의 과제다. 재충전은 우리의 생존을 보장하기 때문이다. 생물은 재충전이 반드시 필요하다. 따라서 인간은 진화과정에서 이완 상태에 강한 느낌을 결부시키게 되었다. 그 느낌이 바로 여유의 행복감, 즉 편안한 기분이다.

오늘날 엔터테인먼트 산업에서 일어난 가장 큰 변화는 여유 개념을 주제로 도입한 현상이다. 라운지 없는 레스토랑이 거의 없고, 박람회장에는 전시대를 두 군데 지날 때마다 오아시스와도 같은 휴게 공간을 설치한다. 호텔은 점점 고된 일상에서 벗어날 수 있는 장소로 변모하고 있는데, 그 멋진 사례로 샌프란시스코의 바이털(Vital) 호텔을 들 수 있다. 바이털 호텔은 캘리포니아에서 30개 패션호텔을 운영하고 있는 조이 드 비브르(Joie de Vivre) 그룹의 플래그십 호텔이다. 이 그룹의 창업자이자 총수인 칩 콘리(Chip Conley)는 숙박료에서 일정액을 떼어 그 지역의 공공사업을 후원하고 있으며 호텔리어로서도 탁월한 기량을 발휘하고 있다. 바이털 호텔의 궁극적인 목적은 고객의 부담을 덜어주는 일이다.

우리는 방에 들어와 창가에 섰다. 방바닥까지 내려온 유리창을 통해 바다 위로 손 뻗으면 닿을 듯 가까이 보이는 베이브리지(Bay Bridge)가 한눈에 들어왔다. 그리고 창가에는 긴 안락의자가 있었다. "내 거!" "아니, 내 거야!" 우리는 서로 그 의자에 앉겠다고 다투었다. 보스(Bose)® 오디오에서 라운지 음악이 흘러나왔다. 우리는 값비싼 생수 한 병과 작은 샴페인 한 병을 땄다. 그리고 이 방에서 나가야 할지 말아야 할지 진지하게 고민하기 시작했다. 그때 우리는 칩 콘리가 투숙객에게 쓴 편지를 발견했다. 길 건너 페리빌딩 마켓플레이스(Ferry Building Marketplace)에서 장을 보고 호텔 옥상 테라스에서 피크닉을 하라고 권하는 글이었다. 마켓플레이스는 슬로 푸드(slow food) 운동의 중심지가 된 거대한 시장이었다.

바이털 호텔에는 훌륭한 레스토랑이 두 군데나 있었는데도 콘리는 자신의 호텔에 투숙한 고객에게 이런 제안을 했다. 그렇다면 나가야지! 우리는 로비로 내려갔다. 로비에서는 마침 마사지사 세 사람이 일을 하고 있었다. 매일 오후에 벌어지는 광경이다.

마사지로 해결되지 않을 만큼 문제가 심각한 사람은 고객관리사가 호텔 전체 네트워크를 통해 전문가와 연결해주는데 침술, 동종요법, 아유르베다(Ayurveda, 생명과학. 고대 힌두교의 건강관리체계_옮긴이) 등 각종 의료분야의 국내 최고 권위자가 대기하고 있다.

완화

고급 호텔에서는 마음이 들뜨는 동시에 일반적으로 조금은 피곤하기도 하다. 때로는 필요 이상으로 소비를 강요받기도 한다. 그러나 바이털 호텔은 다르다. 바이털 호텔은 고객이 소비나 관광 때문에 부담을 받지 않도록 배려한다. 객실 창가의 긴 의자에 앉기만 해도 샌프란시스코의 명물인 베이브리지를 즐길 수 있다. 부담을 더는 일은 자극의 완화를 의미한다. 집중은 모든 자극을 더욱 강화하지만 휴식은 자극의 강도를 완화하려고 애쓴다.

몇 년 전, 빈에 이른바 소금동굴이 생겼다. 티베트식 소금벽돌로 두른 동굴에서 누워 쉴 수 있는 장소인데, 동굴 안으로 빛이 들어와 아름다움을 연출하고, 고래들이 노래 부른다. 손님들은 빈 한복판에서 발아래 소금을 통해 전달되는 땅 밑의 서늘한 기운을 즐긴다. "이제는 우리도 바다 난방을 하게 되었군요." 어느 날은 누군가 내게 이렇게 말했다. 물론 소금바닥 아래로 들어오는 난방을 두고 한 말이다. 그러나 바닥은 뜨겁지 않다. 더워진 소금의 열기를 두 겹의 얇은 판으로 가라앉히기 때문이다. 냉각 또한 자극을 완화하는 방법 가운데 하나다.

최근 팔라초 베르사체는 두바이에 두 번째 호텔을 열었다. 이 호텔의 매력 포인트는 편안함의 연출이다. 해변을 따라 지하에 묻은 냉각 파이프로 지면의 온도가 내려가므로 뜨거운 모래에 발을 델 우려가 없다. 냉각, 즉 열기의 완화를 통해 여유를 연출한다.

여유를 불러일으키는 일반적인 원리는 완화다. 완화는 더 느리게, 더 조용하게, 더 쉽게, 더 선선하게, 더 나른하게 만드는 일이다.

여유 과시

여유 감정과 관련된 행복감의 작용과정은 특별한 의미를 띤다. 행복감의 작용이 일어나지 않는다면 여유를 제공하는 상품이 그저 지루한 건지, 아니면 정말로 여유를 즐길 수 있게 해주는 건지 구별할 수 없기 때문이다.

편안한 기분을 마음껏 즐길 수 있을 때 게으른 태도는 여유로움이 된다. 행복감을 불러일으키려면 적극적으로 감정을 이입해야 한다. 우리는 스스로 긴장을 풀고 여유를 즐길 가능성을 제공받을 때 편안한 분위기에 감정을

박물관 구역의 엔치스

이입한다. 다리를 높이 올린 자세는 대표적인 여유 증폭제이다. 빈의 박물관 구역에 설치한 엔치스(Enzis, 압축 발포 폴리스티렌으로 만든 야외용 조립식 가구_옮긴이)는 촉감이 딱딱한데도 인기가 있는 이유는 바로 그 때문이다. 엔치스는 다리를 높일 수밖에 없도록 설계되어 있다. 보란듯이 적극적으로 여유를 과시하는 행위를 유도하는 설계이다.

도쿄 미드타운은 롯폰기에 있는 두 번째 도시 엔터테인먼트 센터다. 이곳 공원에서는 수백 명의 시민들이 인공 시내에 발을 담그고 서늘한 기운을 즐긴다. 몇 백 엔을 내면 방석과 수건을 받아 이 시내에 발을 담글 수 있다. 발을 담그지 않는 사람들이 찾는 곳은 공원 도서관(Park Library)이다. 공원 도서관은 공원 내의 작은 매점인데, 나무 책상 위에 바구니가 여러 개 있고, 각 바구니에는 한 가지 주제의 책과 주제를 적은 쪽지가 들어 있다. 어떤 쪽지를 보니 '개'라고 쓰여 있었다. 개에 관한 책을 읽고 싶은 사람은 그 책이 든 바구니를 들고 들판으로 가서 읽을 수 있다.

안정

이렇게 30분이 지나면 효과가 나타난다. 책장을 넘기고 편하게 여기저기 읽으면서 휴식을 취하다 보면 안정을 얻게 된다. 숨을 크게 내쉬고, 스트레스호르몬인 코르티솔(cortisol)의 수치가 내려간다.[61] 편안한 휴식을 적극적으로 즐길수록 엔도발리움(endovalium)과 같은 완화작용을 하는 신경전달물질이 빨리 분비되어 우리의 근육이 마침내 이완된다.

시카고, 뮌헨, 프랑크푸르트 공항의 불빛은 마음이 급한 승객을 고려해 안정감을 주는 색조를 띠고 있다. 공항뿐만 아니라 철도역에도 안정감을 주는 조명을 설치하는 추세인데, 취리히의 중앙역과 그 지하 쇼핑몰 숍빌

(ShopVille)에서는 청색과 녹색을 사용한다.

자극을 완화하여 마음의 안정을 추구하는 태도는 티키 퀴스텐마허 부부(Marion & Werner Tiki Küstenmacher)의 인생철학이기도 하다. 이 부부가 쓴 책 《단순하게 살아라(How to simplify your life)》는 시원하고 구체적인 해결책을 제시하여 세계적인 베스트셀러가 되었다. 《부엌, 창고, 옷장 정리》와 같은 책들을 통해 이 부부는 합리적인 정리정돈으로 일상의 부담을 훨씬 줄일 수 있다는 사실을 보여주면서 체중이나 수입으로 받는 자극을 축소하는 방법과 관련지어 설명한다. 편하게 쉬는 사람은 자신을 돌아본다. 편안한 휴식은 머리를 비워 새로운 과업을 생각할 여유를 준다.

편안한 기분 연출법

"야옹." 친구들로 보이는 여자들이 커피를 홀짝거린다. 빨강, 흰색, 검정 줄무늬가 가장 마음에 드는 모양이다. 아무튼 이 여자들은 10분쯤 전부터 그 녀석을 쓰다듬고 있다. 그러면서 신나게 수다를 떤다. 어쩌면 영화를 보러 갈지도 모르겠다. 한 사람이 시계를 들여다본다. 고양이 카페에서 허락된 90분이 다 되어간다. 여덟 마리의 고양이가 돌아다니는 이 카페에서는 90분 이상 앉아 있을 수 없다.

일본의 임대주택 가운데는 애완동물을 금지하는 곳이 많기 때문에 사람들은 고양이 카페를 찾아 스킨십의 욕구를 충족시킨다. 고양이 카페는 낮동안에는 좀 유치원 같은 분위기인데 밤에는 불이 들어오고, 라운지 음악이 흘러 긴장을 풀어준다. 혼자 사는 직장 여성들은 고양이 카페를 퇴근 후 여유를 즐기는 공간으로 이용한다. 일본에는 고양이 카페 외에도 각박한 일상의 부담을 덜어주는 시설이 다양하게 마련되어 있다.

침대

적극적으로 긴장을 푸는 행위는 여유 감정의 증폭제다. 긴장을 풀어주는 연출 가운데는 높은 효과를 내는 방법이 몇 가지가 있다. 사람은 누워 있을 때 근육이 최적의 상태로 이완한다. 비행기의 비즈니스클래스는 오늘날 항공업에서 유일하게 수익을 올리는 업종이다. 모든 항공사는 비즈니스클래스 좌석의 기울기 각도를 내세워 서로 경쟁한다. 어느 비행기의 좌석이 180도에 가장 가깝게 기울어지는가? '비즈니스클래스에 완벽한 수평 침대를 보유한 유일한 항공사'라는 광고 카피를 내세운 항공사도 있었다.

해먹(hammock)은 여유를 즐길 수 있는 고전적인 상품이다. 원래 선원들이 장소를 절약하기 위해 침대로 사용했던 것인데, 오늘날에는 여유 감정과 더불어 먼 곳과 바다를 향한 브레인 스크립트까지 제공하는 생활가구로 지위가 상승했다.

몇 년 전부터 세계적으로 레스토랑과 바에 라운지를 설치하는 경향이 일반화되고 있다. 서퍼 클럽(Supper Clubs)은 업계 최초로 레스토랑을 찾는 주 목적을 눕는 데 둔 업소다. 본사는 암스테르담에 있고, 방콕 지사는 스핀 오프(Spin-Off)라는 이름으로 운영하며 빈, 뮌헨, 프랑크푸르트에서는 클로네(Klone)라는 이름으로 운영한다. 레스토랑의 실내를 빙 둘러 침대가 설치되어 있고, 손님이 침대에서 식사를 하는 동안 가운데 빈 공간에서는 쇼를 공연한다. 식사가 끝나고 점차 긴장이 풀리면 누워서 맛본 편안한 느낌을 더욱 북돋워주는 마사지실로 이동한다.

둥지

누워서 긴장을 푸는 행위는 다소 은밀한 일이다. 사람들은 외부의 시선을 피해 안전한 둥지 속에 몸을 숨기고 싶어한다. 칸막이가 설치된 극장의 특별실, 레스토랑의 별실, 그리고 해변의 방갈로 등은 안심하고 휴식을 즐길 수 있는 최초의 둥지들이다.

최근 크루즈 선박은 이 둥지와 관련하여 눈부신 발전을 이룩했다. 전통적으로 크루즈 선박은 창문이 없는 중앙 선실, 동그란 창이 달린 바깥쪽 선실, 그리고 전용 발코니가 달린 몇 개의 스위트룸으로 되어 있었다. 오늘날 건조되는 선박에는 거의 전적으로 발코니가 달린 바깥쪽 선실만 있는데, 이러한 변화는 편안함을 내세운 마케팅의 승리가 부른 현상이다. 그 결과 자신만의 전용 공간에서 바다를 직접 보면서 휴식을 취하고 싶어하는 승객이 훨씬 더 늘었다.

이러한 변화의 초기에는 선박 설계에 애를 먹었다. 초기의 배들은 외벽에 발코니가 다닥다닥 붙은 뭉툭한 상자 같아 보였으므로 보는 사람은 양계장을 떠올렸다. 그러나 새로 짓는 크루즈 선박은 우아한 모습을 되찾았고, 여유 감정을 멀리까지 전달하는 광고 효과도 내고 있다.

발코니 선박의 발달과도 같은 변화가 항공기에서도 일어난 현상을 보건대 둥지로서의 기능은 모든 교통수단이 충족시켜야 할 요구조건인 것 같다. 몇 년 전부터 퍼스트클래스의 좌석은 카우치로 대체되었는데, 옆 좌석과는 칸막이로 격리되어 있을 뿐만 아니라 교묘한 공간배치로 개인 공간은 진짜 누에고치 속과도 같이 완벽하게 보호받는다. 그다음 발전단계는 중동의 고급 항공사에서 도입한 객실이다. 이 객실은 안에서 문을 잠글 수 있는데, 안전상의 이유로 밖에서도 열 수 있는 문이 위로 나 있다. 이 객실의 좌석은 앉을 수도 있고 누울 수도 있게 설계되었다. 이보다 더 발달한 형태는 싱가 포르 에어라인에서 운영하는 에어버스(Airbus) 380의 스위트룸이다. 이 스위트룸은 기체의 나머지 부분과 완벽하게 격리되며, 진짜 침대가 설비되어 있는 데다 벽에 붙은 간이침대를 추가로 사용할 수 있으므로 두 사람이 잘 수 있는 공간이 확보된다. 에미리트 항공에서는 스위트룸과 더불어 샤워시 설이 완비된 스파와 개인전용 부대공간을 완벽하게 구비했다.

그 밖에 기차와 버스도 있다. 이른바 달리는 둥지라는 침대차가 탄생했지만 철도교통에서는 그 후 오랫동안 아무런 혁신도 일어나지 않았다. 물론 살롱이 딸린 호화로운 기차도 있고, 미국과 스위스에서는 고급 관광열차도 운영하지만 살롱열차는 극히 일부만을 위한 것이고 관광열차는 속도가 너무 느리다. 그러나 버스는 이벤트와 인센티브를 중요시하는 이 시대에 걸맞게 큰 발전을 보였다.

버스의 모체는 장형 리무진이다. 리무진에서는 앉는다기보다는 눕는다고 할 만큼 의자가 낮다. 새로 나온 리무진 버스는 이와 같은 장형 리무진의 쾌적함을 록그룹의 순회공연용 '투어 버스'에 적용한 형태다. 장형 리무진과 마찬가지로 리무진 버스의 의자는 매우 낮고, 좌석은 모두 창쪽에 설치되어 있다. 캘리포니아에는 50명을 태울 수 있는 리무진 버스가 와인 컨트리(포도 재배지)를 달린다.

또 뭐가 있을까?

오아시스

오아시스는 적대적이고 위협적인 환경에서 여유를 느낄 수 있는 도피처다. 적대적으로 보이는 것은 시각의 문제다. 오늘날 흡연자들은 음식점과 공공

장소에서 설 자리를 잃었다. 얼마 동안 공항을 찾는 흡연자들은 끔찍한 유리장에 갇혀 노골적으로 모욕을 당했다. 오늘날의 공항과 도쿄 미드타운 같은 대형 쇼핑몰 가운데는 탁월한 디자인의 흡연실로 오아시스를 연출하는 곳이 점점 늘고 있다. 오아시스는 하얀 연기를 내뿜어 마음의 평온을 찾고자 하는 사람들을 너그럽게 품어 안는다.

적대적인 환경으로 흔히 꼽히는 장소로는 주차장도 빼놓을 수 없다. 대부분의 주차시설은 흉측한 외관, 좁은 면적, 그리고 혼란스러운 안내표지로 혐오감을 불러일으킨다. 카스파즈(Carspaze)는 광고까지 겸한 대형 그림으로 흉측함에 도전장을 내밀었다. 주차장을 숲으로, 해변으로 변모시켜 순간의 여유를 연출한 것이다.

카스파즈

감정의 칵테일

파리에서 시티투어를 하던 사람들이 팔레 드 도쿄(Palais de Tokyo)의 지붕을 어리둥절해서 바라본다. 거기에 뭔가 녹색으로 반짝이는 둘체가 보인다. 뭘까? 같은 시각 그 지붕에서는 신혼여행을 온 젊은 한 쌍이 흰색 가죽 소파에 누워 샴페인 잔을 부딪치고 있다. 에펠탑과 파리의 지붕들 위로 펼쳐진 광경은 이루 말로 표현할 수 없으리만치 아름답다. 도시의 지붕 위로 시원하게 펼쳐진 광경에는 뭔가 장엄한 기운이 서려 있다. 바다나 높은 산에서 느끼던 것과도 같은 기분이다. 탁 트인 시야가 눕는 자세와 결합하면 영예와 여유라는 거부할 수 없는 행복감의 칵테일이 탄생한다.

스위스의 미술가 사비나 랑(Sabina Lang)과 다니엘 바우만(Daniel Baumann)은 2002년 스위스 이베르동에서 열린 엑스포에 〈호텔 에버랜드〉를 출품했다. 〈호텔 에버랜드〉는 라운지, 침실, 욕실을 겸비한 단칸의 긴 방인데, 처음에는 이베르동의 호숫가에 설치되었다. 그 후 라이프치히의 고전주의 궁전 건물 위에서 1년 반을 보낸 뒤 마침내 파리에 안착했다. 〈호텔 에버랜드〉는 마음을 안정시키는 두 가지 행복감인 영예와 여유를 결합해 편안한 기분을 완벽하게 연출한 작품이다.

앞이 탁 트인 장엄한 시야와 편안하게 누운 자세를 곁합한 연출은 전통적으로 알프스의 테라스 전망대에서 추구해온 방법이다. 테라스 전망대에서는 한눈에 보이는 산악지대의 멋진 광경이 영예의 감정을 불러일으킨다. 테라스의 카우치에 누우면 일광욕을 하며 여유를 즐길 수도 있다. 따라서 영예와 여유의 칵테일을 알프스 법칙이라고 부른다.

〈호텔 에버랜드〉

알프스 법칙(영예와 여유)

알프스의 멋진 오후. 날은 춥지만 이곳 티롤의 오버구트겔에는 태양이 빛난다. 우리는 해발 3000미터 지점에 철과 유리로 지은 오두막에 와 있다. 중국식 정자처럼 바위에 붙어 있는 이 오두막은 톱 마운틴 스타(Top Mountain Star)이다. 여기서는 탁 트인 시야가 웅장한 산맥의 봉우리를 넘어 끝없이 이어진다. 반짝반짝 빛나는 스와로브스키 크리스털이 영예 감정을 더욱 강하게 전해준다. 테라스 전망대를 울타리처럼 두른 좁다란 유리판에 긴장을 풀고 기대면 지나가는 과일장수가 추운 날씨에도 따뜻한 분위기를 조성한다.

알프스에서 영예와 여유는 겨울의 스키, 여름의 롤러 코스터가 주는 파워의 감정에 대립되는 개념이다. 지금까지 알프스에서는 영예와 여유를 결합한 새로운 유형의 전망대가 많이 개발되었다. 특히 곤돌라 전망대는 정말로 멋진 연출이다. 곤돌라 전망대는 저녁에 느린 속도로 운행하는데 가장 좋은 곳은 루체른 베기스에 있는 리기-곤돌라(Rigi-Bahn)다. 전체가 유리로 된 곤돌라가 산봉우리와 호수 위를 서서히 움직인다. 테이블에 흰 보를 덮어 최고급 레스토랑의 분위기를 낸 곤돌라를 타고 두 시간 동안 둥둥 떠가는 행복을 맛볼 수 있다.

그러나 영예-여유 결합의 대표작은 알프스가 아니라 열대지방에서 나왔다. 인피니티 풀(Infinity Pool)이 그것인데, 오늘날 점차 그리스와 기타 지중해 지역으로 전파되고 있다. 인피니티 풀은 수영장이지간 경계를 두르는 벽이 전혀 없고, 바닷가나 밀림의 높은 곳에 설치되어 마치 하늘로 헤엄쳐 가는 환상을 불러일으킨다.

발리의 예술인 마을 우부드에 자리 잡은 알리아 호텔(Alia Hotel)은 바닷가가 아니라 밀림 위에 떠 있다. 이 호텔은 인피니티 풀어 대해 "계단식 밀림을 따라 흐르는 수영장의 물은 끝없이 흘러 하늘에 닿을 듯하다"라고 설명한다. 그 후 인피니티 풀을 흉내 낸 여러 유형의 풀이 많이 생겨났다. 세이셸 섬의 프리게이트 아일랜드(Fregate Island)에서는 침대 겸용 소파를 설치한 멋진 테라스가 바다 위에 떠 있고, 하늘에는 소용돌이 바람이 휩쓸고 지나간다.

발리 우부드에 있는 알리아 호텔의 인피니티 풀

여유 | 편안한 기분

- 여유는 에너지를 재충전하는 생산적인 게으름이다.
- 여유는 부담을 덜어 긴장을 푸는 일이다.

심리작용

유발
- 완화를 통해 자극의 강도를 줄인다.
- 완화는 느리게, 조용하게, 간단하게, 서늘하게 하는 행위다.

감정이입
- 여유의 행복감은 적극적으로 긴장을 풀 때 증폭된다.
- 어떤 식으로든 다리를 높이 올리는 행위는 여유의 행복 증폭 동작이다.

효능 발휘
- 여유의 목표는 마음의 안정이다.
- 스트레스 코르티솔의 분비가 감소하고 긴장을 풀어주는 엔도발리움의 작용이 활성화한다.

연출법

침대
- 침대는 근육의 긴장을 최대한 이완시킨다.

둥지
- 둥지는 안심하고 긴장을 풀 수 있게 해준다.

오아시스
- 오아시스는 피곤한 환경에서 여유를 준다.

감정의 칵테일

알프스 법칙(영예와 여유)
- 알프스 법칙은 장엄하게 트인 시야와 여유의 결합을 말한다.

Homo Aestheticus

호모 에스테티쿠스

"나는 느낀다.
그러므로 존재한다."

다시 말해 인간은 아름다운 것, 인상 깊은 체험, 조형의 세계가 불러일으키는 행복감을 갈구하는 존재다. 호모 에스테티쿠스는 미학적인 자극을 자신의 행동으로써 더욱 강화한다.

인지심리학은 인간의 사고를 연구하는 학문이다. 그런데 감정 없는 사고는 없다는 사실을 증명한 학문도 바로 인지심리학이다. 감정은 언제 어디서든 즉각 생동감을 불러일으키며, 우리의 정체성과 개인의 역사를 기억하게 만들어준다. 17세기의 철학자이자 자연과학자인 데카르트는 "나는 생각한다. 그러므로 존재한다"라고 말했지만, 20세기의 인지심리 학자 안토니오 다마지오(António Damasio)는 "나는 느낀다. 그러므로 존재한다"라고 말했다.

중요한 느낌들이 우리의 세계를 형성하고 현재의 세계가 지금처럼 보이도록 만들었다는 사실은 날이 갈수록 명백해지고 있다. 영예에 대한 동경은 프랑스의 대성당이나 일본의 산사(山寺)와 마찬가지로 쇼핑궁궐이나 산꼭대기의 전망대를 탄생시켰다.

괴테는 《파우스트》에서 이 세상을 살아가는 데 필요한 동력을 확인하고 싶은 마음속 깊은 곳의 갈망을 "세상의 본질은 하나라는 사실을 인식하는 일"이라고 표현했다. 뮤지컬 '카바레'에서는 "돈은 세상을 돌아가게 만든다"라고 말한다. 그러나 우리의 삶을 하나로 묶는 것은 권력, 재산, 이념, 가치만이 아니다. 중요한 감정도 우리의 삶을 하나로 묶는다. 중요한 감정은 인간을 인간답게 만드는, 우리 모두에게 공통된 특징이다. 〈스타워즈〉에서 오비완 케노비는 "감정은 우리에게 파고들고, 우리를 에워싸며, 은하계를 하나로 묶어준다"라고 말한다. 인도나 남미의 화려한 축제나 애버크롬비 앤 피치의 조명이 불러일으키는 환희 감정과 감각적 유혹은 뉴욕 사람만이 아니라 오지의 밀림에 사는 사람도 경험하고 싶어한다. 환한 미소는 모든 환희 감정에 작용하는 세계 공통의 행복 증폭제다.

우리 인간은 '호모 사피엔스(homo sapiens)'만도 '호모 루덴스(homo ludens)'만도 아니다. 우리는 '호모 에스테티쿠스(homo aestheticus)'이기도 하다. 다시 말해 인간은 생각할 줄 알고 놀 줄 아는 존재일 뿐만 아니라 아름다운 것, 인상 깊은 체험, 조형의 세계가 불러일으키는 행복감을 갈구하는 존재다. 호모 에스테티쿠스는 미학적인 자극을 수동적으로 받기만 하지 않고 그 자극을 자신의 행동으로써 더욱 강화한다. 이와 같은 증폭 행위는 인간에게는 진정으로 미학적 경험이 필요하다는 증거다. 우리는 자극을 적극적으로 받아들이고, 그 자극을 더욱 강화하기 위해 감정을 이입하며, 자극에 대한 반응을 행복감으로 승화시킨다.

행복감은 박물관에서, 가게에서, 계획된 도시를 굽어보는 시선에서 찾을 수 있다. 행복감은 해변의 상인에게서도, 쇼핑몰에서도, 박람회의 전시대에서도 느낄 수 있다. 행복감은 어디에나 있다. 행복감은 세상 모든 사람이 공감하는 체험 연출, 즉 가치를 높이 끌어올리는 연출의 구성요소다.

우리는 영예의 감정을 더욱 강하게 느끼기 위해 마음을 넓힌다.

환희 감정이 주는 즐거움을 더욱 증폭하기 위해 우리는 환히 웃는다.

우리는 승리의 몸짓으로 파워 감정의 통쾌감을 더욱 강하게 느낀다.

293

탁월함의 감정을 더욱 강화하기 위해 우리는 능숙한 기량에 박수를 보낸다.

원하는 물건을 탐내면 그 물건을 더욱더 열망하게 된다.

황홀감에 매료되면 그 온전한 아름다움을 경험할 수 있다.

적극적인 자세로 휴식을 취함으로써 게으름은 여유가 된다.

감사의 말

먼저 가족에게 감사한다. "이젠 안 돼. 이젠 정말 책을 써야 해." 이 소리를 내 가족은 몇 년씩이나 들어야 했다. 그리고 출판사에 감사한다. 이 책의 출판사는 잠시 반짝하고 마는 책이 아니라 오랫동안 서가에 꽂혀 있을 스테디셀러를 쓰겠다는 내 뜻을 믿고 기다려주었다.

"내 강의를 이렇게 잘 이해한 사람은 처음이야." 1992년 내가 맡았던 심리학 강의에서 한 여학생이 프랑스의 플래카드와 인쇄물 광고에 대한 탁월한 분석을 제출했을 때 나는 조금도 망설임 없이 이렇게 말했다. 우리는 어제 결혼 11주년 기념일을 맞이했다. 데니스와 열 살 난 아들 줄리안은 이 책을 쓰느라 함께 고생했다. 데니스는 몇 년 전에 체험 경제에 관한 대표적인 저서를 내놓았으며, 줄리안은 세 개 대륙을 다니면서 아홉 살 소년의 마음을 사로잡는 갖가지 경험을 했다.

모든 것은 내 어머니 잉게 미쿤다와 어머니의 유모 엘리자베트 샬러바우어에게서 시작되었다. 엘리자베트는 어머니뿐만 아니라 나도 키웠다. 우리는 무엇이든 놀랄 만한 것을 좋아했다. 우리는 1964년 빈에서 열린 국제 정원 쇼와 거기서 펼쳐진 화려한 불꽃놀이를 몇 시간이나 구경하고 밤늦게야 집에 도착했다. 차가 없었으니까. 나는 그때 행복감을 즐기는 법을 배웠다.

나와 데니스는 포르셰 오스트리아의 레오 펠링거의 의뢰를 받아 15년 전부터 세계를 돌아다녔다. 게오 여행사의 베르틀 에거는 이 원정에 항상 동반한 사람이다. 에거는 리우 카니발 참가를 기획했고, 우리와 함께 동이 틀 때까지 춤을 추었다. 움다시 숍 컨셉트의 라인하르트 페네더도 마찬가지다. 그는 우리의 연수여행을 마약주사로 만들었다. 움다시 스위스의 레굴라 비르트는 우리의 복잡한 여행을 기획하고 동참하면서 절친한 친구가 되었다. 또 이 이론이 탄생하는 데 어마어마한 기여를 했다.

부자(父子) 교수인 페터 비타치와 올리버 비타치는 심리학 지식으로 도움을 주었고, 연출가이자 피아니스트인 에리히 드보르자크 박사는 음악에 대한 지식을 보완해주었다. 내 가장 소중한 동료 요아힘 트라운은 풍부한 지식과 창의력으로 이 책에 실린 많은 그림을 찾아내거나 기술적으로 창조했으며, 데니스는 그림 사용과 관련된 어마어마하게 복잡한 지적소유권 문제를 해결했다. 영화제작자이자 심리치료사인 알렉스 베셀리와 내 아들이 한 살일 때부터 그림 지도를 해준 슈테파니 쿰호퍼는 그림을 직접 그려주었다. 우르술라 아르트만은 예나 지금이나 내 선생님이며, 우리는 예나 지금이나 서로를 매우 잘 이해하고 있다. 나는 다른 선생님은 원하지 않는다.

이 책을 출판해준 위르겐 디슬은 이메일 마지막을 언제나 '삼가 인사 올리며'라고 끝맺는다. 디슬의 집에서 매년 열리는 여름 파티에 참석한 사람은 나중에 이메일을 받는데, 그 이메일에는 누가 어떤 칵테일을 좋아하는지 상세히 적혀 있다. 위르겐 디슬은 책을 만드는 일에서 이토록 세심한 주의와 노력을 아끼지 않으며, 책의 저자들에 대해서도 매우 잘 알고 있다.

나, 크리스티안 미쿤다는

열네 살 때부터 극장의 무대 뒤에서 영화를 만들었다. 연극미디어학으로 박사학위를 받은 후 12년 동안 텔레비전 기자로 일했으며, 그 후 텔레비전 기자들의 코치로 활동하기도 했는데, 시청자들이 기자들에게서 바라는 바가 무엇인지 가르쳐주고 싶었기 때문이다.

나는 어느 날 갑자기 튀빙겐대학교의 객원교수가 되었다. 20년 전부터는 빈대학교를 비롯한 여러 대학에서 강의를 해왔고, 얼마 전부터는 빈에 있는 사립 지그문트 프로이트대학교에서도 강의를 하고 있으며, 뮌헨과 잘츠부르크에서도 학생들을 지도하고 있다. 클라겐푸르트대학교에서는 객원교수로 활동하고 있고, 보스턴 하버드대학교에 초빙되어 강연을 한 적도 있다(해변에서는 아직도 하버드 티셔츠를 즐겨 입는다).

내가 영화와 텔레비전으로 즐겼던 경험들이 어느 날 공개되었고, 나는 '체험 경제'의 이론가인 동시에 실무 조언자이자 개발자가 되었다. 아내 데니스와 나는 브랜드마케팅 분야에서 함께 일했다. 매장과 쇼핑몰을 발전시키고 박물관과 오페라하우스를 구했으며 게이티드 커뮤니티(Gated Community)를 고안했다. 또한 도심설계, 호텔, 여행기획사를 위해 컨설팅을 한 바 있다. 데니스 다음으로 중요한 파트너는 여러 해 전부터 저명한 무대미술가로 활동 중인 위르겐 하슬러다. 그와 공동으로 프로젝트를 연구할 때면 그 일은 결코 일처럼 느껴지지 않는다. 그 일은 매우 쉽고, 스트레스도 없으며, 언제나 즐겁다.

언젠가 쿠알라 룸푸르의 변두리에 있는 어느 형편없는 쇼핑몰을 둘러보다 서점으로 도피한 적이 있는데, 거기서 내 책을 두 권이나 발견하고 놀라지 않을 수 없었다. 지금까지 내가 쓴 책은 독일어, 중국어, 영어, 한국어로 나왔고, 머지않아 헝가리어로도 나올 예정이다. 쿠알라 룸푸르에서 나는 내 책을 한 권 골랐다. 계산대에서 "제가 이 책 저자입니다"라고 자랑스럽게 말했지만 판매원의 대꾸는 사무적이기만 했다. "회원 카드 있으십니까?"

www.mikunda.com

주

1 하이코 에른스트(Heiko Ernst), 《악마가 우리와 교미하는 법. 일곱 가지 중죄의 실상에 관하여》 베를린, 울슈타인출판사, 2006

2 요제프 첸트바우어(Josef Zehentbauer), 《인체에서 분비되는 흥분제. 인간 두뇌의 이용되지 않은 능력》, 뒤셀도르프, 파트모스출판사, 2003

3 볼프강 로스트(Wolfgang Rost), 《감정. 삶의 영약》, 하이델베르크, 슈프링거출판사, 2005

4 같은 책

5 하이코 에른스트 참조

6 슈테판 클라인(Stefan Klein), 《행복의 공식 또는 좋은 기분이 드는 원리》, 라인벡 바이 함부르크, 로볼트출판사, 2002

7 하이코 에른스트 참조

8 크리스티안 미쿤다(Christian Mikunda), 《영화 몸으로 즐기기: 감성적 영화제작의 전략》 빈대학교출판부, 2002 (필름란트프레세출판사, 뮌헨, 1986)

9 존 딕슨 훈트(John Dixon Hunt), 《회화적 정원》, 슈투트가르트, 울머출판사, 2004

10 슈테판 클라인 참조

11 요제프 첸트바우어 참조

12 하이코 에른스트 참조

13 톰슨/캠벨(H. Thompson, L.B. Campbell), 《세포 및 분자 생명과학(CMLS)》, 슈프링거출판사, 1967

14 탈 벤-샤하르(Tal Ben-Shahar), 《해피어》, 뮌헨, 리만출판사, 2007

15 루돌프 아른하임(Rudolf Arnheim), 《미술과 보기. 창조적인 눈의 심리학》, 베를린, 드그뤼터출판사, 2000

16 빌헬름 보링거(Wilhelm Worringer), 《추상과 감정이입》, 뮌헨, 피퍼출판사, 1959

17 알렉산더 베셀리(Alexander Vesely), 《심리치료의 관점에서 본 '영상치료법'의 기초와 도입》, 빈,

지그문트프로이트대학교, 2007

18 토르발트 데틀레프젠/뤼디거 달케(Thorwald Dethlefsen/Rüdiger Dahlke), 《질병은 길이다: 질병의 증상이 말하는 현재와 미래》, 뮌헨, 베르텔스하임출판사, 1989

19 에바 로시키(Eva Loschky), 《좋은 울림 — 좋은 도착: 로시키 방식을 통한 효과적인 목소리 훈련법》, 뮌헨, 쾨젤출판사, 2005

20 요제프 첸트바우어 참조

21 수에토니우스 트란퀼루스(Gaius Suetonius Tranquillus), 《카이사르들의 전기》 제8권, 에디티 오미노르출판사, 1908. 슈투트가르트 토이브너출판사, 1978/1993 재판발행

22 데니스 슐츠(Denise Schulz), 《무대로서의 주점: 즐김의 연출법》, 뒤셀도르프, 메트로폴리탄출판사, 1996 (2000)

23 슈테판 클라인 참조

24 같은 책

25 위키피디아(Wikipedia)

26 파코 언더힐(Paco Underhill), 《우리는 왜 구매하는가? 소비의 심리학》, 뮌헨, 에콘출판사, 2000

27 요제프 첸트바우어 참조

28 2006년 10월 15일자 BBC 뉴스

29 죈케 보르트만(Sönke Wortmann), 《독일. 여름동화》, 키노벨트(Kinowelt), 라이프치히, 2006

30 위키피디아

31 크리스티안 미쿤다, 《금지된 장소, 연출된 유혹: 소비자를 유혹하는 환상적인 마케팅 기획》, 뒤셀도르프, 에콘출판사, 1995

32 〈다색의 신들〉 리비히하우스 조각 전시, 프랑크푸르트 암 마인, 2008/2009

33 로버트 블라이(Robert Bly), 《아이젠한스: 남자들에 관한 책》, 뮌헨, 킨들러출판사, 1991

34 브리기타 로렌초니(Brigitta Lorenzoni), 《스스로 스타가 되는 법: 인기를 부르는 유형별 자기표현》, 라인벡바이 함부르크, 로볼트출판사, 1998

35 요제프 첸트바우어 참조

36 알렉산더 로웬(Alexander Lowen), 《육체에 관한 폭로》, 라인벡바이 함부르크, 로볼트출판사, 1982 (Lowen 1967)

37 www.americangirl.com

38 www.gea.at

39 크리스티안 미쿤다, 《영화 몸으로 즐기기》 참조

40 요제프 첸트바우어 참조

41 위키피디아

42 위키피디아

43 크리스티안 미쿤다, 《제3의 공간》, 프랑크푸르트 암 마인, 레드라인출판사, 2002

44 요제프 첸트바우어 참조

45 트레이시 캐보트(Tracy Cabot), 《여자의 마음을 훔치는 법》, 뮌헨, 하이네출판사, 1990

46 크리스티안 미쿤다, 《금지된 장소, 연출된 유혹》 참조

47 같은 책

48 슈테판 클라인 참조

49 리처드 탈러(Richard Thaler)/캐스 선스타인(Cass Sunstein), 《넛지: 똑똑한 선택을 이끄는 힘》,
   베를린, 에콘출판사, 2009

50 같은 책

51 크리스티안 미쿤다, 《금지된 장소, 연출된 유혹》 참조

52 클라리사 마이어-하이니시(Clarissa Mayer-Heinisch), 《바람직한 것들: 미래의 도시 설계》 중
   〈황홀감의 중독성〉 그라츠, 체르닌출판사, 2006

54 엘렌 그리모, 《늑대 소나타》, 뮌헨, 블랑발레출판사, 2005 (프랑스어판 《야생 소나타》, 파리,
   2003)

54 요제프 첸트바우어 참조

55 라이너 크라우제(Rainer Krause), 《치료 심리학의 언어 외적 의사소통》, 자를란트대학교 강의
   교재

56 크리스티안 미쿤다, 《영화 몸으로 즐기기》 참조

57 루돌프 아른하임(Rudolf Arnheim), 《미술과 보기: 창조적인 눈의 심리학》, 베를린, 드그뤼터출
   판사, 2000

58 크리스티안 미쿤다, 《영화 몸으로 즐기기》 참조

59 게오르크 제슬렌(Georg Seeßlen 〈크리스찬 로스트Christian Rost〉), 《패크맨 & Co.》, 라인벡
   바이 함부르크, 로볼트출판사, 1984

60 죈케 보르트만, 《독일. 여름 동화》 참조

61 요제프 첸트바우어 참조

상점 정보

@home Café: Don Quijote Building, 4-3-3 Sotokanda, Tokyo
www.cafe-athome.com

96 Hours: Diesel의 팝업 스토어

A

ABC Cooking Studio plus international: Tokyo Midtown, Roppongi, Tokyo
www.abc-cooking.co.jp/srv/

Abercrombie & Fitch: 750 5th Avenue, 10019 New York
www.abercrombie.com

Afrika! Afrika!:
www.afrika-afrika.com

Agent Provocateur:
www.agentprovocateur.com

Ägyptischer Basar: Misir çarsisi, Istanbul
Airrofan: A-6212 Maurach am Achensee,
www.rofanseilbahn.at/

AiZone: Mall of the Emirates, Dubai
Alexa: Am Alexaderplatz, D-10179 Berlin
www.alexacentre.com

Alila Hotel, Ubud, Bali:
www.alilahotels.com/ubud

Alpine Coaster: Hoch Imst 19, A-6460 Imst
www.alpine-coaster.at

American Girl Place: 609 5th Avenue, 10017 New York
www.americangirl.com

Apple Manhattan: 767 Fifth Ave. New York
www.apple.com/retail/fifthavenue

Apple Store: 235 Regent Street W1B 2EL London
www.apple.com/uk/retail/regentstreet

Arabia Adventures: Dubai
www.arabian-adventures.com

Art4Room, Wien: Praterstraße 9, A-1020 Wien
www.art4room.com

Askhenazy, Vladimir:
www.vladimirashkenazy.com

Atlantis The Palm: The Palm, Dubai
www.atlantisthepalm.com

Atrio: Kärntner Straße 34, A-9500 Villach
www.atrio.at

B

Bäckermeister Blesgen, Bonn: Knauber Freizeitmarkt Bonn Endenicher Straße 120-140,
D-53115 Bonn
www.blesgen-1873.de

Bape: The bathing ape: Shibuya, Tokyo
Barneys New York: The Shoppes at The Palazzo 3325 Las Vegas Boulevard, Las Vegas
www.barneys.com

Bauman Rare Books: The Shoppes at Palazzo, Las Vegas
www.baumanrarebooks.com

Beija Flor de Nilópolis:
www.beija-flor.com.br

Bellagio Hotel: 3600 Las Vegas Blvd S, Las Vegas
www.bellagio.com

Bernstein, Leonard:
www.leonardbernstein.com

Best Mens Wear Dublin:
www.bestmenswear.com

Blackout:
www.blackout.ch

Blanc, Patrick:
www.verticalgardenpatrickblanc.com

Bly, Robert:
www.robertbly.com

BMW-Welt: Am Olympiapark 1, D-80809 München
www.bmw-welt.com

Bnevertoobusytobebeautiful: Rotenturmstrasse 14, A-1010 Wien
www.bnevertoobusytobebeautiful.at

Book Crossing:
www.bookcrossing.com

Boyle, Susan:
www.susan-boyle.com

Breuninger: Marktstraße 1, D-70173 Stuttgart
www.breuninger.de

Britains Got Talent:
www.talent.itv.com

Bullring: Birmingham, UK
www.bullring.co.uk

Burj al Arab: Dubai
www.jumeirah.com

Burj Dubai:
www.burjdubai.com

Bur Juman: Dubai
www.burjuman.com

C

Caesars Palace: Las Vegas Blvd
www.caesarspalace.com

Carspaze:
www.carspaze.com

CAT, New York, Meow
Chanel: 5-3, Ginza 3-chome Chuo-ku, Tokyo,
www.chanel-ginza.com

Christian Louboutin:
www.christianlouboutin.com

Chrome Hearts: the Forum Shops at Caesars, Las Veags
www.chromehearts.com

Citroen: Champs Élysées 42, Paris
www.c42.fr/en

Ciudad de Los Ninos: Santa Fe Shopping Mall, Mexico City
www.laciudaddelosninos.com

Conran, Sir Terence:
www.conran.com

Crocs: www.crocs.com
Cube Hotels:
www.cube-hotels.com

Diesel:
www.cult.diesel.com

Dubai Mall:
www.thedubaimall.com

E

Edo Museum Fukugawa: 1-3-28 Shirakawa, Koto-ku, Tokyo
www.kcf.or.jp/fukagawa/english.html

Eiffelturm: Paris,
www.tour-eiffel.fr

Emirates First Class:
www.emirates.com

Esprit, Genf:
www.esprit.com

Eye of London:
www.londoneye.com

F

Faena hotel & Universe: Marta Salotti 445, Puerto Madero, Buenos Aires
www.faenahotelanduniverse.com

Ferry Building Marketplace, San Francisco: One Ferry Building, San Francisco
www.ferrybuildingmarketplace.com

Forum Shop At Caesars Palace: 35000 Las Vegas Blvd, Las Vegas
Fregate Island, Seychehllen:
www.fregate.com

Fukdas, Massimiiano:
www.fuksas.it

G

Galzig Bahn:
www.galzigbahn.at

House Attack: Installation by Erwin Wurm In MUMOK 2006
Hudson Hotel, New York: 356 W. 58th St, New York
    www.hudsonhotel.com

Hugendugel Ulm: Hirschstrasse 26-30, D-89073 Ulm,
    www.hugendubel.de

Hussel:
    www.hussel.de

Hysteric Glamour, Tokyo:
    www.hystericglamour.jp

I

Iguazu:
    www.iguazuargentina.com

IKEA:
    www.ikea.com

illy Pip up Café: herbst 2007 in Time Warner Center, New York
Isetan: 14-1 Shinjuku 3-chome, Shinjuku, Tokyo
    www.isetan.co.jp

J

Jean Philippe: Bellagio Las Vegas
    www.bellagio.com/restaurants/jean-philippe.aspx

K

Kahouse, Axel Gundlach:
    www.kahouse.de

Kiki de Montparnasse:
    www.kikidm.com

Klitschko, Vitali:
    www.klitschko.com

Kunsthistorisches Museum: Burgring 5, A-1010 Wien
    www.khm.at

Kušej, Martin:
    www.martinkusej.de

Küstenmacher, Marion und Werner:
    www.simplifyyourlife.de

Math Space: Museumsquartier Wien
www.math.space.or.at

Media Lab: in MIT Boston
www.media.mit.edu

Meierei im Stadtpark: Am Heumarkt 2A, A-1030 Wien
www.steirereck.at

Meiji Shrine: Tokyo
www.meijijingu.or.jp/english

Memoires: Wafi Center, Dubai
www.memoires.ae

Mercedes-Benz Museum: Mercedesstraße 100, D-70372 Stuttgart
www.museum-mercedes-benz.com

Michael K.: 512 Broadway, Soho New York

Mighty soxer: Takeshita Dori, Harajuku, Tokyo

Mikimote 2: 2-4-12 Ginza, Chuo-ku, Tokyo

Minopolis: in Cineplexx Reichsbrücke, Wagramerstraße 2, A-1220 Wien
www.minopolis.at

Mirage Hotel: 3400 Las Vegas Blvd, Las Vegas
www.mirage.com

Moths, Holger:
www.moths-architekten.de

Motoyama Milk Bar: Roppongi Hills, Tokyp
www.motoyamamilkbar.jp

Musée du Quais Branly: 37, quai branly, 75007 Paris
www.quaibranly.fr

Museum für Moderne Kunst(Mumok): Museumsplatz 1, A-1070 Wien
www.mumok.at

Museumsquatier: Museumsplatz 1, A-1070 Wien
www.mqw.at

MyZeil: Zeil 106, Dv60313 Frankfurt
www.myzeil.de

N

Neighorhood, Harajuku, Tokyo:
www.neighborhood.jp

Nicolas G. Hayek Center: 7-9-18 Ginza, Tokyo
www.swatchgroup.jp

Nouvel, Jean:
www.jeannouvel.com

Pokémon:
www.pokemon.com

Porsche Leipzig: Porschestr. 1, D-04158 Leipzig,
www.porsche-leipzig.com

Potts, Paul:
www.paulpottsofficial.com

Prada: 5-2-6 Minami-Aoyama Minato-ku Tokyo
Prix, Wolf D.:
www.coop-himmelblau.at

Q

QT Hotel: 125th Street, New York, jetzt Grace Hotel
www.room/matehotels.com

R

Radio City Music Hall: 6th Avenue between 50th & 51th Street, New York
www.radiocity.com

Recoleta, Buenos Aires:
www.recoletacemetery.com

Red dot Design Museum, Essen: Gelsenkirchener Straße 181, D-45309 Essen
www.red-dot.de

Reimann, Andreas:
www.andreas-reimann.com

Riefenstahl, Leni:
www.leni-riefenstahl.de

Rock'n'Roller Coaster Aerosmith: Walt Disney Studio Park in Paris, Disney's Hollywood
Stdios in Walt Disney World in Orlando
Roppongi Hills, Tokyo:
www.roppongihills.com/en/

Royal Caribbean Cruise:
www.royalcaribbean.de

S

Salome, Richard Strauss:
www.richardstrauss.at

Salzrotte, Wien:
  www.salzgrotte.at

Selfridges: 400 Oxford Street, London
  www.selfridges.com

Shopville, Zürich: Kasernenstrasse 101, Zürich
  www.railcity.ch

Singapore Airlines, First Class Suites:
  www.singaporeair.com

Singapur Flyer: 7 Raffles Ave, 039799 Singapur
  www.singaporeflyer.com.sg

Skopik und Lohn: Leopoldsgasse 17, A-1020 Wien
  www.skopikundlohn.at

Skyaquarium, Tokyo: Mori Tower in Roppongi Hills, Tokyo
  www.roppongihills.com/jp/events/tcv_skyaquarium.htm

Skywalk: Grand Canion, Las Vegas
  www.grandcanzonskywalk.com

Spice Girls:
  www.thespicegirls.com

Sportfrende Stiller:
  www.sportfrende-stiller.de

Stadion Center: Olympiaplatz 2, A-1020 Wien
  www.stadioncenter.at

Star Wars:
  www.starwars.com

Starck, Philippe:
  www.starck.com

Starhill Gallery: Jalan Bukit Bintang, Kuala Lumpur
  www.starhillgallerey.com

Steiner, Otto:
  www.steinersarnen.ch

Stomp:
  www.stomponline.com

Stourhead: Wiltshire BA12 6QD, England
  www.nationaltrust.org.uk/main/w-stourhead

Supperclub:
www.supperclub.com

SUSA: Seans United Soccer Academy
www.susasoccervienna.com

T

Takashimaya Nihonbashi: 4-1, Nihonbashi Z-chome, Chou-ku, Tokyo 103-8265
Textil Souk Dubai: Karama Shopping District, Bur Dubai
The Gates by Christo: Central Park New York 2005. 2. 28. − 3. 11.
www.christojeanneclaude.net

THE One: Bur Juman Mall, Dubai
www.theoneplanet.com

The Palm Jumeirah: Dubai
www.thepalm.ae

Thun, Matteo:
www.matteothun.com

Todd's: 5-1-15 Jingumae, Omtesando, Tokyo
Tokyo Midtown: Roppongi, Tokyo
www.tokyo-midtown.com/en

Top Mountain Star, Hochgurgl:
www.tophotelhochgurgl.com

Tower of Terror: Disneyland paris, Walt Disney Wordl Orlando, Disneyland Anaheim

U

Umdasch Shop-Concept:
www.umdasch-shop-concept.com

Uniqa Tower: Untere Donaustraße 21, A-1020 Wien
www.tower.uniqa.at

V

Versace Hotel, Dubai:
www.palazzoversace.ae/

Victorias Secret:
www.victoriassecret.com

사진 출처

16쪽: Christian Mikunda

22쪽: 위 왼쪽 Christian Mikunda; 위 오른쪽/아래 ⓒDaimler AG

29쪽: 왼쪽 Christian Mikunda; 오른쪽 ⓒ게티이미지/멀티비츠이미지

31쪽: Christian Mikunda

36쪽: Christian Mikunda

39쪽: Christian Mikunda / ⓒGene Young

41쪽: ⓒErwin Wurm / VBK, Vienna, Europe / SACK, Seoul, 2011

43쪽: 위 왼쪽 ⓒ게티이미지/멀티비츠이미지; 위 오른쪽 ⓒ멀티비츠이미지/AFP;
아래 ⓒStephanie Kumhofer

45쪽: 아래 왼쪽 claudemirror.com ⓒAlex MacKay; 아래 오른쪽 Wikipedia(CCL-lechona)

48쪽: 왼쪽 Christian Mikunda; 오른쪽 ⓒjupiterimages

51쪽: ⓒLeopold Fellinger

52쪽: Christian Mikunda

57쪽: ⓒGlobetrotter

65쪽: ⓒFaena Hotel & Universe

67쪽: 위 *Star Wars*: *Episode IV-A New Hope*™ & ⓒ 1977 and 1997 Lucasfilm Ltd. All rights
reserved. Used under authorization. Unauthorized duplication is a violation of applicable
law.; 아래 ⓒ멀티비츠이미지/AFP

69쪽: Christian Mikunda

72쪽: 왼쪽 Christian Mikunda; 오른쪽 위 ⓒ게티이미지/멀티비츠이미지;
오른쪽 아래 Christian Mikunda

77쪽: Christian Mikunda

79쪽: 왼쪽 Wikipedia(CCL-Phx.de); 오른쪽 ⓒPorsche Leipzig GmbH

81쪽: CCL-Christine Keinath

82쪽: 왼쪽 ⓒRollingrck@flickr; 오른쪽 ⓒJürgen Hassler

83쪽: ⓒArlberger Bergbahnen AG

87쪽: 위 왼쪽 ⓒRadio City Music Hall; 오른쪽 ⓒ이미지코리아; 아래 Christian Mikunda

102쪽: Christian Mikunda

106쪽: Christian Mikunda

107쪽: Christian Mikunda

108쪽: 왼쪽 ⓒwieWien; 오른쪽 ⓒGrünes Gewölbe, Staatliche Kunstsammlungen Dresden.
 Photo: Jügen Karpinski

110쪽: ⓒSamantha Schulz

111쪽: ⓒLush Ltd

119쪽: Christian Mikunda

123쪽: Christian Mikunda

126쪽: 왼쪽 Christian Mikunda; 오른쪽 ⓒ@home café

129쪽: Christian Mikunda

133쪽: ⓒHollmann Beletage

135쪽: ⓒCube hotels

141쪽: ⓒBur Juman, Photo: Christian Mikunda

146쪽: ⓒ멀티비츠이미지/AFP

150쪽: ⓒSerge Melki

153쪽: Christian Mikunda

160쪽: ⓒGrand Canyon Skywalk Development LLC

161쪽: ⓒkahouse

179쪽: 왼쪽/아래 ⓒYotel; 오른쪽 conran&partners의 ⓒMorley von Sternberg

181쪽: ⓒgea

186쪽: Christian Mikunda

190쪽: Christian Mikunda

193쪽: Christian Mikunda

197쪽: ⓒPalais Quatier GmbH & Co. KG

198쪽: ⓒPalais Quatier GmbH & Co. KG

208쪽: ⓒSteiner Sarnen Schweiz

216쪽: Christian Mikunda

219쪽: Christian Mikunda

220쪽: 위/아래 Christian Mikunda

222쪽: ⒸAlex Vesely

232쪽: Christian Mikunda

233쪽: Christian Mikunda

236쪽: Christian Mikunda

237쪽: CCL-Mack Male

249쪽: Gaetano Kanizsa, "Margini quasi-percettivi in campi con stimolazione omogenea",
　　　 Rivista di Psicologia, 1955

250쪽: Erhard Wanderer

252쪽: 왼쪽 ⒸWolfgang Mehlis; 오른쪽 Christian Mikunda

253쪽: ⒸEsprit

254쪽: ⒸUmdasch-Shop-Concept GmbH

256쪽: 도해 Karen Taylor

257쪽: Christian Mikunda

258쪽: Christian Mikunda

260쪽: Christian Mikunda

263쪽: ⒸSimon Bierwald

264쪽: Christian Mikunda

270쪽: Christian Mikunda

271쪽: ⒸJürgen Hassler & Christian Mikunda

272쪽: ⒸJürgen Hassler

276쪽: ⒸLisi Gradnitzer & MQ Errichtungs-und BetriebsgesmbH

282쪽: ⒸMonfort Werbung GmbH

284쪽: Ⓒl/b, Sabina Lang/Daniel Baumann

286쪽: CCL-Sean McGrath

293쪽 위: 왼쪽 Christian Mikunda; 오른쪽 ⒸBur Juman
　　　 가운데: 왼쪽 ⒸSamanta Schulz; 오른쪽 Christian Mikunda
　　　 아래: 왼쪽 Ⓒ게티이미지/멀티비츠이미지; 오른쪽 ⒸLeopold Fellinger

KI신서 3223
왜 그곳에만 가면 돈을 쓸까?
마음을 훔치는 공간의 비밀

1판 1쇄 발행 2011년 3월 17일
1판 2쇄 발행 2011년 4월 7일

지은이 크리스티안 미쿤다 **옮긴이** 김해생
펴낸이 김영곤 **펴낸곳** (주)북이십일 21세기북스
출판콘텐츠사업부문장 정성진 **출판개발본부장** 김성수 **경제경영팀장** 류혜정
기획·편집 민용희 **해외기획** 김준수 조민정
마케팅영업본부장 최창규 **마케팅** 김보미 김현유 강서영 **영업** 이경희 우세웅 박민형
출판등록 2000년 5월 6일 제10–1965호
주소 (우 413–756) 경기도 파주시 교하읍 문발리 파주출판단지 518–3
대표전화 031–955–2100 **팩스** 031–955–2151 **이메일** book21@book21.co.kr
홈페이지 www.book21.com **트위터** @21cbook **블로그** b.book21.com

ISBN 978–89–509–2979–4 13320
책값은 뒤표지에 있습니다.